# 企业私域增长实战

吴天◎著

SPM 南方传媒 | 广东经济出版社
·广州·

图书在版编目（CIP）数据

企业私域增长实战 / 吴天著．—广州：广东经济出版社，2024. 8
ISBN 978-7-5454-9167-8

Ⅰ．①企…　Ⅱ．①吴…　Ⅲ．①企业管理—网络营销　Ⅳ．① F274. 39

中国国家版本馆 CIP 数据核字（2024）第 019323 号

责任编辑：陈念庄　李　璐　李雨昕
责任校对：陈运苗
责任技编：陆俊帆

企业私域增长实战
QIYE SIYU ZENGZHANG SHIZHAN

出 版 人：刘卫平
出版发行：广东经济出版社（广州市水荫路 11 号 11 ～ 12 楼）
印　　刷：珠海市国彩印刷有限公司
（珠海市金湾区红旗镇永安一路）

开　　本：730 毫米 ×1020 毫米　1/16
印　　张：22.5
版　　次：2024 年 8 月第 1 版
印　　次：2024 年 8 月第 1 次
书　　号：ISBN 978-7-5454-9167-8
字　　数：380 千字
定　　价：68.00 元

发行电话：（020）87393830
广东经济出版社常年法律顾问：胡志海律师

# 赞誉

吴天是一位集实战经验与理论研究于一身的新媒体专家，很高兴见到他的新书完成。从战略与团队，到获客与变现，全方位解析企业私域增长的关键要素与操作技巧。无论是创业者还是操盘手，这本书都将为你提供实用的策略与方法，助你在新媒体时代赢得先机。

**杨刚** | 妈妈网董事长

吴天老师深耕私域多年，本书既有高屋建瓴的战略规划，也有落地的实操细节，甚至还有详细的行业案例帮助读者学以致用。在这个“以用户为中心”的时代，正如吴天老师在书中所说：“用对方法，什么时候都是红利期”。

**鉴锋** | 零一数科CEO

越了解私域，越能深刻感知这个领域的发展速度：2020年才被称为“私域元年”，4年后私域就已重度影响着包括企业获客方式和增长来源、企业组织结构升级与内外协同、商业模式与产业链上下游合作模式等在内的方方面面。私域早已成为1200多万家企业的标配，有一句话很对：私域是CEO长期工程。值得我们长期关注，就从本书开始。

**徐志斌** | 见实科技CEO、《关系飞轮》《小群效应》《社交红利》作者

吴天作为企业私域增长领域的引领者，以其前瞻性思维和丰富的实战经验，为行业树立了标杆。他深刻洞悉市场动态，运用创新的策略和工具，帮助企业在私域流量的海洋中乘风破浪，实现持续增长和品牌价值的提升。

**龚海瀚** | 百准创始人兼CEO、《视频号IP：打造垂直领域品牌专家》作者

跟吴天搭档一起开设营销相关课程多次，也曾认真学习他所分享的专业内容。当时就深深折服于他对私域鞭辟入里的研究，本书知识体系完整，逻辑清晰，既宏观又细致，知识点密集，且可操作性强。想要学习私域增长的朋友们有福了，打开这本书，就像现场聆听吴天老师讲解一样，真诚扑面而来。

**空手** | 不空谈品牌咨询创始人、《传神文案》作者

职业让我很适合做私域商业的观察者，吴天是我多年的好友和合作伙伴，从操盘手到顾问再到作者，他的知识体系既宏观又入微，思维既有高度又接地气，从人性洞察到工具应用，吴天擅长将复杂理论转化为实践精华。

**廖军连** | 大师熊私域SaaS创始人、《社群团购》作者

这本书深入浅出地阐述了私域运营的核心策略，同时拆解大量实战案例，它将成为企业突破增长瓶颈的指南，值得每一位关注私域增长的从业者细读与实践。

**张钧瑜** | 创意（国际）传媒董事长

吴天老师深耕私域运营10余年，积累了大量的一手素材和行业案例，本书从战略分析、团队建构、获客工具到变现模式，深度还原私域运营的内外机制，深度解锁流量密码的客观规律，是新时代、新网络、新运营的优秀读本。

**林钻辉** | 华南农业大学创新创业学院副教授

吴天老师是一位值得尊敬的企业导师及网络营销专家。他有丰富的网络营销经验，熟悉各行各业的商业生态，经常被大企业邀请为嘉宾讲者，与高管交流并为企业出谋献计，助力企业升级运营方法。极为推荐，本书将帮助大家在社交网络营销方面领先一步。

**李荣贵** | 香港创新科技协会创会会长、大学教授

读这本书，令人更明白“公域引流，私域沉淀”的道理，吴天深入细致分析企业增长的原理，手把手教你搭建私域。此书对希望借助私域运营提升客流量的企业经营者实有莫大裨益。

**黄才立** | 香港南区区议员、香港公屋联会副主席

我与吴天相识多年，熟知他一直深耕企业私域，拥有丰富的实战经验。但凡创业实战的人都了解，公域流量带有明显的不稳定性，只有私域流量运营才是企业长期持续稳定发展的最佳策略，私域的重要性甚至要抬升到战略的高度，强烈建议每一位企业经营者重视。

**蔡勇劲** | 鲨鱼战略咨询首席导师、暨南大学创业导师

吴天老师的新书，从战略、团队、获客和变现四个维度讲透了企业私域的实战方法，既可用于实际操盘，也可用于管理参考，是实用性非常强的一本书。令人钦佩的是，本书贯穿于内容背后的底层逻辑，没有把企业私域的本质归于流量，而是聚焦于理解客户，这正是这本书闪闪发光之处。

**张涛** | 新华三集团培训管理部总经理、《DAI动环改进》作者

当今时代，掌握流量密码等于掌握变现的可能。吴天老师深度剖析私域流量的顶层设计，并以丰富的实战案例，分享从流量到留量的密码。这是一场关于时代风口和红利的分享，本书以实战经验为基础，提供系统方法与策略，是企业实现私域增长的实用指南，不容错过，值得一读。

**刘戈** | 火之鸟（中国4A广告）创始人

以用户价值为本质驱动，吴天多年丰富的私域运营实践，让他摸索到了同样的结论和理念，这是一本我敢于向团队推荐的书。

**朱峻修** | 兴趣岛、千聊创始人

口乃心之门户，书是人之精魂。吴天是顶尖的私域专家，也是务实的思考者，把私域和商业的关系总结得通俗易懂，且体系严谨。有些人写的不一定是他干过的，吴天写的就是他讲的，更是他拿到过结果的。如果说有人写书是为了搞流量，他写书确实是想传道授业。他的一堂课几千块，而一本书仅需花费

课程费用的百分之一，就能学到其中的精髓，我觉得对有心人来说是个超级划算的选择。

李智勇 | 天问品牌架构师、李子柒品牌顾问

这几年与各行各业的客户朋友在对话中，明显能感知到私域的影响力在逐步放大，也成为众多企业的关键课题。跟客户做长期的朋友，企业私域从0到1，如何避坑、构建团队，可以在吴天老师的书中找到答案。

鲍春健 | 小鹅通创始人兼CEO

讲师分两种，无实操的和有实操的，而吴天老师无疑是后一种，一直在实际的操盘中提炼方法论并不断修正。本书的面世让企业主和操盘手有了一本靠谱的案头书。

林干一 | 叁川传媒联合创始人、新媒体实战老兵

有人说私域不是一个新课题，我想说正是因为私域作为企业营销的必修课，我们更需要务实有效的操作指引。认识吴天老师多年，他是最早一批成功应用私域帮助企业抢占先机的人，也是最早一批代表企业微信官方给万千企业主辅导培训的人。在本书中看到了很多熟悉的例子，以及现在都被不少朋友和客户奉为圭臬的私域运营原则。推荐给希望系统建立私域运营方法论的朋友。

陈欢 | 商业顾问、《单干》《新零售进化论》作者

本书深入解析了私域流量的运营策略，帮助企业在当前数字化浪潮中精准获客、提升用户留存，实现长效增长。推荐所有想要突破营销瓶颈的企业深入阅读和应用。

蔡宗林 | 屯大软件CEO、程序员八阿哥

当下新媒体数字化营销，市场迭代速度远远超过学院派教科书的沉淀。唯有实战操盘手能够迅速捕捉市场趋势的变化、技术革新和营销机会。吴天老师一直是一线操盘手，善于挖掘各个新媒体平台的内核玩法。这本书绝对是当下数字营销市场的实操手册，满满都是实战落地的干货分享。

陶杰鹏 | 谱蓝保联合创始人&CMO、企业微信特聘讲师

吴天兄弟深耕私域多年，是一位真正打通了从底层逻辑到实操方法的高手，每次交流，都感觉获益良多。在当今业态下，该如何进行私域的布局和管理，未来又将产生怎样的变化？这本内外兼修的专著，解答我很多疑惑。

丁剑 | 知名广告人、省广集团前高级创意群总监

当我们开始想改善与客户之间的关系来实现企业的增长，并以长期主义的心态来经营我们的事业，不妨读下吴天老师这本新书。

黄伟强 | 壹心理创始人

爹有娘有不如自己有，私域就是企业自己应该有的流量基本盘。我与吴天老师相识于企业微信的活动，通过他的课程而认知到私域重要性的企业数以千

计，这本书适合正需要实战的你。

**黑墙** | 咚咚来客创始人、《门店私域流量运营与落地》作者

吴天的私域增长策略和方法，不仅理论深刻，更具有极强的实战价值，指引企业在竞争激烈的市场中找到增长的路径。这本书，无论是老板还是营销人员，都能从中获得启发和灵感。

**老甘** | 甘果科技创始人、TGO鲲鹏会广州会长

认识吴天几年，他以敏锐的洞察和实用的策略，在私域流量领域独树一帜。读这本书，跟随他的步伐，你将踏上私域增长的新征程，探索商业成功的无限可能。

**李斌** | 麦创餐饮集团董事长、《私域流量池》顾问

私域是品牌获得客户信任的方式，最大的价值不是新成交，而是复购。此前，品牌经营比较依靠渠道，向一百个人卖一个产品；私域的逻辑，是向一个人卖一百个产品。本书剖析了私域运营细节的精髓和核心，揭示了其背后的秘密和成功的因素。

**吴育金** | 喜悦汇创办人、A2空间创办人

认识吴天多年，他一直在私域耕耘，不断迭代自己的方法论与实践。我也在私域不断耕耘，非常同意吴天在书中所说的“只有长期陪伴用户成长的品牌，才有最忠诚的私域。”

**剑飞** | 语写创始人、《时间复利：将简单重复到极致》等9本书作者

私域是企业增长必不可少的战略手段，也是企业一把手必须亲自主导的工程。吴天老师对此有深刻的理解，他始终秉持“将复杂问题内部消化，将简单便利留给他人”的理念，这本书所阐述的私域打造和管理方法不仅通俗易懂，而且具有很强的可操作性，能够真正落地实施。

**品叔** | 首席品牌官主理人

2021年就开始跟吴天老师学私域，应用到自身企业的企业家社群经营，有非常大的帮助。“用对方法，什么时候都是红利期”。吴天老师的课程值得学习，著作值得品读。

**蔡少歆** | 华讯企业管理顾问总经理

企业数字化营销战场正在发生变化：从公域到私域，两者缺一不可。吴天老师从战略、团队、获客、变现等角度，为企业私域增长提供了行之有效的方法。

**陈培锋** | 实战派教育科技创始人

2019年参加吴天老师的私域特训营，从思考到案例，被老师字字珠玑的内容折服。五年后拜读新作，依旧收获颇丰。吴天老师围绕私域，从战略、获客、变现等角度提出独到见解，写出了一本通透智慧、值得反复研读的好书。

**花茶** | 唯他瑞品牌主理人、抖音巨量认证讲师

# 序言

这些年，我走过大江南北，在一座座城市巡讲私域课程，在此过程中，我强烈感受到企业对私域的重视，以及对私域的期望。

私域关乎品牌和客户关系的长久性以及客户对品牌忠诚度。

所以如何做好私域，成了企业经营的新课题，不管是刚刚踏入私域领域的新手，还是早已启程的先行者，都会遇到不少问题，比如布局矩阵、组建团队、公域获客，等等。这些对于很多企业来说，都是全新的知识，需要从头思考和摸索，但是，时间不等人，关键时刻的快速响应和精准行动，决定了企业会输在起跑线上还是会弯道超车。所以要学习，向有结果的人学习，学习实战验证有效的方法，才能不走弯路少踩坑。

在解决这些问题的过程中，我积累了大量的实战经验。在这本书中，我把企业如何做好私域，总结成4大篇章，分别是战略篇、团队篇、获客篇和变现篇，从私域顶层设计、团队建设管理到客户服务转化，立体式深度拆解每一个步骤，帮助更多企业在做私域的路上，看准方向、用对方法、做出效果。

每次开课，在台上看到大家充满热情和信任的目光时，我就觉得我所做的一切非常有价值，非常有意义。但是，如果你问我，做好私域有难度吗？我会如实回答，不容易。有难度，才有价值。我们要坚持做难而正确的事，把收获交给时间。

从微博时代开始，到微信营销的兴起，作为第一批企业新媒体操盘手，我见证和亲历了企业新媒体从野蛮生长到精耕细作的过程。

新认识我的朋友常以为我是文科生，因为做新媒体运营，文科专业更对口。虽然上中学的时候，我是语文课代表，但我一直读的是理科班，语文老师在其他班提起我，就会说作文写得很好的那个理科班同学。是的，我是理科生，喜欢也擅长用理科思维来分析和解决问题。

我大学就读于华南理工大学，专业是电力学院的热动工程，这是一个“点亮万家灯火”的专业。那时我学习《工程力学》《高等物理》《高等数学》等课程，老师们科学和系统的教导，让我学会透过现象看本质，掌握深度分析数据的方法，在做私域时也能从感性传播回归到理性运营。文科想象，理科思维，二者合二为一，让营销更精准、更高效。

理科之外，回溯自己的文科情缘，我经常念念不忘我的故乡，在那里，我们还会过传统节日，比如端午赛龙舟、中秋赏月、冬至祭祖、春节游神，我在这些传统习俗中长大，因此我很喜欢传统文化，也喜欢写文字。

时间是公平的，书籍也是公平的。年少时候，我的成长得益于书籍，它帮助我增长见识和拓宽视野，今天亦如此。读书，让我在文理之间游刃有余，也看到了更大的世界。

一路走来，不断学习。我深知服务企业是非常专业的事情，因此我一直心存敬畏。从职业经理人到创业，从操盘手到官方讲师，我也算做出了一些成绩，但我清楚，聚焦一个领域，至少要深耕十年，才算对这个行业理解透彻。

我一直在用费曼学习法，这是以理解和运用知识为目的的学习方法，比如讲课，我要先自己搞明白，然后提炼方法，再往前推，最后落地实操。

我培养团队，用的也是这个方法。自己先学先做先搞明白，把有效方法提炼出来，再教会团队，团队落地实操后反馈优化，持续迭代。

学习，会伴随人的一生，它会让你从一座山翻到另一座山，看到更美的风景。

再说回做私域，品牌方应知道，只做公域，做不久；只做私域，做不大。要让公域联动私域，品牌就要做长期主义者。前端构建SCRM，中间配合私域电商工具，后端打通ERP，建立用户、订单、仓库一体闭环，同时运营陪跑，这就是私域全流程解决方案，我们团队专注于优化这个方案，帮助更多企业拿到结果。

红利往往就是信息差，日新月异的新媒体更是如此，快人一步掌握信息差，尤为重要。

希望这本书能给你带来新信息，启发你的新思考，也祝你能运用本书中的策略和方法，做好私域，业绩长虹！节节高！

# 目 录

## 战略篇 用对方法，什么时候都是红利期

## 团队篇 扬帆起航，天时地利人和



## 获客篇 从1到1000万用户的增长秘籍

# 战略篇

## 用对方法，什么时候都是红利期

# 第1章　私域顶层设计

## 1.1 企业私域的战略价值

没有什么是免费的，私域流量也不例外。

买公域流量要花钱，做私域流量要成本。那为什么还要做私域，直接买公域流量不是来得更直接？

这个问题，相信在买公域流量的人心中，早就有了答案。

（1）公域流量越来越贵，并不是所有企业都有买流量的预算。

（2）在公域流量池，企业受平台的规则限制，不付费推广就很难保证有稳定流量。搭建私域流量池，就是从公域平台夺回话语权，长远来看，这是更好的模式。

（3）相比在公域流量池买流量，企业战略布局私域流量池，能够长远有效地维护高忠诚度的客户关系，而非只为促成单次交易的广告投放。

**购买公域流量，能解一时之渴；私域运营用户，才是长久之计。**

即便是投放广告获取流量，私域也更精准，比如投放微信LBS广告（Location-based Service Advertising，基于位置服务的广告），覆盖周边潜在消费者。这不是新鲜事，一些公域平台也可以投放LBS广告，不同的是，微信有更多用户数据，可以用更多触点来呈现内容，也就是说，用户看到广告的概率更大。而且，私域广告投放，获客（获得客户）路径更短，一个微信二维码就能解决。如今几乎人人都用微信，他们扫码后就算不立即消费，也会通过关注逐渐沉淀下来，慢慢转化。

有钱就投广告买流量，没钱就花时间运营用户。这些年，传统线下行业都在推广线上运营。这时候，私域流量池的特点凸显出来：线上运营总得有一个运营阵地，于是微信成了最佳选择，尽管仍是聊天沟通，但生意从线下搬到了线上。

今天聊私域流量，基本等同于聊微信生态，而微信生态不仅包括公众号、小程序，以及我们日常聊天用的个人微信，还有两个新的板块：一个是企业微信，另一个是视频号。做好私域运营，哪一个板块都不能落下。

私域流量池的搭建，除了微信生态的融合运营，还要通过电商平台、实体门店等渠道整合非微信生态的公域资源。

**公域为私域源源不断地导流，同时，私域反哺公域，两者相辅相成。**

公域可以触达更多潜在用户，私域可以深度运营，通过免费或投广告等方式获取用户，将其沉淀下来，然后做长期运营。用户是企业重要的无形资产。

### 1.1.1 流量思维到用户思维的转变

企业在经营的过程中，必然会面临两个问题：一是客户一旦失联，去哪里找回？二是如何寻找营销的下一个增长点？

大多数企业应该都有这样的经历或感受：到店消费的客户，在离开门店的瞬间，企业就失去了和客户继续对话的机会，只能等待客户再次到店，并且不知道他们下一次到店是什么时候。或者有企业拿到了客户的手机号码，但无论通过电话还是短信，仍有客户无法被触达，通过手机号码触达客户这一方式的效果越来越差。

如果有一个客户平台，能够帮助企业找回失联的客户，能够第一时间和客户建立联系，那么企业营销将会更稳定、更高效。这样一个能够持续沟通客户的平台，也是帮助企业找到下一个增长点的关键。在移动互联网的发展过程中，出现了多个可以让企业营销增长的机会。

今天，私域给了我们新的答案。当下，越来越多企业布局和深耕私域。

这里先介绍一下用户和客户：客户是产品购买者，用户是产品使用者，两者有时候身份合一，有时候又不同。

流量思维是公域引流的玩法，通过广告“短平快”地引流，比如淘宝直通车广告，抖音、微博信息流广告等。用户思维是私域运营的玩法，通过微信生态深度服务用户，促进成交和复购，和用户交朋友，维护与用户的关系。

公域引流，私域沉淀，两手抓，两手硬。

如果没有公域引流，私域就缺乏活水源泉，用户池不够活跃。如果不做私域运营，公域就是一笔买卖，用户只是过客。

过去，企业往往只关注公域，因为熟悉，而忘了私域。私域并不神秘，通俗易懂地理解，就是加个微信，交个朋友。

私域的核心是复购，就是把一笔买卖做成一辈子的生意。

其中的关键，是从流量思维向用户思维转变。（见图1-1）

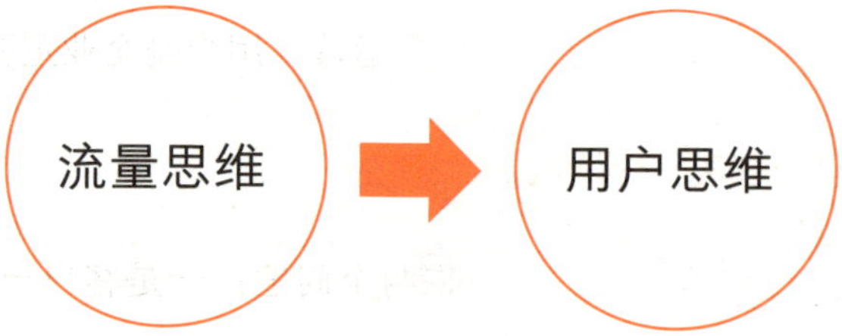


图1-1　流量思维向用户思维转变

搭建私域流量池，就是帮助企业找回失联的客户，并且留住他们，稳定高效触达，这样才能让企业更快更好地找到下一个增长点。

连接创造价值，企业微信不仅是企业内部的沟通工具，还是企业员工连接外部客户的服务工具，能够帮助企业实现“人即服务”。同时，企业微信要提供深度服务，还需要视频号做直播引流，这是当下私域的“超级组合拳”。放眼全域，抖音和小红书是更多企业关注的公域平台，企业可以在公域获客，然后将之引导到微信私域。

从“流量”到“留量”，不再只是抢人，而是以人为本“经营人”。只有做到精细化运营，才能带来持续转化。

做私域既要有流量思维，也要有用户思维。只不过用户思维在私域运营中更重要，因为它是命门。为什么这样讲？是因为与跟品牌在公域红海“厮杀”

不一样，公域获客时品牌必须保持个性，保持差异。私域环境相对简单，讲究真诚、同理心，对人性的洞察要更深。品牌在私域要做的不是自我推销，而是关心用户需要什么以做到精准满足。

在私域，“人货场”的框架理论同样适用：

（1）用户画像是什么？

（2）用户是被品牌或者产品的哪些特质持续吸引的？

（3）用户对品牌构建的场有什么预期和感知？

这些问题对应的答案的梳理和排列组合，就可以设计成品牌私域的价值锚点。后续所有有关“人货场”的框架理论研究，都可以围绕这个展开。因此，企业应关注用户需求，聚集用户服务，关注每一个活生生的用户。

私域没有流量，只有用户。

维系好与私域用户的关系，让私域用户推荐和复购，持续产出，这才是私域的优势所在。

### 1.1.2 社交连接是基础，做好产品服务是关键

只有把用户当成需要长期沟通的对象，而不是单次交易的流量，才能脱离“依靠公域流量才能卖货”的困境。从传统电商到社交电商的模式转变，其实是理念转变。过去主要是经营产品、获得更多流量，希望有更多人看到品牌店铺，更多人买东西，而现在是经营用户和场景，关注的不是要吸引多少流量，而是用户本身。要关注和品牌产生关系的消费者，和他们建立社交关系。

私域运营的核心不是流量，而是提供优质的产品和服务。

私域服务用户，自然离不开微信社群。微信社群关注产出而不是活跃度。不同行业对活跃度制定的标准不同，不要一概而论。

社群活跃度低，聊天少，并不代表没人消费。不要追求社群的活跃度，表面热热闹闹的虚假繁荣不重要，产品能卖出去才重要。社群的作用，在于给用户提供一个能和品牌交流的官方场所，只要用户不退群，只要群里有他想要的内容，在合适的时候就会产生消费。

高频低价行业，指客户一周消费或使用一次，甚至每天都消费的行业，比

如线上学习、线下餐饮店等行业。需锁定空间，设计引流用户到微信群，使信息高频触达对方。用社群运营用户，营造互动空间，通过发放优惠券、开展福利活动等方式，提高用户转化率。

低频高价行业，指客户一年或几年消费一次，甚至一辈子才消费一次的行业，比如旅游、婚庆、家具行业。需锁定时间，一对一服务，设计引流用户到企业个人号，通过私聊和朋友圈影响和转化用户。可以设置年卡，用长期权益锁定用户，在企业个人号上定期推送对用户有价值的信息。低频高价行业，关键在于促使用户向其他人推荐，而不是复购。

社群再怎么活跃，再怎么精细化运营，都很难提高复购率，这是由产品属性决定的，和运营方法无关。我们要做的是，引导已经消费的用户介绍新用户，通过优质服务促使用户自发传播，或者通过利益驱动用户传播。

我做的私域学习平台，是很典型的B端服务（B2B，企业对企业提供商品或服务），致力于教会企业用新媒体获客和变现，为企业提供专业课程、定制内训和诊断咨询等服务。我们通过私域深度服务学员。一家企业来学习，一般都会组团，学习完之后，企业会继续安排其他员工来学习，所以复购场景也一直存在。转介绍行为是推荐其他朋友来学习，这个很常见，我们私域的特训营学员，90%是由口碑推荐而来的。

不要把私域运营误认为“加人+拉群+发广告”，用户进到私域，要的是体验品牌的服务，获取品牌的福利，参加品牌的活动。

公域是单利，私域是复利。

我们把用户拉进社群，为的是建立长期的互动关系，将单次消费行为变为多次复购行为，或者转介绍。不要把私域当成公域来运营，因为这不是单次买卖的场景。

### 1.1.3 企业启动私域数字化的必要性

当今时代，已然发生了很多变化，这些变化将改变品牌的商业思考和决策。从宏观的市场环境到微观的消费者行为，我们可以看到，随着经济的发展，以及互联网新事物的崛起，企业的用户运营，需要重新思考和规划。

第一，市场供需变化。

回顾2000年前后，当时只要有一款相对标准化的产品，通过渠道去做下沉和渗透，主流媒介广而告之，基本就能够保证产品的销售。因为供小于求，市场空白巨大，这些标准化的产品有足够的吸引力。然后，随着经济发展，产品越来越丰富，也开始趋向同质化竞争，这个时候，就要比拼推广和销售渠道了。

而到2010年前后，线下是看重黄金铺位，线上是看重流量坑位。当时如果你能有一款相对差异化的产品，加上适当的曝光，就能有不错的规模，因为这个时期开始出现商品同质化，供需基本平衡，进入抢夺客户的初始时期。线下出现了商圈的黄金店铺、商超的黄金堆头，线上出现了直播间的黄金坑位，目的都是争夺客户的优先选择权。

当产品过剩时，渠道是有限的，黄金位置更有限，企业就需要更精细化地运营，特别是当客户对产品有个性化需求时，传统的销售方式就开始乏力。

今天，往常意义上的标准化和差异化都不能完全开辟护城河，现在的产品需要“极致差异化”，就是产品颜值要过关、卖点要抗打、背书要强势、技术要独家等等，在这个基础上，还要增加大体量的广告投放，要全平台种草增加产品曝光度，才有可能影响更多客户。

第二，媒介环境变化。

新媒体的蓬勃发展，让消费者的时间被切割得很碎。消费者每天游走在抖音、小红书、B站等平台，时刻被各种诱惑吸引，分分钟被种草和拔草，特别是短视频生态的崛起，让传播媒介更加多元化。

短视频填充了碎片化时间，也把时间变得碎片化。

所以今天的消费者，忠诚度不可能很高，这很现实。今天买了你家的东西，明天就可能去支持你家的竞品。因为活动驱动越来越卷，产品的研发也卷起来了。新品牌如雨后春笋般涌现，只要有资本的推动，通过多媒介传播种草，很快就能在市场上占有一席之地。

这种环境的变化，让企业的运营阵地变得很不稳定，需要时刻跟进新的平台发展，做到全平台监控，同时深度运营核心平台。

第三，消费行为变化。

5G时代的到来，真正意义上加速了全民移动互联，线上线下无界，到店离店无界。消费的计划性变弱，随机性变强，选择变多。

随着移动互联网的兴起，消费者的社交时间、社交空间发生了显著变化，不再局限于线下消费，即用户消费行为随时随地发生，特别是直播电商带动更多的即时消费，消费时间变得没有边界，深夜的直播间依然灯火通明。

Z世代，即成长起来的“95后”“00后”，是移动互联网的“原住民”，他们能够快速接受新鲜事物，敢于表达，比如更热衷于小红书的好物种草和分享。企业营销必须以满足用户需求为核心，新生代用户考虑得更多的是审美，是新体验，是新个性和新品位。

第四，决策方式变化。

新媒体带来信息高速流转，信息越来越透明。现在的消费者很聪明，他们对于产品的挑剔程度在提高，随时随地都在做比较、评估性价比。消费者有更多的信息来源渠道，这会导致他们的注意力更分散，除非产品有足够的价值吸引消费者停留，不然消费者很难在当下做出决策。直播电商的兴起、拼多多的火热，就是通过足够低的价格吸引眼球。

时代大环境的变化，对于品牌来讲，是一把“双刃剑”。一方面它可以驱动品牌沉淀，细化自己的产品和服务；另一方面，这些变化让行业的内卷非常严重，企业需要消耗更多资源去做无法看到即时效果的营销。企业如何应对这些变化，很关键的一点，就是要和用户做朋友。纵使“流量江湖”变化万千，依然有稳固的客户池。

做好私域，为今天的生意沉淀资产，为明天的生意储备能量。

### 1.1.4 品牌是最大的私域

在过去的几年时间里，包括天猫、京东、拼多多、美团、抖音在内的中心化平台，单个客户获客成本在持续上升。翻倍的获客成本对于品牌方来讲是很大的冲击，因为很多昂贵的流量成本其实已经转到品牌方，再加上中心化电商平台的高佣金严重挤压着品牌方在公域流量中的盈利空间。

品牌方用适应市场的营销手段去触达最前端的消费者，则形成“一次消费”，但想实现“N次消费”，需要在中心化平台上投入更多甚至翻倍的成本。但客观事实是，当ROI（Return on Investment，投资回报率）到达一定阈值后就很难再向上拉升，但品牌方又不敢轻易断供。

所以，要想办法将在公域流量红海中撬动的“一次消费”用户用私域去承接。前半段是公域传播，后半段是私域留存。

比如，热搜上的某顶流主播因某些原因被停播或封号，对不少品牌方来说是惨重打击。重度依赖主播的商家会因为突发状况，积压大量库存，库存对应的是现金流压力，崩塌可能就会在一瞬间发生。又比如，平台规则的变化导致公域流量骤然下降，或者违规被限流，依赖公域平台销售的商家的业绩就会因此出现断崖式下滑，这些都是非常不可控的风险。

面对这些突发状况，如果品牌方拥有自留地，就相当于拥有抗震缓冲的机会。自留地就是品牌方自有的用户资产，即信任并且追随品牌成长的一群人，以及品牌方和这群人持续交朋友的能力，这使企业有可能构建起品牌壁垒。组建私域的最终目的是降本、增效和抗震，这也是私域的三个核心价值。

（1）降本。一方面，私域可以精准触达，提高广告的精准度。另一方面，通过强化品牌方和用户高效互动，提升用户忠诚度、满意度，让用户做好传播和转介绍，把营销成本降下来。

（2）增效。构建用户精准营销体系，提供优质产品和专属服务，提升用户转化率和复购率，将一次购买行为变成终生消费。

（3）抗震。打造数字化、标准化业务流程，积累用户数据，沉淀品牌资产，把用户留在自有数据库，把线下用户线上化，把公域用户私有化，抵御平台和政策波动的风险。

回到品牌建设，只有长期陪伴用户成长的品牌，才有最忠诚的私域。

始于流量，忠于私域，久于品牌。

私域是品牌数字化战略落地的显性投射，私域化是为了积累用户资产，更直接深入地了解用户，强化品牌和用户的高效互动。

品牌私域化不是短期工程，不是一次裂变活动，不是一篇爆款图文，也不是一场节日直播，而是要实打实地落地干活，是细化到每天的朋友圈发布、社群互动、视频号直播。私域流量的打造不会像公域引流那样能够立竿见影，它需要长期的战略协同，是一项周期以年计算的系统性的慢工程。

做私域，要坚持构建持续的信任关系，坚持长期主义。像种一棵树，需要花很长时间去施肥、浇水，然后让它经历风吹雨打，最后才有可能收获。

## 1.2 企业私域的战术思考

通过产品生命周期，分析企业在不同阶段如何用好私域。

企业产品刚推出市场时，通常会组织一批种子用户来体验产品并进行反馈，以此来优化产品，最终提升产品竞争力。这批种子用户就是初级的企业私域，通过核心会员社群和私聊方式，调研产品需求，收集用户的真实使用反馈。

产品若是已经被验证有市场潜力，企业此时的重点不应该是私域的继续搭建和运营，而是通过广告投放和渠道拓展等公域流量，快速占领市场，成为品类领导者。

在产品的消费者越来越多并达到一定量级之后，企业再及时跟进私域的搭建，把渠道上转化的用户沉淀到微信私域平台，通过内容、活动和直播促使老用户复购。

企业的私域变现不仅体现在该渠道的产品销售上，也需要综合考虑品牌影响力，后者体现在粉丝量、曝光量和活跃度等数据上。当然企业也可以在会员日、周年庆、节日等时间节点，通过直播卖货和粉丝进行沟通交流。甚至产品如果在直播卖货当中已经被验证有效，则可以通过与更多直播KOL（Key Opinion Leader，关键意见领袖）的合作，获得更多销售转化。

企业私域的落地部署，需要找准关键工具和平台。微信生态内，通过数据联动，做好内容传播、成交闭环和客户服务。特别是社群运营，把握不同阶段用户的核心需求，通过精细化分层运营，精准解决用户不同时期的内容、服务和产品需求，提高用户留存率和转化率。

以企业微信为基建，运营私域客户资产，更精准地服务用户。

以小程序为商城，构建线上成交场景，更便捷地转化用户。

以视频号为平台，丰富短视频内容传播方式，更高效地触达用户。

私域的新阶段，需要围绕不同圈层消费者在私域的表现，制定运营策略，培养用户信任度，实现长期收益。

### 1.2.1 私域运营的关键在于用户标签

今天，售前介绍产品或者售后跟进服务，如果还通过电话、邮件，甚至面对面沟通，不仅运营成本高，而且效率低。对于B端用户来说，还值得深度跟进，而对于C端（Consumer，消费者）用户，利润都不足以支持如此沟通。

私域解决了这个问题，通过微信，可以高效触达用户，与B端用户一对一私聊，而对C端用户，通过朋友圈和社群批量运营，在提高效率和降低成本的同时，还优化了用户服务。毕竟，大多数陌生电话都被当成骚扰电话，而且不是所有用户都喜欢电话沟通。而对于微信信息，用户可以选择性阅读，也可以把控回复时间，从用户体验来说，无疑更好。

另外，利用私域流量池，用户调研和产品调研可以更精准和更便捷。以前，做用户调研要找第三方机构，公域流量池里也不清楚精准用户在哪里，调研无从下手。如果有私域流量池，就方便在社群发起调研，这是很多新消费品牌的新玩法，能够让用户参与进来。

用户的深度运营，需要清晰用户画像。

私域运营的关键在于用户标签。在微信生态，企业获取客户的UnionID，就可以打通整个微信生态的数据，知道客户在公众号、小程序、企业微信等平台的行为、画像和标签，从而了解用户的需求，进行精准营销（见图1-2）。

图1-2　微信UnionID的重要性

搭建私域流量池，把用户引进来只是第一步，之后还需要给用户贴上标签，同时，做到用户行为全链路追踪。

通过分析数据，制定用户运营策略。比如瑞幸咖啡，做好用户分层运营，把用户体验放在第一位。瑞幸咖啡在全国有几千家门店，针对不同的区域（气候条件不一样，气温不一样），主推的单品也不一样。在秋季，瑞幸咖啡海口店社群主推的是杨枝甘露的冰饮，因为海口气温还很高；同一天，瑞幸咖啡南京店社群主推的是丝绒拿铁热饮，因为南京开始降温了。

这就是千人千面的一种形式，即对客户做各种各样的分层运营。分区域也好，分消费能力也好，分会员等级也好，都是分层运营，但前提是一定要有相应的对用户的洞察能力，并且做不打扰用户的私域。比如，活动裂变，覆盖用户群体不精准，但是成本极低；广告投放，筛选用户标签越精细，纬度越精准，所需费用就会越高。既想精准，又想成本低，不是不可以，但这是小概率事件。

私域运营，要的是稳定和确定。

**做好用户标签，打通全平台数据，才是真私域。**

用户标签的背后是私域技术能力，通过技术开发，联通全平台数据。私域技术能力的三大应用，分别是带参数二维码的应用、UnionID的应用和API（Application Programming Interface，应用程序编程接口）的关联。这三者的深度应用，就构建起SCRM（Social Customer Relationship Management，社会化客户关系管理）系统的逻辑框架和基本底座。

### 1.2.2 个人微信还是企业微信

私域流量池搭建，和用户互动，一定要有聊天沟通工具。企业微信是唯一一个和个人微信互通的工具，可以相互加好友、发消息、发红包等，功能也可以跨平台使用。

用个人微信和企业微信做私域有什么区别呢？我们来看以下四点。

（1）个人微信是个人身份，缺少企业品牌背书；企业微信提供品牌背书，消费者能看到员工的认证信息，信任度更高。

（2）个人微信运营工具限制多，第三方工具风险大；企业微信原生功能丰富，自带运营工具。

（3）员工使用个人微信，离职后容易将客户带走；使用企业微信，客户就是企业资产，员工离职后，客户留给企业，一键分配给其他员工继续服务。

（4）相比个人微信，使用企业微信时，企业可以获取客户的UnionID，这样，企业就可以打通整个微信生态的数据，进行精准营销。

所以，现在很多企业都在用企业微信来运营私域，因为企业微信更符合企业利益。

当然，如果企业对朋友圈营销很依赖，而且因为历史原因，用户都在企业员工的个人微信上，那么继续用个人微信也没问题，可以主要用于做销售，但用户资产数字化管理是无法完善的。

在企业微信的营销应用上，有非常多的优秀品牌案例。比如周大福，2020年私域收入达6亿元，2021年收入达16.9亿元，私域已经成为周大福除线下门店和电商外的第三大增长引擎。比如瑞幸咖啡，几乎就是在微信里起家的品牌，几年间开了超6000家门店。瑞幸还能做到很高效地一对一服务2000多万私域用户。他们的私域好友拉黑率不到3‰，每天在私域能卖出几万杯咖啡。比如卡地亚，用企业微信打通SCRM系统，让用户的标签数据可以流动，做用户数据沉淀和用户洞察，导购则可以更精细化地服务用户。用户在所有渠道的购买行为，都能在企业微信中以标签化的形式呈现出来。

社交关系链是基础，企业服务力是核心。

随着微信生态的发展，企业微信的功能越发成熟。企业微信能够从多个方面结合企业的营销策略，发挥构建私域流量池、营造多种营销环境、促进成交变现的作用。

企业微信是当下最好的私域工具，它的价值不仅是获客和变现，还在于客户服务，以及在营销上做到降本、增效和抗震。

个人微信好友、企业微信好友仅仅是基础，要成交，还要为用户提供好的服务。所以企业拼的是服务力，企业的服务力是核心。不要拘泥和局限于形式，微信只是沟通和服务工具，企业的服务才是关键。当然，更好和更合适的工具，可以大大提高企业的效率，所以，企业在做好服务的同时，还需要更新工具和方法。

总结来说，企业微信的价值有四点：高效办公、优质服务、精细管理和智慧营销。

高效办公：经销商加入总部企业微信，或创建企业微信和总部构成上下游关系，门店员工和总部联系更加密切。

优质服务：总部在企业微信上提供标准话术、员工培训、案例等内容，帮助门店员工更好地服务客户，解决客户需求。

精细管理：企业微信和微信生态其他平台，以及企业的客户营销、业务管理系统等打通后，对于从客户获取到运营、转化、服务跟进等一系列过程，门店管理者都能一目了然。

智慧营销：总部还可以在企业微信工作台发布标准的、有效的营销方法，如拼团、抽奖、红包、群运营流程等，帮助门店员工更好地获取、运营和转化客户。

### 1.2.3 私域和直播的关系

公域直播很多时候都是私域导流反哺。在社群里宣传，引导到直播间。开播前在不同时间节点多次宣传。私域相比传统广告链路更短，相比公域平台的提醒，也来得更直接。

超头部主播不约而同地把粉丝引流到微信，通过企业微信做深度运营，通过粉丝群做话题互动、福利派送、直播预告。也有很多电商品牌投放私域社交广告，比如李佳琦，通过投放广告，引导粉丝关注公众号后，再引导粉丝加企业微信好友，接着将其拉进群，通过粉丝群做深度运营。

从用户角度看，短视频更轻松，抖音和快手都证明了碎片化社交时间短视频化具有巨大流量市场，内容视频化是其方向。

从企业角度看，私域流量池的重要性不言而喻。私域流量池基本等同于微信生态，而视频号作为微信生态中公域和私域的连接器，也很关键。

大家都知晓，抖音或淘宝直播，很多企业就是在微信群吆喝，引导用户跨平台观看，形成“微信运营粉丝群，抖音淘宝搞直播”的路径。反观在微信生态直播，其路径极简。以前，小程序直播和企业微信直播，只是直播工具，没有内容沉淀。而视频号除了可以直播，它还是内容平台。这就充满了可能性。

我们先来看看短视频的变现方式，主要有四种：第一种是广告投放，比如通过短视频接品牌广告，赚取广告费用；第二种是直播，比如很多主播都开直播，通过直播来卖货；第三种就是私域导流，比如通过短视频吸引客户关注，把客户导向私域；第四种就是和微信强关联，引导客户关注公众号，再加企业微信，对客户做深度运营。我做了不少直播，比如线上训练营、直播教学，通过直播引导客户到私域，在私域对客户做深度运营，同时在私域也发起直播，做内容输出（见图1-3）。

图1-3　视频号直播的核心策略

直播和私域，相互关联，相伴相生。

对于公域直播来说，比如淘宝、京东的店铺直播，还有抖音、小红书的账号直播，引导客户到私域，方便企业运营私域，也有助于客户后续复购。对于私域直播来说，比如小程序直播、视频号直播，这是微信生态内的直播方式，有天然的私域属性，可以更便捷地引导客户到私域。

从直播间引流到私域的方式中，要重点关注产品引流。通过直播间销售出去的产品，放置引流福利卡，引导客户关注企业微信，再深度运营私域。

2023年，电商零售在社会消费品零售总额中占比达到31%。而直播行业给电商市场带来新的增量——2023年直播电商规模超过4.5万亿元，同比增长30.44%，占电商零售GMV（Gross Merchandise Volume，商品交易总额）的1/4。这些数据体现了企业做好直播的重要性和必要性。私域作为直播流量的重要后方，给直播间源源不断地输送新流量，而直播也加速了私域的成交转化。

### 1.2.4 私域是一个养的过程

梳理思考逻辑之后，一个具体操作的问题就会出现——就是很多品牌分多个业务渠道，不同渠道有不同的团队，私域在这中间的定位应怎样设计？主要分为两种。

第一种，漏斗型。漏斗上方是不同的流量渠道，漏斗下方是私域。

用户从漏斗上方的诸如第三方平台、经销商、广告投放等渠道进入，成为品牌潜在用户或者消费用户。品牌通过私域进行用户管理、互动、接收反馈、促进成交等动作，将他们从“一次消费”推动到“N次消费”。

第二种，沙漏型。前端和漏斗型逻辑一致，不同的是会有渠道反哺机制。

用户从沙漏上方的公域平台进入，然后沉淀到中间的私域用户池。通过分层级运营和筛选，把精准用户反哺给下方渠道或门店，由他们负责交付服务或产品。

并不是每个企业都会严格按照这个模型来构建私域，用户在私域成交或者回渠道成交都是可以的。很多企业刚开始做私域时是偏漏斗型，发展到后面，逐步过渡到沙漏型。在私域发挥关键作用的是用户关系的管理，抓住这个本质，模式可以不断变化。两种模型没有优劣之分，不同企业在不同生命阶段选择适配的打法，有些企业甚至游离于两者之间。

关于私域成交变现这件事，很难一蹴而就，效果有一定的滞后性，是一项以年为计算单位的工程。当然，实现成交增长一定是终极目标，企业可以分阶段来推进。

第一阶段，企业引入用户，应关注开源节流，不建议考核销售，要找到有效链路和留存机制。

第二阶段，企业跑转化模型，应关注转化率、复购率。这个阶段企业不要过度关注绝对值，要看趋势，如果增长曲线稳定上扬，说明模型框架没有大的问题。

第三阶段，搭建好用户流量池，企业也有了相对成熟的成交模型，就可以关注GMV增长，关注长期收益。

私域不是临时抱佛脚拉群刷广告，而是长期的服务和陪伴，是润物细无声的细水长流。不同的阶段关注不同指数，不要急于求成。私域的本质是客户关系管理。企业应当构建与用户持续的信任关系，而信任靠真诚沟通、为对方着想，这就一定需要时间的积累。

### 1.2.5 私域是长期主义者的胜利

有一些品牌方对做私域的认知是做公众号或者是做社群，不断加人，不断卖货，仅此而已。这种理解显然不是长期主义的思维。

想要做好私域，在启动私域之前，要思考四个关键方面。

（1）私域解决什么问题？企业需要梳理分析自己的品类、产品、客单价、用户消费频次等关键信息，设计自己的着力点，到底是要消费提频，还是要提高客单价，或者是做好服务之后希望用户转介绍。

（2）私域在公司内部的定位是什么？是销售渠道、客服中心，还是数字中台？这就是企业要清楚商业模式，方便私域战略落地时，全员都明白往哪个方向走。

（3）明确短期经营目标是什么，长期经营目标是什么。虽然私域是以年为计算单位的长期工程，但是也要拆分为短期阶段，“小步快跑”，大胆试错。

（4）明确可能存在的最大障碍点。很多公司的内部障碍来自部门壁垒，也可能来自私域成果的相对滞后性，这就需要CEO（Chief Executive Officer，首席执行官）来协助消除障碍，为新业务模式保驾护航。

说白了，做私域就是经营客户关系。了解客户、和客户共同成长这件事情，任何时候开始都不晚。保持洞察，保持同理心，坚持长期主义，是CEO工作的重要模块。

当然，每个公司的基底不一样，商业模式、品牌基因、企业文化等也不一样，前期准备偏战略层的思考会多一些，没有标准答案。比如设计链路，为什么餐饮行业的扫码渠道是放置桌贴，为什么鞋服类或者是生活方式品牌服务的二维码则是放在收银台，具体设计需要企业“沉”下去研究。

总而言之，企业私域没有一个标准化的套路。当下我们面临很多巨变，供求关系在变，新媒体环境在变，信息差越来越小，用户获取信息的路径越来越丰富，消费者越来越挑剔，等等。在商业红海中，品牌获客成本越来越高，边际效应越来越低，利润越来越薄。品牌如果没有能力将用户吸纳并且沉淀在私域，其增长将面临巨大挑战。基于现实，企业如果不做私域，整个品牌增长的走势可能会快速放缓，或者增长乏力。

布局私域，至少有机会缓冲或者适度缓解因公域获客成本上浮带来的利润稀释，或者让品牌发展曲线有机会上扬。

**公域是向100个人卖1款产品，私域则是向1个人卖100款产品。**

只要用户认同和信任品牌，品牌也珍视用户的信任，这种美好的高势能关系就能持续发展，企业的边际效应会持续提高，降本增效才有机会实现。

私域的本质是客户关系管理，内核是降本增效。企业布局微信私域，需要根据自身业务模式来评估，找到合适的私域切入点，设计整套私域运营体系，与用户构建持续的信任关系。公司的战略决定了私域的定位，私域战略和品牌战略、渠道战略、产品战略同样重要。

私域对于企业来说，不是选修课，可做可不做，而是必修课，一定要做，而且要做好。

未来，做好私域的企业，将更有竞争力。只有老板自己清楚私域的价值，自上而下推动私域建设，做好私域战略规划，匹配合适的团队和资源，才能开花结果。只有拥有长期主义精神以及优秀的战略方案，企业才能在私域里真正拿到结果。

**做品牌，长期主义者才能获得胜利，私域也是。**

## 1.3 企业私域要避开的十个坑

当企业开始要做私域的时候，明白如何在对的路上努力，很关键。如果一开始，你就花各种冤枉钱，浪费时间，最后就会怀疑私域是否有价值。其实，不是私域有问题，而是你做私域的方法有问题。

相信在做私域的路上，你或多或少会交踩坑的“学费”，我也是踩着坑过来的，没有踩过坑的新媒体人的生涯谈不上完整。

我总结出来的这些坑，是很多人踩过或者正在踩，甚至以后肯定会踩的坑，给大家一一指出来，以使你避开这些坑，少走弯路。

第一个坑，不做新媒体或者迷信新媒体。

关于新媒体的错误认知分为两派，一派觉得是不是不用做新媒体，一派是另外一个极端，觉得新媒体是万能的。

先看第一派，是不是不用做新媒体？

在今天，不管什么样的营销，回到落地执行，都离不开微博、抖音、微信、小红书等，这些都是新媒体平台，怎么也绕不开它们。有些人总觉得错过了微博，错过了公众号，又错过了抖音，是不是没有机会了？其实，机会一直都在，只不过不同时期需要用不同的方法而已。

第二派觉得新媒体是万能解药，幻想新媒体可以解决所有的问题。新媒体只是提高运营和营销的效率，没有改变原有的商业模式，原有的生意该怎么做还是怎么做，只不过新媒体可以让它效率更高。商业的本质是效率的提高，而新媒体能提供强大的动力，这就是新媒体的最大威力。

而在这之前，只有做好产品、做好服务，才能谈营销、谈新媒体，不然一切都是竹篮打水一场空。

新媒体分为公域和私域，需要两者联动。一样的道理，私域也不是万能解药。对于很多品牌来说，私域更多是锦上添花，而不是雪中送炭。只有平时一直在运营私域，做好私域服务，才能在关键时候用私域抵抗大环境的不稳定，同时能细水长流地做公域以外的增长。

因为渠道商的利益关系或企业内部门的权责关系，传统企业对新媒体往往讳莫如深，认为发展新媒体就是为了取代传统业务。这类企业要么不敢做新媒体，要么幻想新媒体能带来颠覆性的变革，这也是两个极端。企业新媒体不会取代传统业务，只能提高企业效率。在商业模型的关键节点，新媒体能更好地提高效率，打造数字化品牌资产。

从公众号、小程序到抖音，每个新鲜事物出现之后，我们都要大胆试错，探索和尝试新平台和商业的结合。这需要我们对新事物足够敏锐，而不是怀疑和排斥它。

抢占红利，既要把握当下的信息差，也要准确预判未来趋势。**用对方法，什么时候都是红利期。**

**第二个坑，企业新媒体就是自媒体?**

自媒体，是自媒体人的媒体。自媒体的内核是内容传播，写报刊专栏、写论坛连载、写博客、写微博、写公众号……这是自媒体人的画像，自媒体更多是单枪匹马。

企业新媒体，是整个企业的新媒体。企业新媒体作为平台，解决品牌公关、市场营销和用户运营三大板块的问题，需要团队作战，需要搭建矩阵，背后是企业的产品和服务。

很多企业往往把企业新媒体当成自媒体，这个认知从一开始就错了。我想很多人都会有这个错误的认知，为什么？因为进入公众视野的更多是自媒体号。在新媒体时代早期，很少人会关注品牌怎样做一个公众号，更多的人关注的是自媒体号，以及那些刷屏的公众号图文。

其实企业新媒体的价值在于服务，它是一个线上化的服务平台，而自媒体的内核是内容，这两者有很大不同。

以公众号为例，通过图1-4我们能够更清楚地看到企业新媒体和自媒体的区别，从左往右看，最左边第一类，是传统媒体，包括人民日报、新华社等，它们都会利用新媒体平台发声，这是传统媒体在新媒体的发声渠道。第二类是非常典型的自媒体，包括很多垂直的电影、读书品类的账号，它们有很鲜明的“人设”，粉丝的忠诚度也非常高。第三类是行业的自媒体，比如美妆行业、家具行业、服装行业等，它们一般是行业的资讯平台。第四类是垂直领域的自媒体，比如“广州吃喝玩乐”“北京吃喝玩乐”等。

图1-4　自媒体和企业新媒体的区别

从图1-4中可以发现，最左边是媒体，即我们理解的传统媒体。中间三个是自媒体，最右边才是企业新媒体。企业做新媒体的目的是什么？一方面是传播品牌，另一方面是构建私域流量池，沉淀品牌用户数据资产。

**自媒体的内核是内容，而企业私域的内核是服务。**特别是私域，服务远远比内容重要。

**第三个坑，每个平台都想深度运营。**

新媒体日新月异，还时不时冒出一两个“超级新物种”。一些企业追新平台像追热点一样积极，什么火就做什么，浅尝辄止，到处“点火”。

当然，新事物要去尝试，但是要有计划地去研究，而不是蜻蜓点水。关键在于制定明确的新媒体战略，应以核心平台运营为主、创新探索为辅，而不是什么都做，什么都没有深入做。一些企业原本新媒体团队人数就不够，人员精力更是远远不够，还到处开号，到头来没有一个号能做起来。

一些企业早期注册了一堆公众号，旗下所有产品和业务都有单独账号，以为这就是新媒体矩阵。其实，这反而会造成用户认知错乱，压根不知道哪个是品牌号，流失了自然搜索流量。新媒体账号贵精不贵多，而且不同的新媒体平台，有不同的布局方法。比如公众号，一个品牌主号就够了；抖音就适合品牌主号搭配IP（Intellectual Property，知识产权，现引申为产品和其周边产品）矩阵号。

今天抖音火就做抖音，明天小红书火就做小红书，企业每天都在做新的新媒体平台，精力远远不够，账号热度也上不去。怎么办？抓重点。特别是在团队精力有限的情况下，不要每一个坑都踩一下，不要在每个平台都追求深度运营，但这并不代表不要尝试。所有新出现的新媒体平台都要第一时间尝试，然后再衡量评估它适不适合自己的品牌，不适合的话，就果断放弃它。

第四个坑，私域部门设为鸡肋部门。

在一些公司，私域部门是一个边缘部门，可有可无，甚至只由某一个大部门下面的小组里的一两个“小编”负责。投入和产出是能量守恒的，付出多少重视才有多少收获。我操盘过不同的新媒体项目，每一个做起来的项目都是团队的功劳。

毫无疑问，一级部门的属性决定了二级部门的方向。如果新媒体部门在品牌部下面，肯定是成为品牌宣传阵地；如果它在市场部下面，肯定是成为销售渠道。但是，企业新媒体不仅仅是宣传工具或者卖货渠道，还是从品牌公关、市场营销到用户运营的综合体，只有将新媒体部门提升为企业的一级部门，才能释放新媒体的势能，从根本上构建起企业的数字化业务体系。

第五个坑，私域只是私域部门的工作。

当私域部门成为一个独立部门后，大家要是觉得私域工作都是私域部门做的，其他人不用参与，这就错了。

今天企业的私域战略必须是自上而下整体来推动，比如做门店的，会联动销售、门店。这并不是私域一个部门能搞定的事情，例如线上活动、电商销售和O2O（Online to Offline，线上到线下的商业模式）业务等都需要技术、客服、生产和市场等部门的配合。企业新媒体不能是单打独斗，必须是团队作战。所以，和老板达成共识，是做好企业新媒体的关键。只有企业高层统一认知，企业才能在短期内整合各部门资源快速推进新媒体的工作落地。

新媒体不仅仅是新媒体部一个部门的事，它还可以连接市场部门、产品部门和技术部门等高效运行。

第六个坑，万能的新媒体“小编”。

市面上能看到的案例背后基本是一个大团队，而大团队分为活动、市场、文案等小组，而且细分到不同平台还有专属的运营团队。

但在今天，很多企业依然不重视新媒体团队人才。企业想做很多事，但到头来什么都做不了。一些企业对于新媒体运营者的认知，还停留在“远古时代”，以为招聘一两个编辑就能搞定。从内容创作、活动运营、平台管理到用户互动，指望基础的编辑能全部做好是不可能的。到头来，从平台账号到团队都停滞不前，没有传播、没有销售，就开始怀疑新媒体是不是不行了。

企业新媒体有不同的运营分工、不同的平台矩阵，不同的发展阶段都需要匹配不同的人员架构。没有人，一切都是空谈。

企业招聘新媒体员工时，往往要求其身兼数职，跨平台运营，但这是不科学的。全能型的人才少之又少，建议企业招聘专于某一领域的员工。专人专岗，让专业的人做专业的事。

第七个坑，人工解决所有的运营问题。

用人工来解决所有的运营问题，会导致效率非常低，所以才有技术团队，才有各种第三方的技术平台。举个例子，在微信要做电商，可以开发一个电商平台，或者用第三方商城等，这就是用技术来解决问题。

技术很重要，但是不用专门组建技术团队，因为技术门槛很高，而且绝大部分企业是没有“技术基因”的，更不用说组建技术团队。所以，我们要灵活利用外面的技术力量，如SaaS（Software as a Service，软件在线服务）工具就是很好的解决方案。

技术驱动运营，服务促进成交。私域场景下，企业微信的工具特别丰富，视频号也有各种营销工具，这些都可以提高运营效率和营销精准度。

第八个坑，既想裂变传播又想精准营销。

怎么才能做到精准营销？这没有标准的答案。发一篇推文，或做一场活动，你也无法确认受众是不是目标用户群体，但是我们可以尽量靠近目标用户。

比如，做社交裂变活动，利用的是参与者的社交关系，所以最好是从老用户群体中开始做裂变，让新关注的用户贴近你的老用户，提高营销的精准率。如果老用户群体有限，那就通过提高奖励来提升传播效果。如果花钱投广告，我们会发现，在筛选目标过程中，条件越多，广告费用越高。

**精准营销的背后是成本，这是新媒体传播的能量守恒定律。**

既想快传播、低成本，又想精准，这几乎是不可能的。快速裂变传播，一定是泛群体传播，只有少部分是目标客户，而低成本的广告投放，也是泛投放，难以精准触达目标用户。我们需要规划好预算和目标，再去做传播，而不是异想天开。

第九个坑，不想花钱只想免费。

这是90%的企业都跳过的坑。一些企业总觉得新媒体是免费的，这是大错特错的，因为新媒体是最花钱的。我们应该把钱花好，提高运营效率，加快增长速度。第三方的技术、投广告等都需要付费，千万不要觉得新媒体是免费的。新媒体是更高效地用好我们的预算的渠道。

天下没有免费的午餐，免费的往往是最贵的。在新媒体时代，尤为如此。一些企业总想着哪些渠道不用花钱，然后想着招一个编辑负责几个平台的运营。这是在浪费时间，对于新媒体运营来说，时间就是最大的成本。

想要使用新媒体平台对目标用户进行精准传播，必须舍得投入人力、物力。企业不应该追求传播不花钱，而应该考虑如何将传播投入的费用赚回来。同时，花钱也要有方法。一些企业在搭建新媒体矩阵后，团队还没到位，业务流程也没梳理好，就开始投放社交广告，这也是错误的做法。

**建设私域，懂得花钱，还懂得花好钱，是一门学问。**

利用新媒体对目标用户进行精准传播，必须投入相应的资源。精准的背后是成本，这是新媒体传播能量守恒定律。

第十个坑，打没有准备的仗。

好产品是营销的前提，没有好产品和好服务，不要轻易做营销。同理，如果没有搭建好新媒体的基础，也不要轻易投入大量资源去推广，这样只会造成资源的浪费。另外，提供优质的服务是企业私域运营的首要任务。企业应在夯实新媒体平台的内容、服务和体验后，再对外进行传播。

一些企业老板，今天听了课，了解到私域的重要性，明天就想组建大团队开干，而且急于求成，总想着像投放公域广告那样，这边花钱那边就有成交。这样只会让团队陷入困境。私域需要做的是细水长流，所谓磨刀不误砍柴工，把私域基础搭建好，再去做传播、引流，成交就是自然而然的事情。而且，企业需要储备足够的资源，需要打通上下游，先把获客和转化全链路跑通，不然，有客户来也接不住或者服务不好客户，甚至影响品牌声誉。

## 1.4 全域视野，公域导流私域沉淀

私域流量池有三个特点：自有流量，流量是自己的，企业能管控流量；免费使用，不需要再花广告费；重复触达用户，根据运营需求，还可以高频触达。

再看看公域流量的特点：流量不是企业的。举个例子，百度搜索是很典型的公域流量平台，企业需要花钱投广告，需要做SEO（Search Engine Optimization，搜索引擎优化）才能获取流量。很多时候，企业需要投广告才能触达客户，所以流量并不是免费使用的，像淘宝的直通车广告，广告投放出去，触达客户。客户成交后或者客户对广告不感兴趣，企业就再也找不到他了，不能够做到重复触达。

从互联网中获取客户，如果将此比作捕鱼，企业可以从大海里面捕捞，也可以从鱼塘里捞。很明显，大海的鱼很多，但大海茫茫，不知道鱼在哪里；而鱼塘里的鱼远比大海里的少，但是我们可以管控鱼塘，这就是自有流量，且自家鱼塘可以反复免费触达，也就是免费捕鱼。

“大海捕鱼”即非常典型的公域流量，包括百度、淘宝、微博等平台。而私域流量直接指向了微信生态，通过“鱼塘养鱼”的模式，精耕细作。

公域流量和私域流量是如何连接起来的？如果把品牌私域流量池看作一个圈层，外圈是茫茫大海，包括抖音、知乎、微博等公域流量平台，把大海的水和鱼都引向中间的品牌流量池，内圈是自家鱼塘，包括微信公众号、企业微信、小程序和视频号等私域流量平台。

简单来说，就是要通过新媒体矩阵做全网传播，然后通过微信生态沉淀用户，在公众号和社群管理用户，最后通过小程序实现电商变现（见图1-5）。

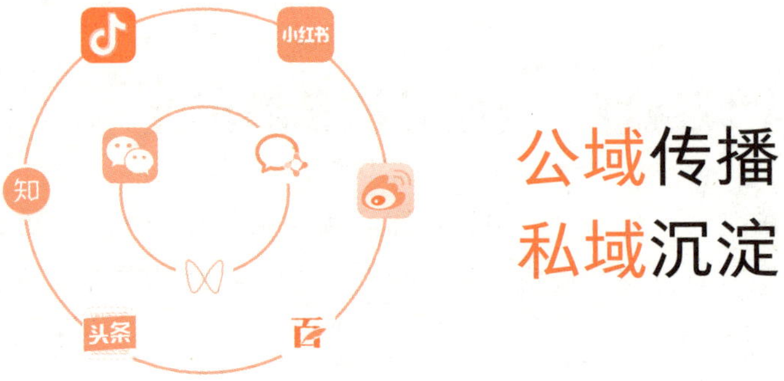


图1-5　公域流量和私域流量互联互通

### 1.4.1 私域流量池的建设

我们再来看更详细的图1-6，此图展现了从拉新获客到私域流量池，再到成交转化、复购分享的流程。

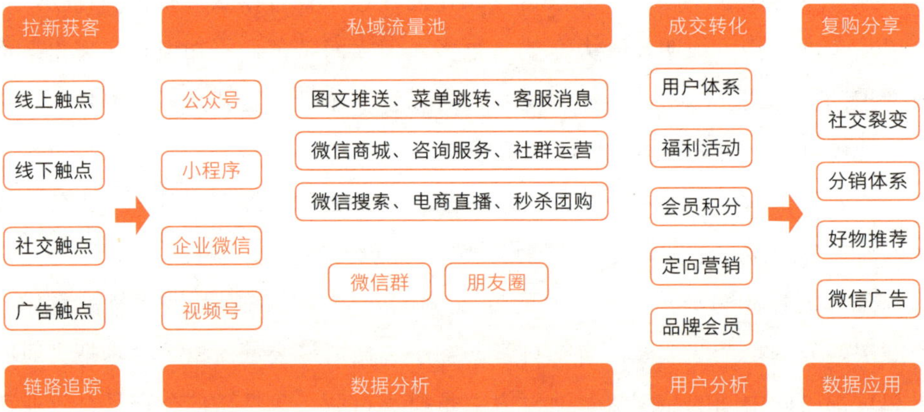


图1-6　私域流量池的建设

拉新获客这一块有四大触点。在这可以做链路追踪，每个触点追踪参数，指导精细化运营。

线上触点，包括公众号搜索、流量直播等。

线下触点，包括门店、海报、线下会员扫码，以及产品福利卡引流。

社交触点，包括会员社群、社交裂变，以及在微信生态里做的各种裂变活动。

广告触点，即广告引流。

通过这些触点拉新获客，导向品牌私域流量池。

再看一下私域流量池的组成部分：公众号是最重要的，其次是小程序、企业微信、视频号。公众号做图文推送、菜单跳转、客服消息。小程序做微信商城、咨询服务等。而视频号作为公域和私域的连接口，可以最大效率地激活私域流量。

在其中，有两个场景大家要重点用好，一个是微信群，一个是朋友圈。微信群、朋友圈，个人微信和企业微信都有。这就是我们说的，以微信生态为核心的私域流量池的构建。用户被引流到私域流量池后，通过数据分析，筛选出精准的用户，再做精准营销成交和转化。被筛选出的用户一部分是粉丝用户，一部分是品牌会员，这里就需要构建一个会员体系。在会员体系里面，通过会员活动、定向营销等方式来转化用户。

**相比传统电商，社交电商的复购和分享更有优势。**通过好物推荐、分销体系等方式让购买的用户再次复购，或成为分销渠道。这里我们通过成交转化、复购分享，抓取用户的消费数据，再利用这些数据投放微信广告。这就是私域流量池的核心部分的运营体系。

### 1.4.2 私域流量池的运营

流量引来之后，需要怎样运营？私域流量的核心是信任，所以做精细化的运营就尤为重要。有了信任才会有成交。

先看图1-7。从左往右看，左边是激活存量的获客方法。激活存量有哪些方式？线上电商可以借助京东、淘宝等渠道，线下门店可以采取发放产品福利卡等方式。线下还有LBS广告做本地的广告投放，通过社交广告，把流量引导到社交媒体平台。

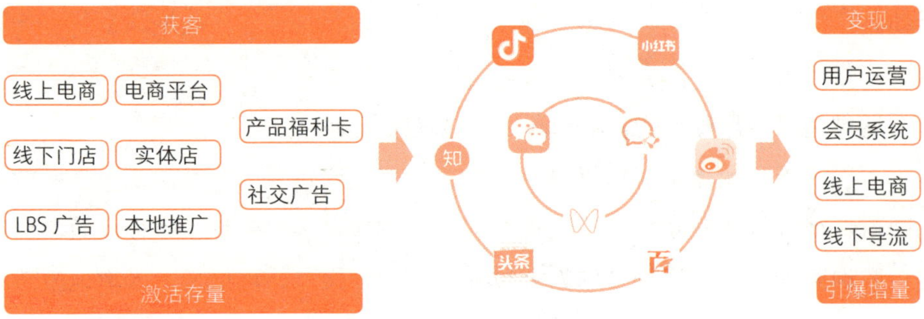


图1-7　私域流量池的运营

新媒体外圈是公域流量，内圈是私域流量，其中内圈就是“鱼塘养鱼”模式的“鱼塘”，品牌方要做好用户的服务，再进一步转化成交。

在变现这里需要注意两点：一个是会员，一个是导流。要打造线上会员中心，可以在线上做电商，或者引流到线下来，就是利用O2O引流做增量，即有基础的流量之后，利用这些流量做裂变增长。

前面是获客，后面是变现，中间是做好用户服务。中间部分即私域运营，通过各种渠道引流，引导客户添加企业微信，企业新媒体设计会员系统，借用工具，追踪和分析数据。

私域GMV等于私域流量乘以引流转化率乘以购买转化率再乘以客单价，说明了这么多流量，有多少能够转化到我们的流量池；而转化过来的流量，又有多少购买的转化率（见图1-8）。

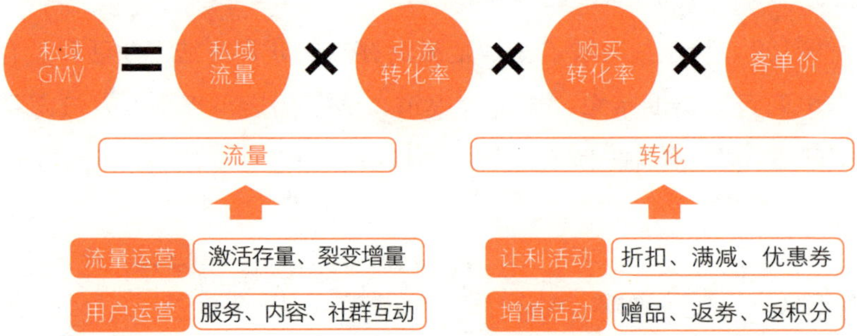


图1-8　私域GMV的计算公式

前面和后面刚好就是流量和转化，其中，流量就等于私域流量乘以引流转化率。怎么提高引流转化率呢？我们需要扩大高私域流量的入口，还要提高转化率，具体需要做以下两大“动作”。

流量运营和用户运营。

流量运营包括激活存量和裂变增量，想要裂变增量，最好的方法是做涨粉活动，而激活存量最好的方法是做产品福利卡引流。有了流量之后，就要做用户的深度运营。通过服务、内容，以及社群的互动，对用户做深度的运营，来提高引流的转化率。

流量盘活之后，做转化。转化也有两个动作：一个是大力做活动，即“三板斧”——给折扣、设满减、发优惠券。另一个是做增值活动，即返赠品、返券、返积分。通过这些营销活动组合拳，来提高产品的购买转化率和客单价。前面部分是做流量，后面部分的重点是转化，流量乘转化，就等于营收。

### 1.4.3 微信生态

私域流量，基本等同于微信生态。那么，我们要对微信生态进行更全面、更深入的了解。官方网站是了解它的最好的途径，可以重点看以下几个网站。

微信官方文档（https://developers.weixin.qq.com/doc/）是微信生态百宝箱（见图1-9）。微信相关的各个产品，在这里有非常详细的官方介绍文档，包括技术开发、后台设置、规章制度等。企业在运营私域时可能遇到的问题，都可以在这里找到参考答案。

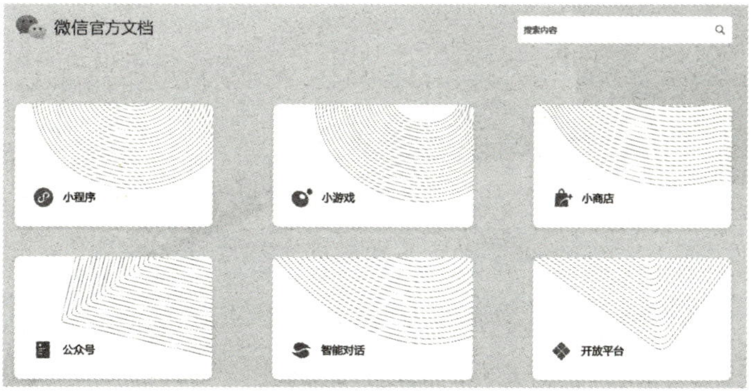


图1-9 微信官方文档

同时，还需要知道与微信生态相关的几个重要网站，包括微信公众平台（公众号、小程序运营管理后台）、企业微信（企业微信运营管理后台）、视频号（视频号运营管理后台），还有微信开放平台、微信商户平台、腾讯广告平台和微信开放社区（见图1-10）。

| 微信生态 | 网址 | 核心功能 |
|---|---|---|
| 微信公众平台 | https://mp.weixin.qq.com | 公众号、小程序运营管理 |
| 微信开放平台 | https://open.weixin.qq.com | 公众号、小程序技术开发 |
| 微信商户平台 | https://pay.weixin.qq.com | 微信支付管理营销 |
| 腾讯广告平台 | https://ad.qq.com | 微信生态广告投放 |
| 微信开放社区 | https://developers.weixin.qq.com | 微信官方交流社区 |
| 企业微信 | https://work.weixin.qq.com | 企业微信运营管理 |
| 视频号 | https://channels.weixin.qq.com | 视频号运营管理 |

图1-10　与微信生态相关的重要网站

其中，微信开放平台是专门做深度开发用的，它涉及技术开发，是技术赋能的关键入口，里面有各种技术应用文档。微信商户平台涉及微信的财务收支，如活动发红包、促销优惠券等，都是在这里设置的。微信生态的广告投放在腾讯广告平台。微信开放社区是官方的交流社区。

要清楚这些平台的功能，当在私域建设中遇到问题时，优先看官方的政策和指导。

# 1.5 企业私域的商业模式和矩阵布局

鉴于平台众多，企业需要将品牌、产品和服务作为一个整体，与新媒体有机结合，探索出最适合自己的私域商业模式。微信生态不是孤岛，而是互联网的一部分，需要关联线上和线下的各种应用场景。企业需要做好运营规划和引流、成交路径设计。

我们在思考和构建企业私域体系时，首先要围绕用户的需求展开。通过分析用户群体的属性，更好地提供对应服务。

**为用户提供优质的服务，是企业私域运营的首要任务。**

## 1.5.1 消费者群体的变化

如今，消费者的社交时间、社交空间已发生显著变化。移动互联网的兴起，让社交时间碎片化，同时让社交空间线上化。这意味着消费者的消费行为能够随时随地发生，同时直播电商也带动了这种即时消费。

消费者主要由三个世代组成：X世代，Y世代和Z世代。X世代是“65后”“70后”，这个群体是前电子时代，习惯实地体验，也就是我们常说的去实体店；而Y世代是“80后”“90后”，他们基本已走进职场，在工作和生活中找平衡点，消费能力提升，消费也升级；更年轻的一代Z世代，即成长起来的“95后”“00后”，他们是移动互联网的原住民，能够快速接受新鲜事物，敢于表达，更热衷于小红书的好物种草和分享（见图1-11）。

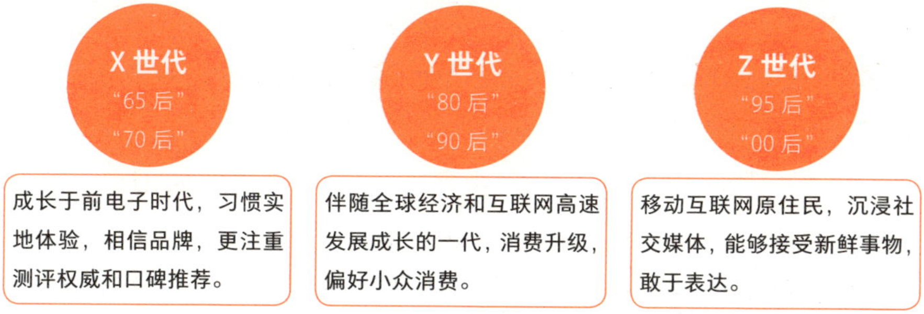


图1-11　正在崛起的后浪对消费体验提出了新的需求

企业营销必须以满足消费者需求为核心。从时间维度看，消费者的消费需求，从吃饱穿暖到考虑性价比，再到今天的注重审美。新的消费群体正在成长起来，Y世代、Z世代变成了新消费主力军。新生代消费者考虑得更多的是审美，是新体验、新个性和新品位。

比如美妆行业，因为消费者群体在变化，该行业现在有三个很典型的变化趋势。

第一，新品牌。欧莱雅、玉兰油等传统美妆品牌，现已被完美日记、花西子等如雨后春笋般出现的新派品牌抢去风头，这背后是个性、跨界、国潮风的兴起。

第二，新营销。过去营销主要靠电视、杂志和户外广告，现在内容电商、KOL带货、短视频直播等传播方式不断迭代，美妆企业开始重视品牌数字资产的沉淀。

第三，新渠道。过去美妆品牌线上主要依靠京东、淘宝等电商平台，现在微信、小红书、抖音等新媒体渠道也被逐渐开发，同时线下场景也在改变，线上和线下更加融合。

这些变化，导致美妆行业的业务模式也发生了很多变化。概括来说，就是美妆从传统电商变成了社交电商。

### 1.5.2 传统电商到社交电商的演变

传统电商是人找货，而社交电商是货找人。相较于传统电商消费模式，社交电商新模式借助维度更丰富的信息线索，实现从被动等待用户搜索转变为主动预判用户喜好，在尽量不降低消费者体验的前提下进行精准推送，实现了“货找人”。

从流量思维到用户思维，是传统电商时代到社交电商时代的演变。

传统电商，如淘宝店；社交电商，如小程序电商。这两者最大的区别就是，传统电商是人找货，社交电商是货找人。货找人就是产品通过社交传播，被主动推荐到了消费者面前，其传播场景主要在微信私域。

社交电商是怎么样做到货找人的？第一种，内容种草，比如在新媒体平台投放开屏广告、信息流广告，传播品牌信息，获取用户的关注度；同时，在新媒体平台做内容种草，如在小红书找KOL来写用户体验图文，通过种草的方式，吸引消费者消费。第二种，精准投放广告。以前投放广告的方式是户外、杂志或电视，你不知道谁在看你的广告，而今天可以精准地指定谁看你的广告。很多美妆品牌也这么玩。朋友圈就是一个很好的精准投放广告的阵地，可以通过目标用户画像，精准投放广告。

传统电商到社交电商的转变，体现的其实是理念转变。过去主要是经营产品、获得更多流量，希望有更多人看到我的店铺，更多人买我的东西，而现在是经营用户和场景，关注的不是我要吸引多少流量，而是把关注点放在用户本身，关注和我的品牌产生关系的消费者，和他们建立社交关系。

这个理念的转变是非常重要的。明白了这个，就懂得私域的核心不是流量，做好用户服务才是关键。随着电商的发展，品牌需要关注用户的需求，更靠近用户，即时互动，快速响应。

微信私域的用户流量运营路径是：首先通过服务号沉淀用户，通过欢迎语、菜单和图文，引导用户添加企业微信，然后把用户拉进群，在粉丝群里面对他做深度的运营。在群里通过小程序进行抽奖、发放优惠券、直播等互动，用小程序来承载变现和服务，同时传播视频号，把用户引导到直播间成交。这样做的好处是，一方面可以在多平台触达用户，另一方面使用服务号更便捷地做内容和品牌宣传。

社交电商有一个重要场景，就是社群，它是私域体系的重要环节。

总结一下，新媒体的运营方式和传统平台的运营方式的不同，根源是流量思维转为用户思维。没有用户，会疲于每天获取流量。我们应该运营好用户，让用户给我们带来新的流量。

### 1.5.3 企业私域的商业模式

同样是利用新媒体平台，是做品牌传播还是引流？所谓的品效合一，该如何平衡好？

做品牌传播，新媒体的曝光度是重点。企业更在意品牌的知名度和美誉度，点击量和互动量是他们关心的。而新媒体引流更多是品牌营销转化战略会关注的，往往伴随利益点设置、转化路径和步骤、跳出流失等问题，最终的用户量和成交量才是他们关心的。

企业私域有三个用途，即三大功能板块（见图1-12）。

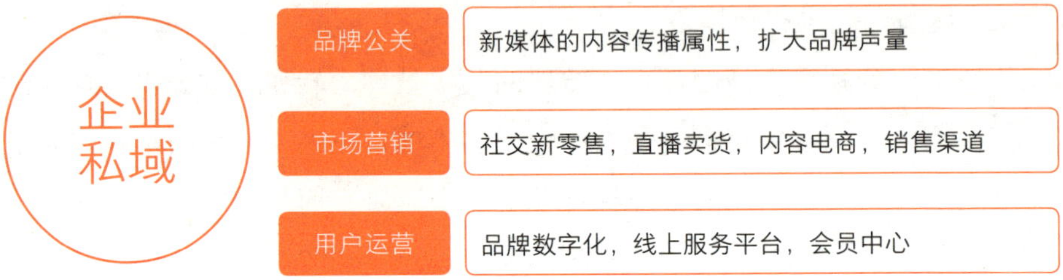


图1-12 企业私域的三大功能

品牌公关：新媒体有一个天然的属性，即它非常适合品牌声量的扩大。不管做什么样的营销动作，最后还得回到新媒体平台来落地执行，这就是品牌公关的重要属性。

市场营销：说白了，就是卖货，把产品卖出去，把用户沉淀到私域，做用户深度运营，促成用户复购或转介绍。对于没有消费过的用户，引导其在社群买货或者到门店消费。

用户运营：传统电商是获取流量，而在今天，关注用户、服务好用户才是长久之道。私域有天然的用户沟通属性，是用户资产沉淀的最好场域。

企业运营公众号，需要怎样做好定位？

例如，丰巢公众号，它是通过什么服务我们呢？接收快递验证码，就是它给我们提供服务的一种方式。以前可能要下载App、用短信收集验证码，今天关注公众号就可以解决。

同样，中国移动提供充话费、查套餐、看流量等服务，现在用户看一个公众号就够了，而不用打电话、发短信去查询。这就是服务用户的运营模式（见图1-13）。

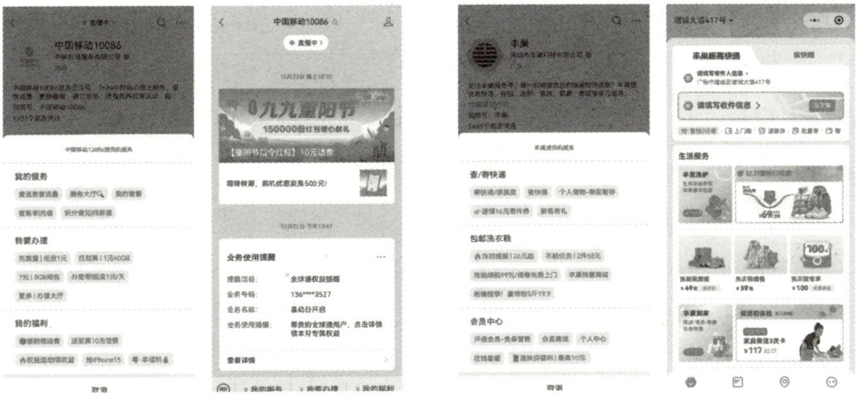


移动：通信服务　　　　丰巢：快递服务

图1-13　用户服务属性的企业公众号

它们都具有很典型的用户服务属性，而不是内容属性。这些公众号的核心价值就是给用户提供相关的服务，满足用户日常消费中的需求。公众号应该围绕粉丝用户来规划运营，解决目标用户的消费需求。

目标用户关注公众号是带着明确的消费意愿的，企业应该避免使用官方口吻向粉丝介绍品牌、产品和服务，而应该通过福利优惠、干货知识和售后服务等形式服务粉丝，注重粉丝的互动反馈，最后达到用户服务和产品销售的目的。

这是企业新媒体和自媒体很大的不同点，自媒体为用户提供更优质的文章内容，而企业新媒体提供的是服务和产品，而不是内容，内容只是它的一种服务形式而已。

企业私域的商业模式，可以分为4种，分别是品牌模式、服务模式、电商模式和O2O模式（见图1-14）。

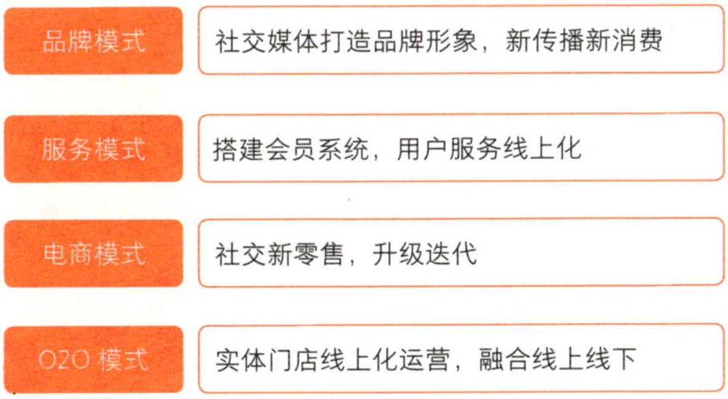


图1-14　企业私域的4种商业模式

（1）品牌模式：利用社交媒体来打造品牌形象，提高传播效率，这是常见的模式。私域用来做传播阵地，方便品牌做活动和社交传播。

比如手机行业，每年新机上市，就会做各种造势宣传。私域就是其中重要的阵地，几乎所有的手机品牌都会利用直播来做新品发布会，而视频号就是私域场景下直播的最佳选择。

（2）服务模式：通过新媒体工具来为用户提供服务，打造线上会员中心，把用户留在企业的数据库。以前是用电话或短信，现在是通过私域的方式连接用户。

比如家电行业，传统的私域路径就是引导用户关注公众号，然后注册会员，以获得后续的保修、福利等会员专有服务。如今有品牌利用社群来运营会员，如提供付费知识，或采用付费进入会员社群等方式来交付服务和运营。

（3）电商模式：这也是最常见的模式之一，比如利用公众号、抖音、小红书来做社交新零售。很多品牌把用户沉淀到私域，目的就是卖货，或者通过私域来引流辅助卖货。

早期的微商也是电商模式的一种，后期社群电商就把私域卖货属性发挥到极致。拼多多最早就是从微信社群裂变起来的。以群接龙和快团团为代表的社群团购，也是私域电商化的典范。而当下火热的直播电商，都会通过私域社群引流到直播间。这都是利用私域的电商属性，

（4）O2O模式：此模式重线下服务。企业有实体门店的，通过线上新媒体平台获取流量，然后导流到线下消费。私域的小程序就扮演着导流的重要角色。

通过私域运营，利用标准的引流品，引导用户到线下门店体验。比如，美容院，在用户关注公众号后，赠送用户免费体验面部护理一次，然后引导其到门店，再转化高客单价产品。还有重线下交付的行业，比如定制家居，其私域就是做用户的中转站，通过服务和内容引导用户到店，门店交付产品和服务后，又引导用户到线上查看项目进度。

这四种模式并不是孤立的，它们之间也会重叠，也就是说，任何一个品牌的私域运营都不是单纯采用某一种模式。比如，丰巢公众号除了提供取快递服务，也做电商，也会接广告，它采用的主要是服务模式，其次是电商模式。又如，社区电商

就是结合了电商模式和O2O模式，如盒马鲜生、小象超市、钱大妈等品牌，以小区门店为原点拉群，通过配送上门或者吸引用户到店购买等方式服务用户。

### 1.5.4 企业私域的矩阵布局

对于企业，跑马圈地很重要，精耕细作同样重要。有新平台出现的时候，企业可以第一时间去尝鲜试错，但不要到处蜻蜓点水，要把精力和资源重点投在几个重要的平台上。

企业的新媒体平台，分为公域平台和私域平台。

公域平台，包括网络搜索，官网，还有微博、抖音、知乎、京东、淘宝、门店等，以及众多自媒体号，这些是为品牌做宣传，做用户口碑还有引流消费。

私域平台，就是微信生态，包括公众号、小程序、个人微信、企业微信和视频号，这是一个闭环的生态，主要做用户沉淀运营，引导复购或转介绍。

矩阵布局，分为三条路径（见图1-15）。

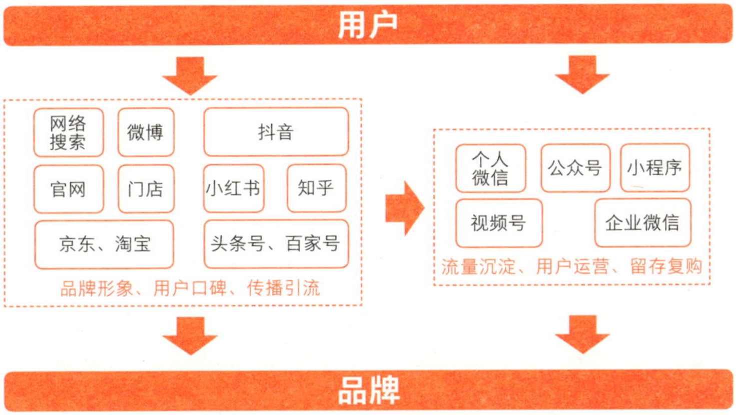


图1-15 企业私域的矩阵布局路径

路径一，品牌方通过公域平台直接卖货。

路径二，品牌方通过公域平台引导用户进入私域。

路径三，品牌方通过私域平台直接卖货。

一方面，品牌方可以在这些平台上面直接影响用户，让他们下单成交；另一方面，品牌方也可以通过这些平台，把流量引向微信生态。殊途同归，最后，用户都汇聚到私域，品牌方在私域做用户运营、留存复购。

根据企业私域的四种商业模式，推演出四种矩阵布局（见表1-1）。

**表 1-1　企业私域的矩阵布局**

| 企业私域矩阵 | 私域核心平台 | 消费者利益 | | 行业 |
|---|---|---|---|---|
| 品牌类矩阵 | 公众号＋会员小程序＋企业微信 | 内容话题 | 品牌互动，了解品牌最新资讯 | 汽车、手机、奢侈品 |
| 服务类矩阵 | 公众号＋服务小程序＋企业微信 | 增值服务 | 获得售后及消费相关的产品和服务 | 家电、金融、K-12 教育 |
| 电商类矩阵 | 公众号＋电商小程序＋企业微信 | 好物推荐 | 线上购物、线下发货，完成交易闭环 | 美妆、服装、母婴 |
| O2O 类矩阵 | 公众号＋O2O 小程序＋企业微信 | 福利优惠 | 通过福利优惠引导客户到线下门店消费 | 餐饮、家居、零售 |

品牌类矩阵：重点通过内容话题，宣传品牌，让客户近距离和品牌互动。这类矩阵常见于汽车、手机和奢侈品行业。

服务类矩阵：重点通过增值服务，做客户售后服务，引导客户注册会员，将他们沉淀在私域。这类矩阵常见于家电、金融和K-12教育行业。

电商类矩阵：重点通过好物推荐，引导客户在社群团购，或者在直播间下单，完成电商交易闭环。这类矩阵常见于美妆、服饰和母婴行业。

O2O类矩阵：重点通过福利优惠，引导客户到线下门店，通过标准服务引导客户消费高客单价产品，或者为其提供定制化方案。这类矩阵常见于餐饮、家居和零售行业。

不管是哪一类矩阵，公众号都可以作为微信生态汇聚粉丝和流量的首要入口，所有推广优先引流到公众号。公众号还可通过活动和服务将粉丝引流到企业微信，对用户进行更深度的管理。商城是公众号、企业微信用户的交易变现平台，为用户提供业务上的服务，如预约、购买、咨询等。

无论从公域到私域，还是线下到线上，沉淀用户首先要确定方向：低价产品的用户转化成本低，可以注重粉丝数量；而高价产品的用户转化成本高，应该更关注粉丝精准度，而不是数量。

### 1.5.5 私域用户的服务方式和路径

高价格产品，决定了品牌方需要投入更多的优质内容，服务才能沉淀和转化用户，单纯的折扣优惠活动根本就打动不了用户。

假设公众号一下子涨粉10万，但内容和服务不佳，粉丝一样会流失。

说到底，企业获客的第一步是要考虑清楚要质还是要量。建议你们不用在裂变涨粉的引流上纠结，要先在公众号、企业微信上搭建起足够好的、用户需求强烈的内容和服务，再调动门店资源把老用户沉淀到公众号或企业微信。私域流量拼的是精细化运营，用户会来投票。比如家居行业，这几年随着新媒体的发展，该行业获客和服务也基本线上化，这背后也是用户消费习惯的转变，使获客的第一渠道从线下转到线上。家居品牌同时做C端和B端，C端关注产品和服务，B端关注品牌和政策，所以，新媒体的内容要各有偏重。

关于成交路径，一般是这样设计：线上获取销售线索，客服电话跟进，再将客户分配给线下门店设计师。全部环节都在微信生态完成。同时，企业需要关注短视频生态，如抖音和小红书——它们都是很好的获客渠道——之后再将流量导向微信深度运营。

关于精准投放，企业可以在微信生态投放获客页面和公众号，而在抖音生态可以直接投放获客页面，同时运营好短视频内容。家居行业的投放产出比不错，因为客单价偏高，企业可以大胆尝试。

又如奢侈品行业，品牌需要和消费者保持联系，这是尤为重要的。奢侈品消费者需要的互动一定不是唠嗑式的交流，而是专业、有价值、有温度的服务。奢侈品消费心理很重要的一点是荣誉感，让客户在消费时体会到一种值得分享给大众的感觉。我们看到很多高端汽车、服装、珠宝企业都会选择在朋友圈做广告，它们传播的直接对象并不是广大消费者，但这是在为真正的目标消费者塑造荣誉感。

企业做好私域，首先要明确私域的商业模式，由企业私域的三大功能“品牌公关、市场营销、用户运营”出发再具体落地应用场景——四大商业模式“电商模式、O2O模式、品牌模式、服务模式”。

企业私域一定要从发展战略高度做好顶层设计，这样才能更好地做用户运营和转化。

## 1.6 私域电商的五种运营模型

电商突破了消费空间和时间的限制，如客户的消费方式，从最开始的主动搜索转变为当下的被动下单，同时也影响了客户的消费心理。伴随电商的发展，客户需求分成三种。

（1）即时需求：比如家里做饭需要买包盐，这是当下的需求，客户会更倾向于选择社区店来满足需求，如到小区门口的便利店或社区商超购买。

（2）主动需求：比如家里小孩的奶粉还剩一罐，需要购买补充，客户一般会想到中心化电商平台，于是在京东、淘宝等平台上下单，等快递到家，这是满足消费的主动需求。

（3）潜在需求：就是客户当下并没有消费的欲望，但是在社群、直播间看到产品的介绍，激发了好奇心，很可能会产生购买欲望，也就是激活客户潜在的、未知的需求。

当客户的总消费需求趋向于恒定，而潜在需求被挖掘得越多，主动需求就会越少。这是社群团购和直播电商的突破点。

以前电商在中心化电商平台，开店就有生意，这是因为其满足客户的第二种消费心理——主动需求。随着传播媒介和购买渠道的变化，客户的需求也在发生变化，所以今天企业需要多平台部署，多点触达客户，特别需要关注第三种需求，激活客户的潜在需求，提前将其转化为主动需求，从而引导客户消费。

客户需求变化不会凭空而生，而是客户偏好、获取信息的方式、注意力的分配在发生改变。

私域电商就是在这种场景下诞生的。我们从人、货、场三个维度看其产生原因。

人：利用社交电商的裂变机制和以人为中心的社交流量，比地推、购买流量更有优势。

货：因为有“人”的强关系，所以推广的产品有更高的信任背书。

场：需要重资产运营的社区门店，运营的时间和空间都有限制，而社群的场景更灵活。

私域电商的特点就是消费在微信生态内转化，通过线上线下多渠道引流，沉淀客户到私域，再在私域通过不同的运营方式，来促成转化和复购。企业需要重点关注机制的设定，利益机制设定是社交电商的基石，使用合理的模型能达到事半功倍的效果。私域电商模型解决的是两个问题：卖货的积极性和裂变的积极性。

### 1.6.1 私域电商的分类

企业私域的电商模式，又细分为五大类型，分别是DTC（Direct to Consumer，直营）模型、同城团店模型、社群团购模型、直播分销模型和微商代理模型。

私域电商，需要搭建私域流量池，通过线上线下传播引流，把用户聚集到社群。不同的电商模型需要不同的私域节点，包括门店导购、社群团长、分销代理、私域主播等，其供应链也各有侧重。不同行业、不同模型有不同的玩法，与之对应的运营特征也不一样。

#### DTC模型

节点：导购。

供应链：品牌/垂直类目。

运营特征：通过导购触达和转化客户，多渠道源源不断地导入新客户，并且组建私域运营中心，集中转化。

#### 同城团店模型

节点：实体店团长。

供应链：以生鲜类目为主，其他家用消费为辅。

运营特征：以线下实体店为流量入口，以门店社群进行线上分发，以落地配送为主，一件代发为辅。以门店为原点，运营周边社区人群。

### 社群团购模型

节点：社交化团长。

供应链：全品类/大类目。

运营特征：通过社交化团长分发“每日上新”“长期购”两类产品，运营重点是团长的黏性和动销率，需要团长有体系、有规划地长期运营。

### 直播分销模型

节点：分享员。

供应链：品牌/垂直类目。

运营特征：在直播间粉丝、忠实客户中，筛选出有流量资源的达人、团长，做直播间分发、短视频分发。其分销佣金体系绑定分享员利益。

### 微商代理模型

节点：代理。

供应链：品牌，以保健品/化妆品为代表。

运营特征：以产品解读、团队IP为内容，分销新奇特产品，毛利要求较高。代理通过私聊、社群和朋友圈等方式，多点触达客户，实现裂变传播。

总的来说，品牌做私域电商有用户运营、私域供货两种方式，即自营和借力。

**前者慢，耕耘长期价值；后者快，拓展短期增量。**

## 1.6.2 门店线上化运营

门店私域需要解决的核心问题是如何做到留存客户资产，和门店线上化运营。下面以361°零售连锁门店为例，拆解门店私域运营的方式。

背后的策略：搭建品牌流量池+门店导购激活+人设打造+分销体系+社群运营+直播带货。361°搭建全域引流体系，制定门店激励方案，打造标杆门店，实现线下高效引流，结合社群运营提高客户留存。

总部单独成立新零售运营中心，负责全国门店私域运营，而门店导购负责引流，引导客户加企业微信。系统方面，后端设置系统和中台，调整内外、前后的协同效率。同时，合理设置分佣体系，不影响线下业绩，门店拉新执行无障碍。

门店引流，总部促活，再赋能门店销售，还部署了“一池”“两场”“双引擎”的私域运营方案。

一池：品牌数字化客户池。

激活所有导购、门店资源，导流至品牌总部私域流量池。快速提升门店对私域的信心和引导个体员工快速进入全员营销状态。通过企业微信SCRM将用户分层运营，实现用户行为、消费数据数字化。

两场：社群+直播。

直播是秀场，直播的整个环节需要根据节点为用户带去有料有趣的内容。私域直播可以随时随地开播。社群做“推场”，直播在推产品时，社群里的员工都会把相应产品的照片、视频同步进来，提示导购将自己的商品码发到群里，销售额归属于这个导购。

双引擎：小程序+KOC（Key Opinion Consumer，关键意见消费者）。

通过创建私域单独的渠道与会员体系，自由控制售卖的产品及其价格、优惠等。小程序商城做客户转化的承接。私域导购发掘出更多KOC，以相应的权益激励KOC贡献更多优质内容，让私域“自运营”。

### 1.6.3 私域电商的人货场

私域电商的两种主流玩法：一个是社群零售推品，通过团购工具在群里做产品介绍，引导用户下单；另一个是社群分销直播，通过小程序或视频号发起直播，利用工具做分销裂变。

私域电商，需要智能化管人，便捷化管货，清晰化管钱。

智能化管人，是指处理好总部和门店关系，门店和导购关系。另外，社群分销架构和关系也需规划好。同时，通过工具、培训等方式，提高工作效率。

便捷化管货，是指小程序商城的管理，包括商品上架、订单处理、售后服务等，要快速响应客户需求，服务好客户。

清晰化管钱，是指通过合理的销售模型，实现销售数据可视化，按层次分配利润自动化，资金流通灵活化，激活社群分销，激发导购的积极性。

私域电商实现全链路数字化，打通线上线下销售场景。这里需要工具赋能，因为单靠人工运营不能做到智能化、标准化和规模化管理。

大师熊就是这样一款工具，专注于为私域提供系统及服务，前面提到的361°零售连锁门店私域电商运营，就是大师熊的合作案例。

大师熊不仅能协助完成私域电商搭建系统，还能提供供应链的配套设计方案和社群团购技术方案，解决商家在技术开发、运营协同、链接上下游等方面的难题，利用会员管理、分佣体系、商品库存管理等功能，支持打通其他平台的客服系统。特别是私域直播方面，如小程序直播和视频号直播，通过系统营销工具，都可以打通社群用户数据实现直播分销（见图1-16）。

图1-16　大师熊私域电商系统

视频号直播分销是商家接下来一定要重点关注的板块。视频号全面商业化和功能开放，将进一步推动直播分销的发展。

# 1.7 善于借力，用好外部团队和工具

私域早已成为企业经营的必选项，但如何做好私域，依旧是让很多企业感到迷茫的事。开始做私域时，企业一定会遇到以下问题。

前期投入过高：自建私域流量池，开展私域客户运营，前期投入比较高，包括人力和资源的投入，还需要一定时间的等待。

团队不成体系：私域运营需要专业的团队，团队的员工需要引流获客、精细运营、数据分析等，专人专岗，既要有负责人统筹，也要有人员高效执行。

团队缺少经验：团队自我摸索，缺乏科学方法论的指导，试错成本高，导致私域体系搭建难以落地，时间长了就变成“烂尾工程”。

没有技术赋能：缺少数字化营销工具，私域运营长时间停留在早期阶段。没有专业的工具支持，营销不够精准，项目推进也不够高效。

当企业决定启动私域建设，就需要思考上面的几个问题，做好全盘规划再行动。特别是老板，要清楚私域和公域的差异性，也要充分认识私域的重要性。那么，从零开始做私域的企业，可以通过哪些方式来建设私域呢？

主要有两种方式：一是自建团队来运营，但会遇到团队组建问题和经验不足问题。建设私域是长期工程，团队的运营成本也需要提前预估，管理好团队才能收获预期。二是和外部团队合作，这就需要有内部团队来对接，需要清晰地提需求。和外部团队合作还包括工具的应用，99%的企业都没有客户管理技术开发能力，所以，要灵活应用第三方技术方案。

## 1.7.1 外部团队赋能企业的方式

外部团队给企业提供的私域服务，根据不同场景、不同需求，可以分为不同的企业服务。从学习开始，提供线上线下培训，企业内训。然后是进阶的私域咨询，通过深度陪跑方式让企业更稳更准地前行。同时，带企业参加圈子的交流，关注官方大会，拓展人脉资源。另外，工具应用和广告投放必不可少。

企业可以自行整合外部供应链资源，供货给直播达人，当然，也可以全部外包给第三方团队运营。

下面简单讲解外部团队的服务。

培训学习：线上微课为辅，线下培训为主。培训也分为公开课学习和企业内训。公开课学习一般是企业管理层参与，学习策略，打开思路，连接资源；而企业内训就是更具体地为企业私域现状定制发展方案，全员参与讨论，共创私域。

私域咨询服务：包括诊断企业私域问题和提供解决方案，指导企业私域团队建设和员工培训，指导企业私域流量池搭建，以陪跑方式做服务。一般是先培训学习，再转向深度的咨询服务。

圈层交流：外部团队组织圈子社群，主要是提供人脉资源，通过会员方式，线上线下交流行业信息，也可以通过大会和“闭门会”的方式，推动资源共享和合作。官方的年度大会很关键，会上有信息传达和风向标指示。

私域系统搭建：提供工具，或提供SaaS解决方案，有通用版和个性化定制版，也可以做技术方案私有化部署。从客户资产层面的SCRM，到小程序商城、企业微信服务，团队都有相应的工具，以提高企业原生平台的运营效率，拓展企业新能力。

服务商合作：作为私域的重要平台，企业微信和视频号都有成熟的服务商体系。通过服务商，可以快速部署基础建设，比如视频号服务商能辅助账号孵化、指导直播间策划搭建、数据复盘使用等，还有商家流量激励政策，帮助企业申请官方扶持。官方重点扶持品牌代运营服务商、产业带服务商、达人MCN（Multi-Channel Network，网红和内容的运营机构）和招商团长。

项目代运营：企业通过和外部专业团队合作，快速搭建私域体系，同时，也从内部组建团队，到一定阶段就开始自己接管运营。企业可以拆分为不同项目外包，比如，给第三方团队投放广告，或整体外包给第三方，如整体私域的代运营，一般是以基础服务费和销售提成的方式进行。

供应链整合：链接全品类供应链、大品牌，链接优质货源，帮助有客户池的企业选品，通过稳定、丰富、有价格优势的产品来提高私域的转化，提升业绩。

直播合作：短视频和直播是非常成熟的服务板块，包括帮助企业做直播带货。企业提供产品，通过直播方式分佣销售，或者做直播代运营，帮助企业把品牌账号做起来。

腾讯企业微信主办了“企业数字化增长训练营”全国巡讲（见图1-17），其中我们组织承办150多场课。这就是典型的培训场景，通过线下课程学习，帮助企业梳理逻辑、打开视野。

图1-17　微信官方私域课程全国巡讲

与外部团队的合作方式，以培训学习切入，将私域咨询和工具应用相结合，适合更多企业的需求。企业做私域的阶段不同，适合的方式也不同，比如最开始先搭建基础团队，通过学习的方式启动私域建设，接下来，当企业的客户有了一定体量时，就需要引入工具，提高运营效率。在策略方面和技术方面，随着私域用户体量的增大和业务的增多，企业需实时调整优化。

策略方面，把已经验证过有效的方法，先落地，再优化，先做对，再做好。私域的运营，都是在具体服务客户的过程中不断形成属于自己的方案。

技术方面，搭建私域数据化平台，灵活应用各种营销工具。从用户的标签体系，到社群智能运营，以及营销活动，都可以利用技术提高效率。

### 1.7.2 企业做好私域建设的重要板块

通过和外部团队的合作，能避开坑，少走弯路。合作过程中，企业需要关注下面几个板块的建设，和外部团队充分沟通，借助外部力量和资源来完善私域体系。

私域现状分析：通过私域资源梳理、获客渠道梳理、获客方式诊断、运营层面分析、转化路径分析、数据应用分析，科学分析企业私域的现状，找到问题并研讨解决方案。

品牌内容搭建：当用户沉淀下来，需要对其做好服务，包括以企业微信为工具打造品牌IP人设，搭建社群运营SOP（Standard Operating Procedure，标准作业程序），准备私聊、群聊和朋友圈素材库。

营销活动策划：从获客开始，策划活动，通过渠道活码引流，然后在社群发起福利活动，促成成交转化，同时也在直播间做分销裂变。

优化转化路径：以小程序为基础搭建私域小店，包括社群的小程序商城、视频号小店，打通企业微信管理，以更轻便的方式实现成交转化。

私域数据管理：建立客户的标签体系，记录客户在私域的行为数据，方便做用户需求分析，包括获客数据、销售数据等方面，通过数据来指导私域运营。

企业要做好私域，一定不能闭门造车，应多走出去，再拿回来。私域发展到今天，各行各业都有成熟的打法，要先用起来，再升级。以课程学习为入口，再引入深度的咨询和技术合作，一步步走，同时，团队一定要搭建和成长起来。沉淀好方法论，做好总结，梳理内部运营方案，做好内部培训。自建的团队要持续学习成长，不能一直依赖外部团队，自己强大才是真的强大。

从自我成长的角度看，培训学习、咨询陪跑都是在助推成长。

老板要的不仅是顾问，更是一面镜子。

团队要的不仅是培训，更是一团火种。

# 1.8 食品品牌“五谷磨房”私域数字化营销

五谷磨房食品集团，创办于2006年，专注于天然营养健康食品的研发、生产、销售。全国有数千家门店，线上线下KA（Key Account，重要客户）渠道逐步渗透。

作为行业领先品牌，五谷磨房早在2015年就开始深度布局会员数字营销，结合技术能力实现线下渠道消费客户的引入和运营，利用数据挖掘和内容营销做精准沟通、刺激复购，通过私域差异化的商品实现销售拉升。

2019年年底，五谷磨房开始把用户沉淀到企业微信，在一定程度上解决了会员营销的效率问题。2021年，五谷磨房微信会员突破1000万，小程序GMV过亿。

五谷磨房围绕会员价值链思考，在微信生态部署会员数字营销体系，成为业界标杆。

## 1.8.1 团队同频的重要性

数字化启动或者数字化转型，需要企业自上而下有统一的认知。其中，特别要重视的是团队数字化的意识和思维方式，要快速学习迭代。对于相对先锋的业务单元，需要给团队足够的空间。很多时候，面对新事物的探索和实践，团队需要动态学习，尽量适度容错，尽量合理管理期待值。

不少公司上下认知没有统一，要么高层管理者已经想明白，但团队伙伴机械执行；要么实际操作的伙伴嗅到了风口，但是管理层因为不了解而慢决策。企业想要实现数字化增长，首先需要团队共同学习，同频共振，实现共创。

举个例子，跟用户走得最近的人应该是基础运营，比如导购或者客服。如果他们有这种数字化意识，在发现用户高频提及某个模糊诉求或者给予某类具体反馈的时候，就应该及时共享给团队这个关键“洞察”，并且将洞察结果量化反馈。因为这里很可能蕴藏一些生意机会，这样做方便后续通过人群标签做精准沟通，适配内容和产品。

五谷磨房的团队搭建，就是自上而下，发挥每一个点上的伙伴的共创势能。在过去几年时间，它的私域实现了高速增长，在每个阶段都有组织结构的微调，不断输入新的能力，通过不断整合或者分化来提高效率，最终形成了高效团队模式——小前台+大中台+新后台。

小前台：每个导购、客服、社群运营人员都是关键服务触点。

大中台：数字和技术驱动的高效、敏捷的运营管理平台。

新后台：品牌助力、产品助攻、内容加持。

### 1.8.2 导购和会员的管理运营

五谷磨房的数字化体系，包括对内管理和对外服务，对内管理是2B（B2B），数字化赋能导购，全国的导购以门店为单位做分布式运营；对外服务是2C（B2C），精细化运营会员，总部建立中台统一集中式运营。

这个体系的优点在于，总部对内容进行把关和对内容有统一标准，让前线导购能够专心做好服务，不用花过多时间去做会员运营。

要想建立一个类似的私域数字化体系，首先要建立一个运营中台，中台里的内容信息需要包括所有私域运营内容的创作，以及所有运营SOP的策划和制定。当要组织一场裂变活动时，策划活动、设计海报、创作文案、制定规则等，都可以由中台去完成，导购只需要配合推广即可。再比如，每天的朋友圈内容，统一由中台创作，导购也只需要一键发送。

中台需要匹配文案、策划、运营、设计等专业人员，统一管理全国会员，而导购负责协助活动落地，以及在最前线引流。

全国门店的导购，是接触客户的一线人员，通过产品拉新和活动拉新的方式，引导客户加入企业私域。私域用户由总部集中运营，通过标签体系，全链路追踪用户数据，给用户提供精准的服务。总部中台和门店导购要相互配合，统一行动。

对导购引导到私域的客户做分层管理，通过微信生态的数据互动，把客户在线下门店、线上商城消费的数据整合起来，作为会员分层的基础依据。接下来，还要参考客户的消费频次、客单价、活跃度等，对客户进行综合评估，提供相应的产品销售和内容推送（见图1-18）。

图1-18　客户分层，精准营销

做好用户标签体系的建设尤为重要，这是企业微信的“超能力”之一，可以即时反馈给前端导购，指导销售行为。

千人千面的营销，背后是用户标签在起作用。

不同的会员社群，会为会员提供不一样的内容和服务。

普通会员社群：定位福利和销售。针对这部分会员，需要加强和他们互动，通过日常的打卡、信息发布激活，然后平时做一些内容种草、产品介绍，同时也配合福利活动和互动活动，让大家参与到品牌活动中，形成初次购买或复购行为（见图1-19）。

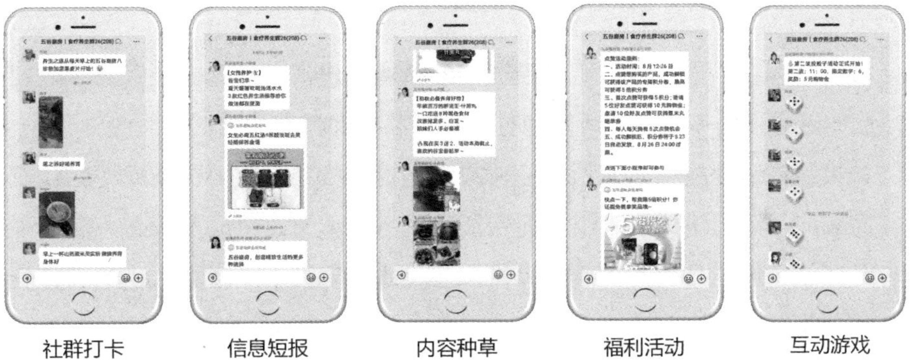


图1-19 普通会员社群：定位福利和销售

超级会员社群：定位服务和共创。这部分会员熟悉品牌，也经常消费，对品牌的忠诚度高。品牌需要通过一些专属权益来维护和他们的关系，比如生日福利。还有就是可以让大家参与品牌的共建，做产品调研和新品试用，鼓励大家给品牌方提优化建议，同时，也可以不定期地邀请专家到社群讲课分享（见图1-20）。

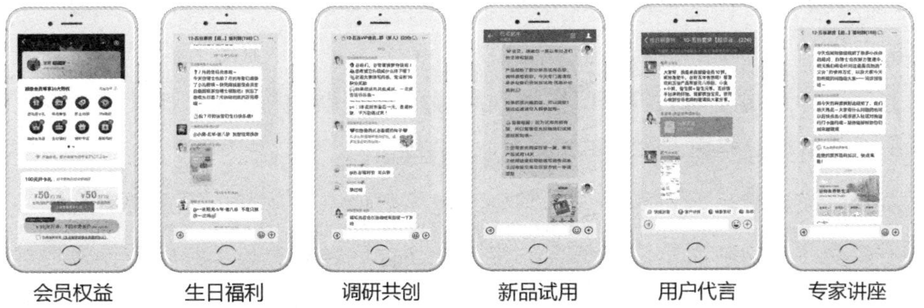


图1-20 超级会员社群：定位服务和共创

会员社群，除了群聊，还有私聊和朋友圈场景。导购在服务客户时，可以看到客户标签，数据后台也会提供对应的运营指导，针对不同的会员，相对应的私聊和朋友圈场景也不同。

### 1.8.3 精细运营，提高用户活跃度

很多品牌会苦恼怎么激活已经沉淀的私域用户，有什么提升用户活跃度的策略呢？这方面的策略，与所属的行业和产品特性都有关系。

如果品类适合提供专业的服务，或者是提供福利，比如决策成本比较低的刚需高频产品，爽快地给到用户促销活动就好；如果决策成本偏高，需要中度或者是深度沟通的品类，就需要提供一些优质内容去影响用户，让他们感受到品牌的专业度。

五谷磨房的客户购买产品背后的诉求，是保障自己和家人的身体健康。从营养食品到身体健康，中间可以穿插很多话题和客户进行互动。这些话题本身就是内容原点，能拉近品牌和客户的距离，让对方感受到品牌的专业和讲究。例如，教客户学会选择食材，了解天然食材的益处和注意事项，以及日常饮食和锻炼的科学性，辨别自己和家人是哪种体质，等等。此外，还可以在和客户交互过程中嵌入很多实用内容和趣味互动，而不只是单纯无趣地聊产品。

在这样的模式下，产品只能算是沟通链条的最末端。做私域，重要的是客户留存和消费提频。想保持用户活性，企业需要重视内容和互动。

五谷磨房会在会员群里定期推送健康早报，晚上也会在客户睡觉前分享实用的养生知识，许多客户很喜欢，会跟着节奏去调整饮食、作息、运动等。客户会跟着行动是因为五谷磨房能做到高频提示，并且帮助大家持续关注健康这件大事，另外客户还有相同圈层的伙伴结伴同行。

刺激或者激活客户的方法，需要结合品类特点以及客户需求来思考。不要为了互动而互动，而是要清楚客户购买产品背后对应的需求到底是什么，这会成为沟通的重要基底。企业要围绕这个点，策划对客户来说有价值、有新意的互动。

从策略到方法，再到落地执行，五谷磨房把微信生态的五大产品平台都联通起来，并把重点放在企业微信和视频号。通过公众号把原始积累的粉丝导向视频号，利用视频号的富媒体互动方式，拉近客户和品牌的距离，直播即时互动，让客户更加了解品牌。同时，通过视频号和直播间引导客户添加企业微

信，然后再拉会员群（见图1-21）。

图1-21　视频号和企业微信组合营销

不同平台关联起来，多维度多点触达用户，能大大提高用户的活跃度。

# 第2章 私域营销闭环

## 2.1 未来已来，网络发展的时代风口和红利

提到新媒体时，我们主要会聊什么？微博、微信、抖音、小红书，是不是我们理解的新媒体？新媒体的一个特点是在手机移动端，另一个特点是有社交传播的属性。现代人的日常社交，特别是网络社交，往往都离不开它们。

新媒体的对立面是传统媒体，那么传统媒体又有哪些？常说的四大传统媒体——报刊、广播、电视和户外广告，感觉它们时刻在身边，但又仿佛离我们很远。

现在网络发达，互联网信息传播迅猛。以前获取信息的传统渠道开始没落，看报纸的人不多了，听广播的人更少。电视也是一种比较传统的传播方式，但这几年数字电视飞速发展，又给这个传统渠道带来了新的生机。户外广告也很常见，它的一个特点是单向输出：用户只能够听和看，而不能与它互动，或者它的互动性很差。

说到这里，可能会有人误解，互联网是不是就是新媒体？当然不是，互联网分为PC（Personal Computer，个人计算机）互联网和移动互联网，新媒体是移动互联网的产物，PC互联网进化到移动互联网才有新媒体。以前，上网必须用电脑，主要使用门户网站和论坛。现在用手机就可以移动上网，人们使用的是各种App。智能手机推动了新媒体的蓬勃发展。

所以，新媒体“新”在哪里呢？“新”在它可以互动传播和信息共建。传统的PC互联网叫阅读式互联网（Web1.0时代），只能够信息共享；新媒体时代是互动式互联网（Web2.0时代），我们可以信息共建。新媒体是新的技术体系

下出现的媒体形态。

万物皆媒，新旧也是相对而言的，新的会老去，旧的也会重生。新媒体是Web2.0时代的产物，也在持续迭代演变中。

Web3.0时代，各种新概念层出不穷，从元宇宙、区块链到2023年强势崛起的AIGC（Artificial Intelligence Generated Content，生成式人工智能）。交互应用层面，增强现实AR和虚拟现实VR，也是这一时代的产物。

可以预见，新媒体平台还会持续生长，跨越时代发展。

### 2.1.1 从PC互联网到移动互联网的演变

时代的发展，技术的升级，总会使更新的产品出现。而互联网的媒体方式，覆盖了音、影、图、文，从长图文到短视频的潮流变更，使人们的上网时间越来越碎片化，信息也呈爆炸级增长。

1998年，中国开始进入PC互联网，那一年，新浪、腾讯、阿里巴巴和网易这些互联网巨头才刚上线不久。1998年到2010年是PC互联网时代，也是传统媒体的黄金10年。

2008年是互联网的分水线，以苹果和安卓手机为代表的智能手机诞生和普及，标志着移动互联网的开始，人们的上网方式从电脑转移到移动设备。手机的丰富应用，让网络更加普及。

2011年，微信的出现标志着微信互联网的开始。

2013年，中国的手机网民首次超过了PC网民，移动互联网进入了飞速发展的阶段。

2017年，微信小程序上线，掀起一轮新的技术浪潮，其中以小程序的技术变革最为瞩目（见图2-1）。

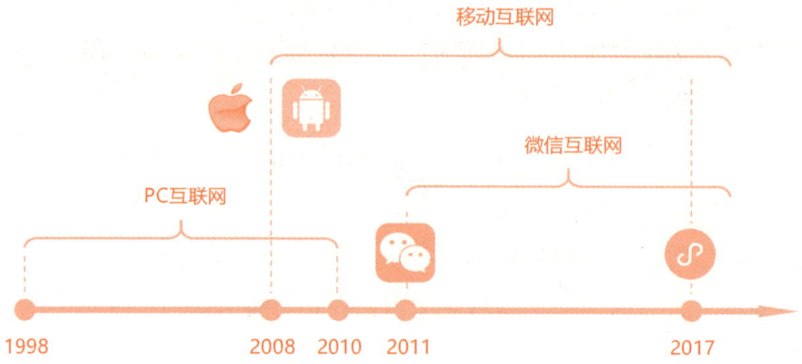


图2-1 中国互联网发展之路

在这个时代大背景之下，互联网电商创业也在变化：PC互联网推动实体店铺阵地转移到虚拟电商，移动互联网又让电商回归线下消费。手机让人们可以随时随地沟通和消费，也让实体和电商的界限随之越来越模糊。

PC互联网时代，淘品牌诞生，那时候开个淘宝店就是创业，开网店是最新潮的创业方式，不仅成本低、门槛低，还不需要像开实体店铺那样准备高额投入，办公方式也更加灵活。淘品牌指的是淘宝平台成长起来的品牌，是带有时代属性的电商品牌，如韩都衣舍、三只松鼠、阿芙精油和韩后。

移动互联网时代，微品牌诞生。这里的微品牌指的是微信品牌，如逻辑思维、一条和瑞幸咖啡。一条是非常典型的微信品牌，它是在微信快速成长起来的品牌，它发展到今天有线上电商，也有线下实体店。瑞幸咖啡最开始是通过微信社交裂变，以及朋友圈广告精准营销，快速占领市场的。类似这样的品牌还有很多，所以，今天做电商，就不能够停留在淘品牌的运营思路，还要学习更高效、更新的玩法。

随着手机的普及应用，网络技术的升级，除了微信，还出现了很多新的互联网产品，它们有的同样具有生态级影响力，如字节跳动。抖音的发展，让消费互联网进入短视频时代，这是和传统图文时代不同的表达方式。短视频平台发展出来的直播电商，更是势不可当。

### 2.1.2 微信互联网的发展之路

**微信，是一种生活方式。**

在互联网产品中，微信是最国民级的，它是最大众的新媒体平台。在今天，微信从很多方面融入大家的生活中，如群聊、朋友圈、红包、公众号、视频号等，实现了快捷生活方式。

下面分析一下微信互联网的发展之路，它经历了四个阶段（见图2-2）。

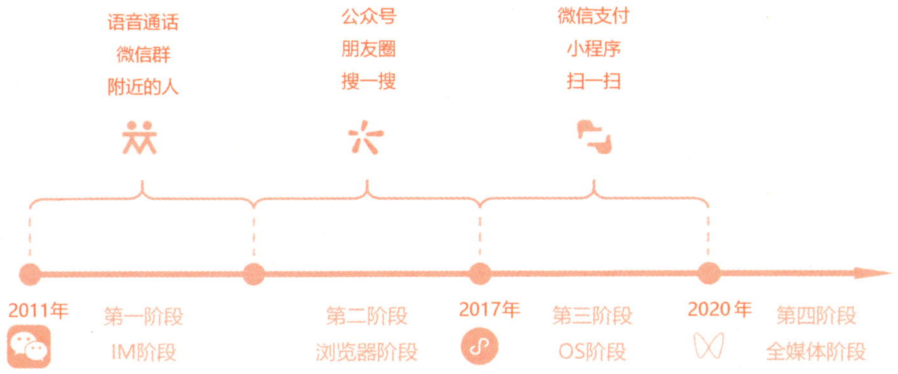


图2-2 微信互联网的发展之路

**第一阶段，IM阶段：**也就是即时通信软件阶段，微信当时就是一个通信工具，有附近的人、摇一摇和漂流瓶等功能。这个阶段的代表性产品是微信群。同一时期，还有不少同类产品，如米聊、飞信等，都是主打移动通信功能。

**第二阶段，浏览器阶段：**这个阶段，大众可以在微信上阅读文章了，代表性产品是公众号。微信不再是一个单纯的通信工具，而开始有内容属性。这个阶段，以公众号为平台的自媒体如雨后春笋般涌现，比如我们的品牌营销大号“首席品牌官”，就诞生于这个阶段。

**第三阶段，OS阶段：**也就是操作系统阶段。2017年，小程序上线，标志着微信进入第三阶段。这个阶段，手机安装的软件开始“瘦身”，不少App都被小程序取代，甚至一个微信就满足了大部分的上网需求。

**第四阶段，全媒体阶段：**以2020年推出的视频号为标志，微信的内容方式，从传统图文进入短视频直播。之前微信也探索过不少短视频产品，视频号是最成功的。微信在这个阶段，实现了电商的全媒体闭环，通过图文、短视频、直播等，都可以实现商品成交。

回顾微信发展的四个阶段，每个阶段都有一些重要的产品诞生。2011年，微信发布。2012年，微信朋友圈上线，微信开始有了更丰富的社交功能，微商也开始出现。同年，微信公众平台上线，开启了千千万万自媒体人的创富之路。

2014年，微信可以发红包，还记得那一年新年，大家都在抢微信红包。同年，微信也可以发小视频了，除了文字、图片和语音，微信又多了视频社交的方式。

2015年，微信朋友圈开放投广告了，第一批广告金主有宝马、可口可乐、vivo手机。

2017年，微信极其重要的一个产品——小程序发布（后面会有独立篇章和大家分析小程序的社交电商玩法）。年底小游戏上线，大家都在玩微信“跳一跳”。

2019年年底，企业微信迭代3.0版本，从办公工具升级为私域工具，技术接口的打通，大大提升了私域运营的规模化速度和精准性。

2020年春节，微信视频号悄悄上线。视频号和企业微信3.0，在接下来的3年时间里，改变了微信生态运营的格局，使其从图文转向短视频。

2023年年中，微信用户超13亿，用户在哪里，营销就应该在哪里。

2024年年初，2024微信公开课PRO正式官宣，微信AI隆重登场。

之后，ChatGPT-4O发布，卷起人工智能的科技竞赛，给互联网的未来带来更多新的可能性。微信作为超级互联网产品，势必在时代的浪潮中奋勇向前。

### 2.1.3 互联网信息获取方式的变革

从互联网获取信息，搜索是最重要的入口。搜索营销，从2000年开始进入PC互联网，以百度、淘宝为代表。信息和电商的主动搜索，就是当时企业营销的兵家必争之地。2010年进入新媒体时代，以微博、公众号为代表，订阅制、信息流开始兴起，再到后来的社区、短视频、直播融合，搜索场景已经无比分散。

交互会变，场景会变，内容也会变，但用户“搜索”的需求不会变。主动检索信息的需求一直存在，我们需要迭代的是品牌面对新场景下“搜索营销”的逻辑。

当信息过载严重，搜索作为一种更高效、更精准的信息匹配方式，用户又回到互联网最开始的使用场景。

**相对于传统搜索引擎，新媒体发展带来三大新搜索革命App：抖音、微信和小红书。**

小红书：在传统搜索引擎上搜索“北京一日游攻略”，大概率会出现各种广告，而在小红书搜索同样的关键词，会直接弹出经验分享帖、用户的真实攻略，大家还可以进行问答互动。同时，通过内容种草，还可以激发用户的好奇心，推动用户进一步探索，比如电商消费或者私聊转化。

这种搜索结果的真实呈现，培养了用户在小红书上进行决策的习惯，比如买商品之前搜一搜测评、卖家和买家的笔记，对比各方数据。而且种草笔记内容更丰富、有更多细节、更有温度，品牌与用户之间的需求关联也更强。

抖音：抖音搜索的联想功能很强，首先是“猜你想搜”，根据用户观看内容分析，推荐强关联的短视频，还有抖音评论区的“大家都在搜”，也会关联该短视频的热门搜索。短视频和直播的呈现方式，让搜索的内容更立体，互动性更强。

抖音搜索，让对品牌有兴趣的用户看其直播和进行消费，而抖音交易为用户提供了熟悉且安全的交易场合。另外，搜索栏还可以延伸出参与挑战赛和话题内容创作等互动玩法。

微信：微信搜一搜，具有提供用户数据的价值。从搜索结构上来看，微信搜一搜的导流遍布聊天、朋友圈、公众号文章等高频的社交使用场景。

腾讯的产品矩阵几乎能满足用户的所有搜索需求，比如搜索品牌信息，就可以关注公众号，或者加企业微信咨询。同时，用户能看到公众号、社群聊天、朋友圈等和该品牌相关的内容。这都是社交内容，不像传统搜索那样只有单纯网站信息。毫无疑问，互动式的社交内容更真实，也更容易影响用户。

还有一些品牌，在微信站外或户外投放广告，引导用户用微信搜索品牌名字。微信生态整合了商城平台、会员中心、门店服务等功能，还可以通过线上送优惠券，引导用户进入品牌私域，从而导流到线下消费，实现线上线下无缝衔接。

抖音、微信和小红书，成了如今用户常用的搜索平台，用户不再选择传统的搜索引擎，或者垂直行业App，因为传统搜索引擎广告过多，而垂直行业App内容欠缺中立性，抖音、微信和小红书作为第三方平台，内容更丰富，匹配更精准，也更加中立（见图2-3）。

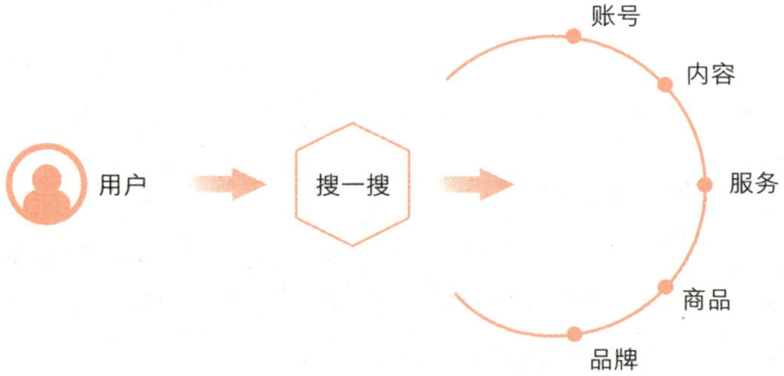


图2-3　微信搜索联通公域私域生态

搜索趋势的每一次变化都为品牌提供了新机会。如今，线上社交碎片化，用户带着需求主动搜索肯定更精准，在搜索入口低成本、高质量地导入更多公域流量，优化搜索结果的内容种草和转化承接，成为促使生意持续增长的重要操作。

### 2.1.4 如何抓住新媒体红利

今天，能在手机系统上实现交互功能的互联网产品基本都出现了，读文章、听音乐、看视频、玩游戏，用户可以随时点击手机屏幕进行互动。各种感应功能应用，如摇一摇、扫一扫、指纹识别、重力感应、LBS定位等，都在深化。

至此，我们进入了全媒体网络时代。

新媒体平台可按照主要功能分为以下几类：

第一类是社交工具，以微博和微信为代表，有通信功能，人们的移动社交都离不开它们。

第二类是知识分享，如知乎、果壳是很典型的知识分享平台，分享和传播知识。

第三类是新闻资讯，如腾讯新闻、今日头条等，这类应用把传统媒体的信息以新的方式呈现。

剩下的有音频和视频的新媒体平台。音频比如喜马拉雅、荔枝FM，视频比如bilibili（B站）、抖音，都是很热门的新媒体平台。还有社区，以豆瓣和小红书为代表，致力于分享美好生活。最后是我们常说的自媒体平台，如一点资讯、百家号等，它们代表了移动社交新时代（见图2-4）。

图2-4 新媒体平台——移动社交新时代

至此，我们重新认识和了解了新媒体平台，那么，在这些新媒体平台上，机会在哪里呢？

红利本质上来自信息差。新媒体红利，来自新媒体的信息差。

新媒体是潜力巨大的行业，也是野蛮生长的行业，每时每刻都在变化。想要抓住红利，唯快不破。那么信息差来自哪里？这三句答案有点绕口：你知道别人不知道的，别人知道时你已经在行动，别人行动时你又知道新的。所以我们要有用户思维，多站在用户的角度思考他们当下需要什么、未来需要什么，要比别人更快地发现需求，更好地解决问题。

私域发展到今天，无论是人才市场，还是技术系统，都已经有很成熟的生态和解决方案，更多时候，企业要比拼的就是执行力，即企业对于私域方案的落地执行情况。特别是在2020年之后，企业微信和视频号这两个产品的快速发展，让微信生态更加完善。企业通过视频号传播和卖货，然后用企业微信承接服务，高效运转，形成了全新的私域玩法，这也是当下最高效的私域玩法。

新媒体分为公域场景和私域场景，两者相互关联，企业要做好私域，必须重视公域，关注新媒体的信息差，并将其转化为新的生产力。

# 2.2 公众号在当下应该怎样运营

2012年8月17日，微信公众平台上线。

10多年过去，微信生态出现更多新产品，从长图文时代进入了短视频时代，公众号慢慢被边缘化。虽然，公众号在过去是企业运营新媒体的标配，但是接下来怎么做，成了很多企业苦恼的问题。

一直不得其门道，不温不火，鸡肋不如，自然会有企业困惑：公众号还要不要做？

先说答案：要！

随着短视频平台的崛起，微信公众号的打开率和阅读数都不太乐观，这是整个大环境变化导致的：用户的碎片化时间更多被短视频平台分流。但是在今天，如果做长图文传播或深度阅读，公众号依然是首选的新媒体平台，包括服务互动、客户咨询等。公众号做私域流量池的中转平台，还是很有优势的（见图2-5）。

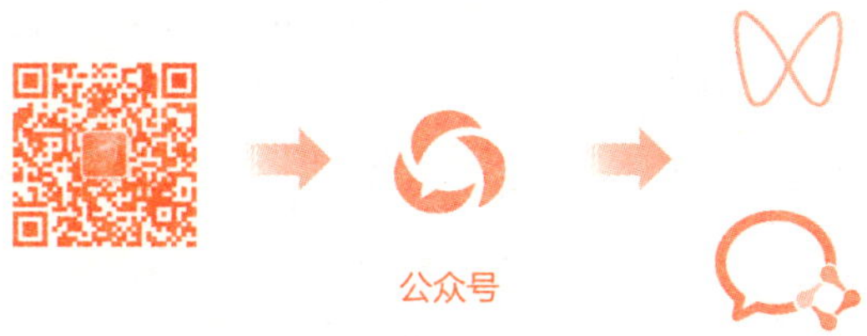


图2-5 公众号成为私域关键中转平台

公众号是私域重要的有机组成部分。它就像企业的微官网，用户在微信上了解一个品牌都习惯去微信搜一搜。公众号的微信搜索权重高，可以这么说，很多时候，用户了解品牌是从公众号开始的。

通过关注公众号，再引导用户关注视频号或者添加企业微信，这是经典的私域路径。

还需注意一点——新媒体平台的限流。比如微博有100万粉丝，但是发一条博文实际上只曝光给10万粉丝。公众号成为特殊的存在，是因为它几乎是唯一不限流的平台，群发图文会推送给所有粉丝。公众号是企业宣传品牌最重要的渠道之一，不可忽视。同时，微信作为聚集消费者的社交平台，其公众号依然是极为重要的传播和服务平台，是与消费者沟通的重要阵地。

### 2.2.1 企业公众号的定位

企业新媒体不是自媒体。企业公众号运营者，如果一味盯着和仿效自媒体大号，会误入歧途。自媒体是自媒体人的媒体，背后是人的IP。

企业有品牌、有产品、有客户、有服务，是一个综合体，而不是一个人。自媒体聚焦内容，而对于企业公众号，内容很重要，但不是唯一的关注点。

**订阅号，偏向于资讯传达，类似报纸，提供信息；服务号，偏向服务交付，类似银行，提供服务。**

企业应优先做服务号。一般来说，个人用的都是订阅号，订阅号也更方便个人来使用和变现。相对来说，服务号的营销功能更加丰富，因此建议企业重点运营服务号。

服务号拥有更丰富的技术开发端口，而订阅号优势是内容发送次数更多。如果服务号和订阅号一起启用，订阅号的粉丝也可以导流到服务号里面。同时需找准订阅号和服务号的定位。比如服务号给用户提供企业服务，订阅号提供品牌展示。这样可以通过引导用户使用服务，关注服务号，了解品牌的最新信息，关注订阅号。

做公众号，个人以开通订阅号为宜，它适合每天更新发布内容，及时传播资讯；而企业应优先选择服务号，利用服务号强大的后台开发权限，围绕粉丝需求构建服务功能。一般情况下，企业可同时运营服务号和订阅号，服务号用于品牌用户管理，订阅号用于官方资讯发布。

公众号的定位要清晰，是资讯、公关、工具、服务还是销售？是以品牌传播为主，还是以电商卖货为主？是主推一个号还是搭建矩阵？这些一定要在启动运营前确定好，要目标明确，集中优势资源主攻一个方向，不然各个点都

“不痛不痒”，久而久之就“味同嚼蜡”。

运营企业公众号，首先要研究企业产品和服务。一定要深度了解企业的商业模式，了解目标消费人群。脱离企业本身业务去做公众号，若仅是“自嗨式”传播，将导致流量没有承接，粉丝没有沉淀，业绩没有提升。运营公众号，最终目的不是运营，而是变现。如果是品牌模式的公众号，主要是帮助其他渠道成交；如果是电商模式的公众号，直接就能通过公众号图文变现。

**低阶运营看涨粉，高阶运营看变现，不谈变现的公众号运营都是耍流氓。**

公众号的菜单栏，可以按照福利中心、商城入口、品牌服务三个方面设置。福利中心设置拉新涨粉、增强用户黏性的功能；商城入口设置用户消费的商城链接，或者让用户留下联系方式的页面；品牌服务设置门店信息、订单详情、客服咨询、对外输出品牌力等内容。

企业公众号的变现分为三种，即品牌传播、用户运营和产品销售。品牌传播是企业公众号的基础打法，对内容创作的要求高，这也是很多企业想做却做不好的地方，因为好内容是稀缺品；用户运营是企业公众号的核心，作为私域流量池的重要阵地，公众号应提供给用户便捷和优质的服务；产品销售不要刻意求之，企业公众号需要长期经营才会得到成果。

### 2.2.2 公众号的内容运营

10年前，没几个老板敢说让企业内刊达到公众报刊的发行量，但在公众号时代，老板总想让员工写出阅读量超10万的文章，这本身就不合常理。而现实是，很多企业把新媒体做成企业内刊，公司获得某某奖项、领导出席某某大会、公司团建文化等这些图文成为企业“双微”（微博、微信公众号）的常见内容，还在疑问为什么没有粉丝关注——试问大家为什么要关注你的内刊？

粉丝不关心企业获得了什么荣誉，他们只在乎能获得什么服务和利益。策划任何一个活动，推送任何一篇文章，首先要问这跟粉丝有什么关系。将心比心，我们关注一个品牌的公众号，是想天天看广告吗？显然不是，我们想得到品牌的服务，想体验产品，想阅读内容。我们都是这样，凭什么要粉丝在我们的公众号看广告？

企业新媒体应该是品牌和用户互动的社交平台。粉丝关注品牌公众号不是为了看广告，更不想看企业内刊。为用户提供优质服务，是企业私域运营的首要任务。

每个月底，花2天时间做好下个月的公众号内容规划，包括选题、创意、内容、形式、发布时间等。如果每次计划发布内容，临发布日期才去构思创意，你会发现时间成本很高。创作不是文案同事的灵光乍现。公众号内容运营是一个体系工作，需要根据用户需求，先列出各个话题栏目，然后依据栏目方向策划每月发布的内容。

### 2.2.3 如何促进公众号的运营数据增长

公众号的调性很重要，企业需要对它进行人格化运营，要规划好公众号的品牌人设，做好IP形象设计。公众号一定要有人设，要能沟通粉丝，和粉丝互动。

做一个有温度、有辨识度的企业公众号，从树立品牌人设开始。

同时，团队很重要。公众号运营不等于小编。如果以公众号作为主要的运营阵地，那么专业的公众号团队至少包括公众号运营、内容运营、用户运营和活动运营。

把企业公众号当作一个产品来运营，而粉丝就是我们的产品用户。从内容规划、推文排版到品牌活动，都需要考虑能否让粉丝感兴趣、提升粉丝体验和满足粉丝需求。如果公众号不是一个让用户满意的产品，那么毫无疑问它是留不住粉丝的，更谈不上变现。

如何提高公众号的推文阅读量？粉丝数是基础，短期看推文标题，长期看内容质量。

提升公众号内容质量要从优化推文标题开始，做标题党不等同于挂羊头卖狗肉，好的标题能通过提炼和放大推文内容的某个利益点，达到吸引用户点击的效果。绝大多数的企业公众号，其95%以上推文阅读量来源于公众号对话框的粉丝点击，所以别再采用公司员工朋友圈转发或有奖转发的活动方式来推广内容，因为这样收效甚微。应该聚焦公众号粉丝，他们才是最重要的传播人群。

企业公众号通常在傍晚5—7点或者9—11点推送文章。任何事情都具有两面性，尽管这2个时段是微信用户阅读活跃度最高的时段，但此时发布推文也可能会导致企业公众号推文被大量信息淹没。企业公众号可以通过多个时间段推送内容来分析数据，以便选择群发效果最好的时段，但关键在于形成固定的推送时间，让用户对企业公众号内容养成固定的阅读习惯。

自定义推送是服务号群发的高阶玩法，服务号的4次推文限定功能是指粉丝每月最多能收到同一个公众号4次内容推送，而不是指公众号每月只能群发4次推文。如果使用高级群发功能，企业服务号每天都能向不同标签的自定义粉丝群组发送推文信息。

最后，所有公众号都避免不了掉粉，这是一个客观存在的情况。与其思考如何避免粉丝取关，不如投入资源去做增粉活动。公众号运营就是一个持续筛选目标粉丝的过程。

公众号只是企业新媒体的一个重要阵地，我们还要联动其他平台，搭建新媒体矩阵，组建新媒体团队，公域引流，私域沉淀。

### 2.2.4 公众号的未来发展

企业要做公众号的运营规划，要弄清楚三个问题：公众号的粉丝是谁？给公众号用户创作什么内容？给公众号用户提供什么服务？

特别是企业公众号，给用户提供优质的服务是首要任务，要弄清楚关注公众号的用户从哪些渠道来、他们关注的目的是什么，再提供对应的内容和服务。

公众号的内容建设和菜单设计要关联起来。其内容可以分为三部分，一部分是传播类内容，这类图文适合深度阅读，也有传播属性；一部分是福利类内容，比如策划一场活动，这类图文主要给用户送福利，提高公众号用户活跃度；一部分是变现类内容，这类图文主要介绍产品和服务，引导用户下单购买或者到线下门店消费。

相应地，公众号菜单也是这样设计的，分为活动类、福利类、商城类、工具类菜单（见图2-6）。

图2-6　强服务属性企业公众号的基础设置

公众号不是孤立的个体，它可以和视频号深度关联，两者相互跳转，视频号直播出现在公众号置顶位置，而视频号的评论区也可以一键关注公众号。

公众号作为用户进入私域的第一站，也是重要的中转站。用户分流至企业微信，或者视频号。需要对公众号做好基础的内容建设，但是不用花费过多精力去经营，除非团队和资源都很充足。毕竟，现在大部分用户的关注中心偏向了短视频。先运营好视频号，再通过视频号给公众号导流，换一种方式，重新激活公众号的生命力。

## 2.3 小程序电商的春天

不同时代的基础设施不同。2000年前后，基础设施是PC互联网，后来手机出现，发展到了App互联网，再后来，2017年微信率先推出了小程序，进入了小程序互联网时代（见图2-7）。

图2-7 互联网技术形态的演变

经过几年的发展，现在几乎所有的企业都开发了小程序，消费者也习惯在小程序上消费，小程序慢慢变成了互联网的基础设施。

小程序的优势在于开发成本低以及投放成本低，而开发成本低，意味着小程序的试错成本低。相比需要开发一整套体系功能的App，小程序只需要做好一些关键功能，就可以配合企业的营销策略，在微信环境打通营销路径，大幅缩减了开发时间和难度。而App要求企业本身就拥有一批忠实的用户，如果用户不下载，不打开App，企业就无法激活客户。无疑小程序更加轻便，也更符合大部分用户的轻使用需求。

小程序的跳转能力非常强大，PC网站、H5、App和小程序之间都可以相互跳转，这就让私域营销的玩法更多样化。比如，可以把小程序以彩信的方式群发给用户，引导用户点击，直接跳转到微信。小程序还可以配合公众号，用私聊、群聊、视频号、微信广告等形式来激活客户。因此，小程序在促活和运营的变现上比App要方便得多。另外，小程序之间也可以互相跳转，用户体验比H5网页要好。再就是小程序在社群和私聊环境中分享后的卡片面积大，更方便企业展示营销信息。这些优势都是小程序在营销方面的巨大势能。

企业微信除与视频号天然亲和以外，和小程序也是天然亲和的。企业微信增加了更多员工触达小程序的入口，能够让员工快速调用小程序发送信息给客户。在私聊和群聊的运营过程中，加快了企业变现的速度。

### 2.3.1 小程序的策划和应用

如果一个企业的企业微信要使用小程序，需要怎么做呢？

首先，需要管理员关联小程序。关联小程序需要登录企业微信后台，选择应用管理页面当中的小程序，然后点击“关联小程序”进行关联。如果对关联步骤不清楚，可以点击官网的关联指引查看。下一步是员工该怎么样调用小程序。一般员工调用小程序的快捷入口包括欢迎语、聊天界面的向左滑动、聊天框的“+”号里面的小程序功能，还有聊天工具栏。

现在由于微信授权的问题，企业微信会打不开部分H5页面。这会造成员工无法检查发出的H5页面是不是完好的，而小程序则没有这个问题。因此，欢迎语、聊天工具栏等功能，建议使用小程序操作，这样员工能更好地做好运营和销售工作。还有一个小提示，即绑定企业微信的小程序，不需要和企业微信是同一个主体。

一般来讲，小程序的定位更像一款让用户在微信消费和支付的工具平台，而企业微信则是用来留存客户的服务平台，然后通过激活服务平台里的客户，促使他们再次付费实现复购。重新激活客户使用小程序，需要设置入口。个人主页的信息是非常重要的初次营销入口（见图2-8）。

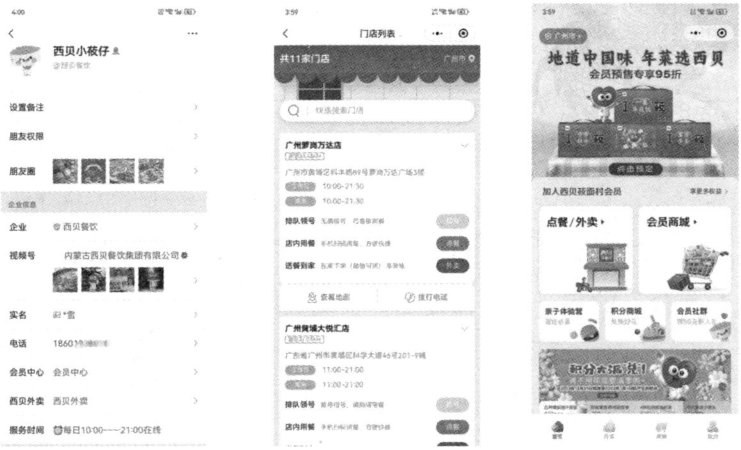


图2-8　企业微信和小程序的深度关联

西贝餐饮是一个非常典型的例子。西贝餐饮利用个人主页，设置了3个小程序入口，分别引导客户到西贝餐饮的商城小程序、西贝餐饮会员小程序和西贝餐饮的外卖小程序中消费。

除小程序和社群以外，西贝餐饮还利用了机器人，只要客户回复关键词，小助手机器人就会回复对应的内容。

名创优品也将线上流量和线下流量分为两条路径，引流到两种不同的社群分别运营。

线下门店先让客户扫码进企业微信社群，组建了门店客户群后，在门店群推广线上电商小程序，通过发放优惠券让门店客户继续线上购物。另外，门店服务仍然是有的，如果客户有需要，则可以添加店长和店员的企业微信获得一对一服务。

线上公众号是先让客户扫码添加一个名为“名创总剁主”的企业微信员工号，然后“总剁主”引导客户领取优惠券和进群。

由于社群并非门店群，因此名创优品将这个社群打造成一个纯线上的电商销售和服务社群，在群里推送促销活动，引导群成员交流以保持群内活跃，最后引导客户到小程序线上商城。名创优品就是通过运营客户群，再结合活动推广、品牌推广的玩法，快速且有效地召集客户到小程序上消费。

一个小程序不用像App一样拥有全套系的功能，它只要有一些关键功能就可以操作。

这是一种新的运营思维，即将每一个小程序工具化。

比如屈臣氏，有云店小程序、会员小程序、拉新小程序、拼团小程序等。不仅如此，小程序和小程序之间也在做有效的链接。比如拉新小程序里有分享环节、有每日打卡的环节，以此打造一个活跃而且不断有新客户进入的流量承接平台。然后，这个小程序通过让客户完成任务的形式，将这些流量引流到拼团小程序。客户在拼团小程序支付1元就可优先获取低价商品购买资格，既设置了1元门槛，也让客户付出了1元的沉没成本，有利于更好地鼓励客户继续补尾款完成变现交易，最后继续引导客户到云店小程序进行日常消费。

屈臣氏的会员小程序和种草小程序也是相互关联的，这就用到小程序之间能够互相跳转的功能，它能够帮助企业规划好小程序矩阵。小程序和营销活动带来的新客户，最终会沉淀到企业微信当中，持续运营。

### 2.3.2 电商小程序的运营和推广

既然电商小程序在私域流量池里占有重要的位置，那该怎么用好它？

想要实现私域流量池的变现，电商小程序需踢好临门一脚。在最后变现的环节，让客户在电商小程序购物，这样的流程是最快的。

先看一看，社交新零售有哪些特点（见图2-9），然后根据其特点再思考怎么用好小程序，在里面做营销。

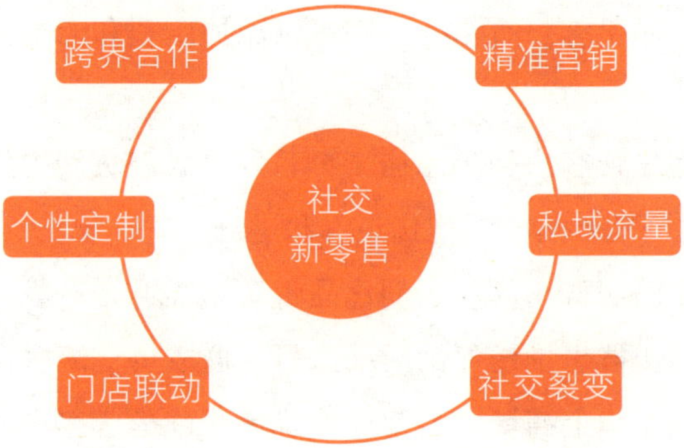


图2-9　社交新零售的六大特点

（1）跨界合作：包括品牌联名，联合品牌或热门IP互动，圈定细分群体，进行线上预订、限量发售等，这都是品牌跨界合作的一些方法。

（2）个性定制：今天很多新派品牌都支持个性定制，它不再是一个统一的标准化的产品。因为这不仅能满足用户的个性化需求，还会提高它的用户分享率。

（3）门店联动：特别是有线下门店的企业，一方面，可以从线上发起活动，引导用户到门店去领取福利；另一方面，可以在门店里面搞活动，然后同步把用户引流到线上去。

（4）精准营销：一定要抓取足够丰富的用户数据，然后分析用户数据，开展个性化的营销，广告投放也是如此，拿到数据之后投放广告才会更精准。

（5）私域流量：以微信生态为核心，构建用户社群。构建用户社群后，在里面再做进一步的变现，实现用户复购还有用户分享。

（6）社交裂变：为什么叫社交新零售？因为它有社交裂变的属性，所以一定要用好派券、拼团、分销、积分等裂变方式。

电商小程序作为社交新零售的流量口，它的流量都来自哪里？这两个行业都比较有代表性，一是低价高频的零售行业；二是高价低频的时尚行业。

零售行业流量入口占比最大的是会话入口。个人号的私聊和微信群的聊天的场景，就叫会话。通过会话的方式推送一个小程序出去，客户点击购买，这种场景大家肯定很熟悉，比如滴滴打车，家族群的拼多多链接等。点击小程序购买，这是会话购买的一种方式。低价高频行业变现，重点关注个人号的私聊，还有微信群的聊天的方式。

再看时尚行业，最大的流量入口是公众号菜单。这说明很多人通过关注公众号，在公众号菜单点击进入小程序。这种情况下，企业要关注公众号的图文创作。

零售行业重点关注个人号和微信群运营，以时尚行业为代表的高价低频行业，重点关注优质内容的输出，以及个人号的私聊场景。

电商小程序的运营，可以用“礼物社交”（见图2-10）和“游戏社交”来策划。

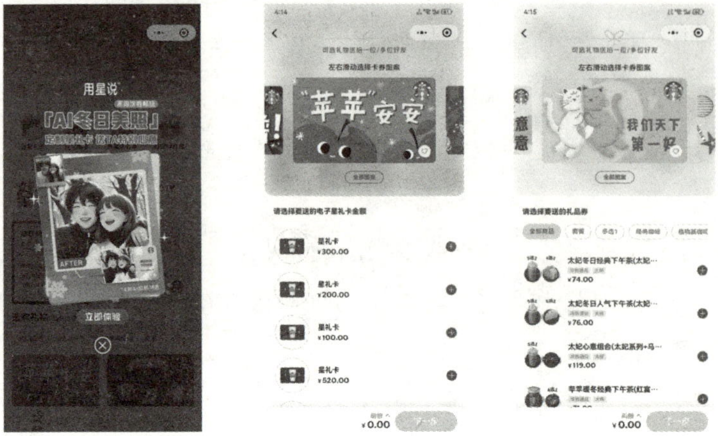


图2-10　礼物社交小程序

礼物社交，星巴克用得很好，属于用礼卡的方式来做小程序电商销售的品牌。星巴克的各种祝福礼卡，包括画面和文案都可以个性化设置，然后客户把卡片分享给朋友，通过分享美好的方式来带动产品销售。

所谓社交电商，就是先社交，后电商。

所以当你打开这个页面，根本意识不到这是一个电商小程序，感觉这就是一个社交小程序。你可以选择合适的礼卡，通过充值或者购买产品方式送给朋友，朋友收到礼卡（这也是一个小程序），打开就可以领取礼卡。

关于游戏社交，之前连咖啡和肯德基都做了类似的小程序。一般来说，这个类型的游戏社交都有五个特点，以开店的游戏小程序为例（见图2-11）。

图2-11 游戏社交小程序

（1）个性定制。这个门店用户可以自定义，用户可以个性化装修个人小店。

（2）真实交易。游戏里面并不是虚拟交易，假如用户装修好一个门店，朋友过来购买，产生现金流，用户还能够拿到分红。

（3）明星效应。一般来说，品牌方会邀请一些明星在里面开店，把明星的粉丝都吸引到这里购买。

（4）陌生社交。这种游戏社交，都会开发一些陌生的店、附近的馆，来启动、激活初始的社交裂变。

（5）打卡任务。最后，这一类型的小店都会有一个任务，用户可以通过每天打卡拿到福利，或者每天过来完成某个动作来拿到福利。

游戏社交是最好的裂变方式。

在游戏社交中，小游戏一直是微信小程序乃至整个微信生态中表现较为亮眼的一环，从2017年风靡全网的“跳一跳”上线开始，小游戏一直有不错的活跃度，到2022年还出现了“羊了个羊”这种现象级爆款游戏。

微信小游戏也已经形成了卡牌、模拟RPG、动作、策略等多元化游戏品类生态，官方还将推出一系列工具让开发者实现更多玩法、题材的小游戏开发，将生态品类进一步扩展。

同时，除PC渠道外，在微信生态内部，视频号、搜一搜、朋友圈和公众号等都将进一步对小游戏进行开放，甚至腾讯视频、腾讯音乐、腾讯新闻等平台也将加入其中，服务于小游戏的扩张。毕竟这也是私域增长的重要组成部分。

### 2.3.3 视频号小店

从视频号上线，到电商闭环，小程序在其中扮演了重要角色。

最开始，视频号通过有赞、微盟等第三方小程序来承接电商，后来推出视频号小店，开始自循环。通过短视频挂购物链接、直播间卖货，视频号实现了电商变现。视频号小店就是小程序的一种应用，用户可以用小程序搭建微商城（见图2-12）。视频号电商春天的到来，也带动了小程序的快速发展。

图2-12　小程序形态的视频号小店

微信生态发展到今天，基本上全媒体都有了相应产品，视频号作为重要的短视频板块，其发展也极为迅猛。2023年，腾讯全面开放视频号广告投放，这意味着视频号开始全面商业化。

商业化的承载，就是视频号小店。通过短视频或者直播方式，推送视频号小店产品链接，引导用户直接购买，或者收集用户信息，引导用户到线下消费。购物体验是电商平台的底层，也是决定一个电商平台能否获得更广泛人群认可的基本产品标签。视频号平台将会在强大的用户需求下，强化治理能力，促使商家、商品和服务商的治理常态化、严格化、体系化，让消费者能够在视频号上放心购物成为平台治理的重要任务。

直播电商发展得如火如荼，小程序电商也随之起飞。

## 2.4 企业微信释放超级能力

企业微信的价值是连接。企业微信和微信打通，通过实现企业和消费者的直接联系，帮助企业实现业务增长。企业微信不断升级服务客户、办公协作、业务数字化等功能，但这还仅仅局限在企业和客户之间连接的优化。未来，企业微信不仅是私域部门用来获客、运营和销售的工具，还会成为整家公司进行数字化升级的利器。

腾讯的战略生态布局，看过去10年和近2年。

过去10年（2010—2020年），腾讯打造消费互联网，以微信为平台，实现消费者的智慧生活；近2年（2021—2023年），腾讯深耕产业互联网，以企业微信为工具，赋能商家的智慧经营（见图2-13）。

图2-13　企业微信连接消费互联网和产业互联网

第一个新改变，企业微信和视频号打通。

企业微信和视频号相互打通，视频号主页可以添加企业微信号，而员工的企业微信号、个人信息页可以展示企业指定的视频号内容。

如今，视频号不仅在主页，而且在直播间也可以设置企业微信号的添加入口，而企业微信在群聊、朋友圈、群发信息等场景也可以直接调用绑定的视频号内容和直播。视频号的短视频和直播内容，就像图文、海报、文字一样，成为私域内容的最小组成单元，完全融入企业微信平台当中。

第二个新改变，企业微信连接微信客服。

过去企业微信连接客户存在两个痛点：一是必须添加企业微信好友后才能

发起通话，而有些客户觉得其操作成本较高；二是微信用户活跃的场景非常分散，包括公众号、小程序、视频号、搜一搜等微信生态平台，还包括微信以外的平台。

微信客服是企业微信连接客户的一种全新的尝试。企业可在视频号、公众号、小程序、微信搜索、微信支付，以及微信外的App、网页等入口，接入微信客服。客户无须加好友即可在微信里和客服沟通，客服回复后，客户将在微信里收到新消息提醒，如果有需要，可邀请客户添加客服的企业微信或加入客户群，将服务升级为专属服务。微信客服还支持接入企业自己的客服和CRM（Customer Relationship Management，客户关系管理）系统，帮助私域营销更好地融入已有的成熟业务当中。

第三个新改变，协同上下游管理。

如果企业想通过企业微信和其他企业紧密联系，像内部部门之间那样沟通，但又需要保持一定距离和信息安全，避免信息泄露，该怎么办？

企业微信的上下游管理功能正是为了解决企业与企业之间业务协作而产生的。首先，企业可以在企业微信上组建上下游通讯录，按企业汇总和管理经销商、供应商等合作伙伴的联系人。其次，员工可以使用上下游通讯录直接联系其他企业员工，跨企业找人跟找公司同事一样方便。

除了通信功能，企业微信还支持上下游企业的会议、文档、日程、微盘等协作工具，以及其他应用的共同使用，让公司内外协作更高效。

企业微信除了连接客户、连接上下游方面的功能优化，还在连接员工方面，打通了腾讯文档和腾讯会议，赋能企业员工更加高效地工作。企业员工可快捷添加同事为文档成员，和同事基于文档内容进行协作；可以在文档中@同事，分派工作；还可以添加微信客户、上下游合作伙伴和其他联系人为文档成员，使成员在微信上即可接收通知并参与工作。

另外关于腾讯会议，企业员工可以在侧边栏、工作台和聊天中快速发起会议，也可通过日程预约会议，在会前收到日程提醒直接入会，或者邀请同事、微信客户、上下游合作伙伴和其他联系人一起开会，微信用户还支持使用小程序参会。除此之外，企业微信还升级了日程提醒，并新增了邮件功能。

企业微信连接客户、连接员工、连接上下游企业，连接创造价值。

### 2.4.1 企业微信的发展

个人微信是一个独立App，企业微信也是一个独立App。

能让这两个App无缝对接、互通互联的，是三个主体——客户、企业和员工。正常来说，员工可以通过个人微信来服务客户，但是会存在一些问题：企业不好优化员工服务客户的动作，而且员工离职带走微信好友也是企业资产的流失。

企业微信能非常好地提供解决方案，打通企业、员工和客户的这三者的关系。

其实企业微信很早就推出来了。2016年4月，企业微信1.0版本正式发布，当时它的定位是独立于微信的一个App，对标钉钉的一个OA（Office Automation，办公自动化）工具。时隔一年，2017年6月，企业微信2.0版本上线，功能迭代和升级，并且合并了企业号。又隔了一年，2018年12月，企业微信就开始正式连接微信。之前企业微信和微信是独立的，在这次升级之后，企业微信可以添加个人微信用户，也就是说，企业微信用户可以和普通的微信用户相互聊天了。到2019年12月，企业微信3.0版本发布，离2.0版本过去了整整2年时间。企业微信在腾讯的大体系下，最开始只是个边缘产品，战略不清晰，迭代很慢。3.0版本上线那天，腾讯举办了一个很大的发布会。这个版本迭代上线有两个功能，爆炸性的两个功能：一个是客户朋友圈功能，一个是客户群功能。然后就到了2020年的春节，在疫情的影响下，企业微信加快了它的开放速度，包括群、朋友圈以及各种营销功能。直到今天，它不再是一个单纯的OA工具，而是切入了CRM赛道。这是微信向新营销探索迈出的很重要的一步。

企业微信，让每一个企业员工都成为企业服务的窗口。在企业微信里，人就是服务，而且是有认证的服务。

企业微信作为企业专属连接器，帮助企业连接内部（OA），连接产业（SaaS），连接消费者（SCRM）。

企业微信在2020年春节也投了不少广告，广告语写得很有意思——“唯一能与微信互通的办公软件”（见图2-14）。这就很好玩了，谁敢说这句话？只有企业微信。

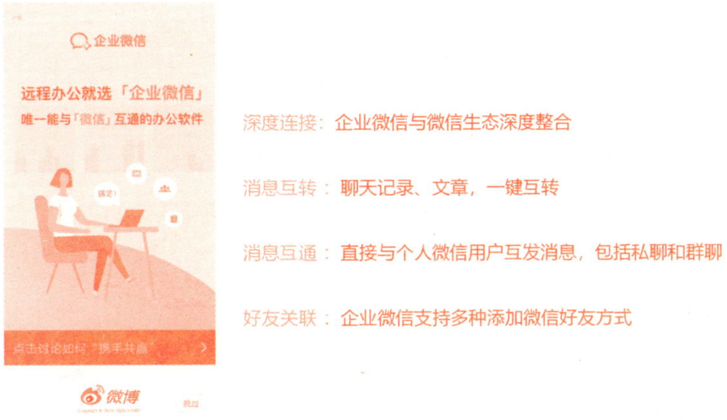


图2-14 企业微信，唯一能与微信互通的办公软件

企业微信敢这么说，有以下几个原因。

（1）深度连接。企业微信和微信生态是无缝连接、深度整合的。市面上的工具除了企业微信，其他的工具都做不到。最关键的是，它是官方认证的工具。

（2）消息互转。个人微信和企业微信之间的聊天记录，支持一键互转。

（3）消息互通。个人微信和企业微信可互发信息，包括私聊、群聊，都能无缝对接。

（4）好友关联。企业微信支持多种添加微信好友方式。其实从某种程度上说，它们两个是融为一体的。

企业微信有很多应用，甚至支持技术开发。一种是基础应用，对内办公需求和OA，对外业务需求和CRM。另一种是第三方应用，它里面有非常丰富的第三方办公营销插件和SaaS工具的高效应用，很多服务商也会入驻其中并开发各种应用。还有一种是个性开发，很多开放App可以接入应用，支持企业深度开发营销工具。这就是企业微信和个人微信很不同的一点，企业微信支持技术深度开发，而且是官方支持、官方认证的。

从2019年年底企业微信3.0版本发布，到2022年企业微信4.0版本发布，企业微信发展已经到了新阶段。企业微信不再是新鲜事物，很多企业微信的标杆案例也出现了不少。现在品牌想用好企业微信，有了更多的参考案例。企业可以先抄作业，再创新。

### 2.4.2 企业微信的部署应用

企业微信最开始有一个口号——“让每个企业都有自己的微信”。这就是企业微信的定位，它是企业用的微信。

公众号有独立的后台，小程序有独立的后台，企业微信也有自己独立的PC后台。在后台，可以填写企业的信息，录入员工资料。企业注册好之后，每个员工在手机端下载独立的App。企业需要在后台绑定员工信息，员工才能开始使用企业微信。

**企业微信很像个人版本的服务号，有欢迎语、推送，还有各种营销小插件。**

一些关键功能，比如客户联系、客户群、客户朋友圈、小程序等，都集成在企业微信里面，这就是一个私域营销的工具包。它还给我们很大的支持，比如群裂变和活码的功能。

群裂变：即企业微信的客户群是支持群裂变的，而且官方的群裂变功能，还能实现每满100人会自动更换新的群。它会自动生成一个H5的页面二维码。因此，每满100人就会自动生成一个新的群，以及生成新的群二维码。

活码：使用个人微信做营销的时候会存在一个问题，就是如果把个人微信发出去，会很浪费流量，因为个人微信号被动加人有人数上限，超过上限客户就加不进来。企业微信自带活码，比如一家企业有10家门店，每家门店有10个导购，一共就是100个导购，将导购的账号都放在导购部，对外传播就用统一的活码，客户扫码后，随机分配给线下的100个导购中的一个导购，导购再一对一为客户服务。

一个品牌要做私域，需要将经历的关键环节做整理和提炼，从项目经营维度分析。启动私域需要经历四个阶段（见图2-15）。

图2-15　企业私域建设SOP

第一个阶段，顶层设计。品牌方需要想清楚私域在自己业务里的价值定位，以及做私域想达成的目标是什么，然后根据目标来制定私域的策略，包括私域的人设、选品和模式。

第二个阶段，组建团队。制定完策略，就到“搭班子、盘资源”了。其中跟渠道的分润、对导购的激励都要考虑清楚，这两个环节很重要，因为很多品牌方做着做着就发现，他们做私域最大的阻力，其实就是来源于渠道和导购。盘完资源，就可以定预算、定资源投入了。

第三个阶段，测试模式。试运营是非常关键的环节，这个阶段的目标是跑出MVP(Most Valuable Player，最有价值选手)，或者叫“最佳实践”，把私域模式跑出来。在这个阶段，品牌方需要搭建好私域的基础，也就是要选好私域工具、搭建账号体系、盘点承接流量的入口等。

其次是选择试点，可以是一个门店，或者一支销售团队，关键的是，要选择最优秀的业务团队来做试点。优秀的人学得快，更有可能成功，品牌方才能打造出一个标杆，把他们的经验方法沉淀下来，给其他团队去复制。在试点运营的过程当中，需要经常去复盘，不断去验证和优化私域模式。测试模式阶段很关键，能够验证我们的策略，并且不断更新优化方法。

第四个阶段，正式运营。试点的模式跑成功后，就可以做正式运营。首先是把试点的模式逐步推广到全国，在这个过程当中可能需要做团队架构的调整，比如设置专门的私域部门，也可能需要引入外部的服务商来做代运营，然后就需要组织培训，把私域工具和方法教给导购。再之后，升级企业数字化能力，用更高效的方式去赋能渠道和一线。

在每个阶段，还有一些细节工作需要同步完善。私域的价值定位完成后，就要相应考虑KPI（Key Performance Indicator，关键绩效指标）的设定。对品牌而言，做私域肯定不是为了短期去薅羊毛，而是要实现长期发展，要跟客户建立持久的信任关系，所以GMV就肯定不是初期最需要关注的指标。

私域的基础建设，需要在测试模式阶段做好，如企业微信昵称的命名、头像的选择、导购个人主页的配置都需提前设计好。导购的个人主页，除展现公司和个人信息外，还可以展现视频号、朋友圈等。

账号搭建好后，接下来就要考虑去哪里承接客流，把客户加进企业微信里。品牌方需要去盘点自己线上、线下的流量入口，策划一些运营活动，给出一些福利，让客户主动扫码添加。比如，可以在门店导购的工牌上、门店活动的海报上放企业微信二维码，也可以把它放到电商的“包裹”里；线上微信生态的各种工具和入口，都可以配置企业微信二维码或者添加入口，比如视频号、公众号、朋友圈广告、搜一搜、小程序、微信支付等（见图2-16）。

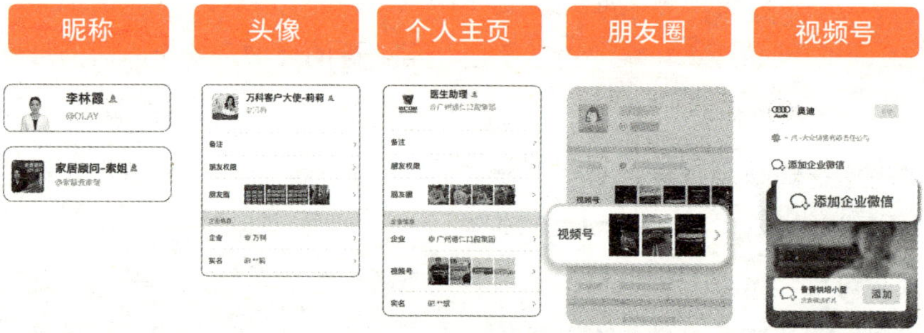


图2-16　企业微信对外形象的基础设置

私域的基础建设搭好了，就可以选试点、跑模式。其中跑模式的关键是要看几个关键点的测试情况，比如引流、话术、内容、转化和团队分工流程等，然后不断地去做优化和迭代。针对不同的问题，做对症下药的优化动作，还要多积累和分析数据。

模式跑出来后，到正式运营阶段，就要扩团队。扩团队必不可少的动作是组织培训，就是把试运营阶段的方法论、经验和工具使用等知识教给更多门店、更多导购、更多经销商。比如平安银行，其CEO发全员邮件，开动员大会，激励全员参与培训；比如索菲亚家居，投入资源和人力，成立了专门的团队去培训全国的经销商，用企业微信做私域和数字化管理。

## 2.5 视频号盘活私域流量

截至2022年12月，短视频用户规模突破10亿，用户使用率高达94.8%。视频从UGC（User Generated Content，用户生产内容）到PGC（Professional Generated Content，专业生产内容），从KOL到MCN飞速成长。

全球短视频流量占据互联网总流量的半壁江山。

视频号诞生于微信生态内，有一些与生俱来的独特属性。在外在形态上，视频号不像传统短视频那样以独立App形态存在，而是作为微信的“原子化内容组件”，这也意味着视频号作为微信的一部分，成为一条使用户更加便利地连接生活服务的路径。在内在基因上，社交推荐依赖用户、创作者的社交关系链进行传播，创作者借助微信转发、朋友圈、公众号、点赞等都能找到传播路径，避免了仅靠平台主导推荐导致的流量分配中心化、创作者生态寡头化。总结起来，视频号有以下三个产品特征。

真实社交：基于熟人关系链传播，让视频号和生活中的人一一对应上。用户互动的视频号内容会推荐给用户朋友，这和抖音的陌生社交很不同，线上朋友同时是线下生活中的朋友，用户彼此之间会有更高的信任度。

去中心化：微信的内容一直都是去中心化传播，视频号也一样，每个人都是中心，自由连接和影响其他用户，弱化内容广场和榜单作用，而且视频号长尾效应很明显，很久之前的短视频内容也可能重新传播起来。

社交圈层：如兴趣圈、行业圈和地域圈等，背后也是好友关系，这得益于用户标签的提炼。基于微信的真实社交关系，这些圈层传播会更聚焦。视频号的本地生活服务就是基于地域圈层的服务，这将成为视频号极为重要的交易场景。

每个新平台的出现，总会带来新的机会，每个行业都值得用一用视频号。

### 2.5.1 视频号的红利

视频号于2020年1月20日上线。最开始的视频号只有短视频，用户互动方式只有转发和点赞，没有带货，没有推流，没有直播，没有礼物，什么都没有。视频号从零开始发展到今天，初期的产品构建过程已经完成。

2023年，视频号总用户使用时长超过了朋友圈总用户使用时长，总视频播放量同比增长超过200%。视频号电商将早期的红利——白牌、素人和供应链整合。

第一个是白牌。白牌其实是任何平台在电商发展初期必须去经历的一个过程，因为平台需要通过白牌去不停地训练算法、训练规则、训练团队，进行磨合，形成完善的“游戏”规则之后，才能吸引更多的品牌入驻。

第二个是素人。视频号用户由中年人为主的人群构成。这个人群构成也跟中国移动互联网的人群构成高度重合，因为微信基本上把中国移动互联网用户的人群都覆盖了，所以说它的人群构成变化趋势也是一个偏老龄化的过程。中国的老龄化不断加剧，所以针对中老年群体的产品，在未来5年到10年将会有一个特别高的成长曲线。这是一个长赛道。如果企业在做微信商品，做针对中老年群体的内容、商品和服务，将会有持续性的增长，这是一个可见的趋势。

第三个是供应链。企业能够通过视频号把商品交给所有的主播去带货，或者专门找爆款商品给头部主播供货，或者自行孵化主播，通过投流等方式带货。

视频号有望形成相比抖音、快手更加多元普惠的内容生态，它长期与微信生态中的私域商业生态和视频化表达趋势形成共振，从供给侧驱动时长的增长。现阶段社交推荐仍对播放贡献较大，中长尾KOL可以在视频号中获得更多的流量，使优质垂类内容得到发掘和成长，进而带动整体内容生态的繁荣。

微信价值观坚定不移：再小的个体，也有自己的品牌。

视频号含着金钥匙出生——这是微信第一次把所有入口对单个产品开放。

视频号的长尾红利，在于品牌私域流量池的持续运营，通过视频号获取微信的公域流量，再导入私域精耕细作。

### 2.5.2 视频号的战略定位

视频号有几个属性，这些属性让视频号自成小生态，在微信生态内相对独立和形成独立闭环。

平台属性：视频号是微信生态的有机组成部分，可以起到连接作用，作为内容平台运营，可以和公众号联动，也有菜单和商城功能，能够满足用户的阅读和购物等需求。

媒体属性：它是新闻资讯等信息的视频化传播通道，还可以助力自媒体的内容传播、企业的品牌宣传、大型直播互动分享等，这是它天然的属性。

娱乐属性：这是短视频平台吸引用户关注的重点。通过娱乐内容，满足用户碎片化时间的休闲需求，视频内容涉及励志、情感、搞笑、生活分享等。

电商属性：视频号目前初步建成电商系统，直播带货和视频带货日趋完善，而且广告投流的全面开放，加速了视频号的电商化。

知识属性：视频号支持线上化学习，是在线教育的新阵地。通过教学视频的传播，可以实现知识在线变现。

同时，视频号在微信产品矩阵中，处于战略中心地位（见图2-17）。

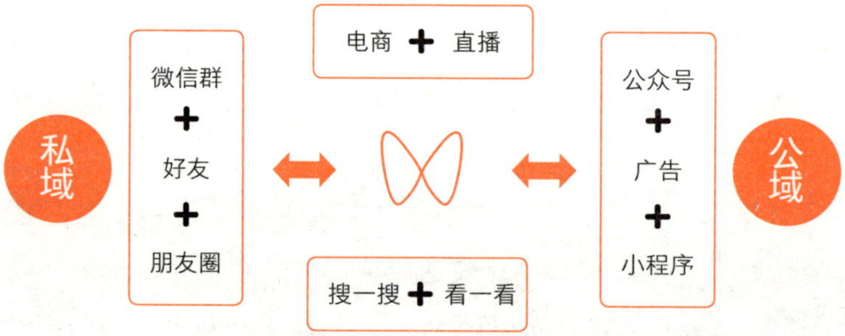


图2-17 视频号的战略中心地位

第一，它是微信生态战略级产品。今天整个腾讯没有任何一个产品比视频号还重要，所有核心团队都在想办法将业务和视频号做联动。

第二，它是结构化的视频内容的载体。这是2021微信公开课PRO“微信之夜”上，张小龙讲过的定位。之前微信的短视频和直播都很碎片化，两者关联性很弱，互动性更差。视频号将微信生态原本海量的短视频需求，汇集到一个平台，形成交互、评论、信息沉淀，并进行算法推送。

第三，它是微信内容生态中原子化的基础内容组件。视频号不是独立的App，而是微信的一个组件，它可以灵活地和公众号、小程序、社群、朋友圈等联动，实现相互引流。视频号更像一个连接器，把各个平台的流量汇总到一起，也分发流量到不同的平台。

从这几个角度看，做视频号电商不单要做直播，还要做微信生态的商品链接运营。

### 2.5.3 视频号产品的能力与基础设施

短视频带货：视频号的商品分享功能，可以让创作者添加与视频内容相关的好物。橱窗好物关联完成后，链接就会出现在视频上，用户可以直接点击购买，成交后创作者就可以获取一定比例的佣金。

开通该功能的创作者需要满足三个条件：有效关注人数（粉丝）1000人及以上，完成实名认证，且持续发表优质原创作品。

商品分享功能缩短了商品详情页与短视频用户之间的距离，给了品牌商家全新的种草新路径，也给了达人和主播全新的变现路线。商品分享功能丰富了创作者的变现手段，让中尾部创作者和不做直播的创作者有了更直接的变现手段，加快了他们在视频号的变现速度。

商品分享功能也缩短了从内容种草到销售转化的路径长度。对于快消、线上服务等决策周期短的行业，短视频带货可以有效促进销售。对于长周期决策行业，短视频带货可以收集用户信息，帮助企业销售。

直播带货：直播时可以通过视频号小店挂商品，由视频号小店进行带货。视频号小店不仅可以实现带货，还可以实现商品分销。

直播间有客服组件，可以推送企业微信名片；还有留资组件，可以收集用户手机信息。这些都是方便导流用户到私域做成交的手段，也是直播带货的一种方式。

视频号直播间是一个巨大的舞台，主播一方面通过直播展示内容，吸引流量；另一方面通过互动强化用户信任，用专业的商品推荐方式推动销售转化。随着各项功能的完善，直播带货已经成为视频号最重要的商业模式。

广告推广：2022年7月，视频号上线原生广告，提供了7种推广目标，包含商品推广、应用推广、销售线索收集、品牌活动推广、小游戏推广、公众号推广和视频号推广，同时支持广告主结合不同深度的推广目标，提升转化效果。

原生广告组件则拥有完备的跳转能力，支持跳转原生页、小程序、H5等落地页，可以帮助品牌收集销售线索、进行电商推广、预热品牌活动等，给大量的中小商家提供了规模化触达和寻求生意新增量的方式。

视频号作为微信生态内的“原子化组件”，可以自由灵活地联通公众号、小程序、企业微信、朋友圈等生态触点，给广告的跳转和转化带来了更多的可能性。

客服功能：企业微信4.0.18版本上线后，微信客服正式接入视频号小店。无论客户想进一步了解哪款商品，都能直接在商品详情页、直播间、商品橱窗等页面中找到客服进行咨询。商家只需登录视频号小店的管理后台，就能配置好微信客服。

企业可以在视频号主页、小店、直播间中接入客服账号，带货主播、经销商在介绍商品时，客户可以直接咨询品牌的官方客服人员。

在视频号主页，创作者可关联企业微信和企业微信客服，引导公域用户流向私域。用户可在主页添加企业客服沟通，并进入品牌官方社群。

直播投流：2022年8月，微信豆付费采买流量券功能全面开放。主播在直播间中可以直接使用直播间加热功能，为直播间引入流量。直播间加热功能的推出，给予了创作者加速账号成长的可能性。只要直播内容足够优秀，直播间将很快脱颖而出，并带动账号实现快速成长。

视频号直播投流实现了从无到有，到完全开放。一系列动作的背后是平台推荐算法的演化，标志着帮助商家赚钱的助推器已经开启。

### 2.5.4 视频号的公域流量和私域流量

视频号的公域流量出现在以下几个区域。

微信发现页：它的位置在微信—发现—视频号/直播。

搜一搜：搜一搜下拥有视频号、直播Tab，通过关键词搜索可展示相关视频号、直播以及动态。搜一搜为品牌打造了品牌专区，用户可在专区中直接通过“官方账号”跳转进入官方视频号。

看一看：这是热点广场，优质的视频号作品有机会被推荐至此。

附近：这里有同城视频和直播。企业在发布视频或开通直播时，添加地理位置，视频号会根据定位向附近正在看视频、直播的用户推荐，企业从中获取公域流量。

视频号推荐：它的位置在微信—发现—视频号—推荐，企业视频号能借助推荐机制获取流量。

话题标签：企业发布视频时，在文案中添加“#+话题”，用户点击标签即可进入话题页。话题标签还支持商家和其他商家、达人合作，打造热门话题。

视频号推广：这是视频组件，支持企业向最多10个标签的视频号粉丝群体投放视频，且可基于粉丝群体并按漏斗条件进行投放。

红包封面：这是节日营销的红包玩法。红包封面可在直播间设置为抽奖奖品，增加直播间热度。企业也可通过朋友圈进行展示分发，为品牌引流。

微信支付：企业可在微信支付成功页面添加视频号入口。消费者在支付完成后，可以通过支付成功页面跳转到视频号当中，也可以通过该页面预约商家的下一场直播。

而私域流量则从以下几个区域获取。

公众号绑定视频号：这项功能打通了双向的流量，有助于企业视频号前期冷启动，企业也可以将视频号及直播间新增粉丝引流至公众号。

朋友圈、好友、微信群：商家可将视频号动态、直播预告发布到社群、好友及朋友圈，激活用户，提升社群的活跃度和转化率，同时通过直播间贴片、主播引导，将用户引流至社群。

小程序关联视频号：商户可在小程序后台配置视频号直播浮窗、直播组件、店铺图片跳转直播间，就能打通从小程序商城直接跳转视频号直播间的链路，实现流量互通，提升销售转化率。

企业微信绑定企业的视频号：可设置视频号在企业员工个人信息中展示，让更多微信客户了解企业动态；企业微信还可接收、分享视频号消息，扩大视频号的触达范围。

社交推荐：每一个为你视频号点赞的人，他的好友都可能在“视频号—朋友”看到该动态。该功能实现视频裂变式传播。

### 2.5.5 视频号的生态演变

企业逐渐利用新媒体平台做品牌传播，也引导新用户关注。企业官方的新媒体账号逐渐成为用户了解品牌的第一入口。

从2010年开始，微博被称为企业的官微，这是第一个企业新媒体微官网。随着微信生态的崛起，以及公众号的出现，从2013年起更多企业选择将公众号作为微官网，公众号的风头一时无两。然后就到了短视频时代，抖音和快手起飞，抖音成了企业另一个微官网的选择。如今，微信生态的两个产品——小程序和企业微信，也都陆续成为微官网的入口。

可以预见，视频号将成为企业新的微官网（见图2-18）。

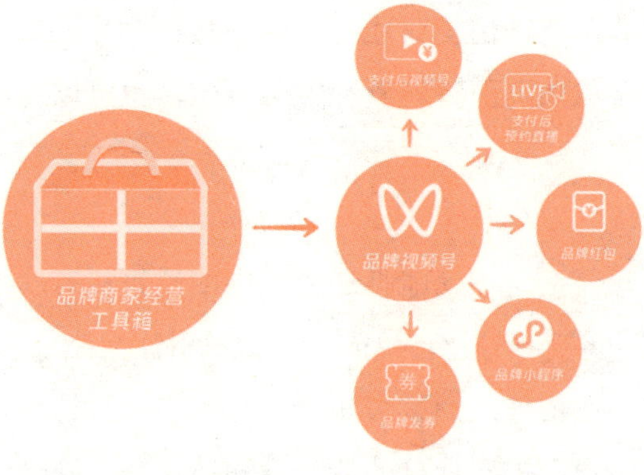


图2-18　品牌视频号，企业新的微官网

视频号以短视频为媒介，是最高效的直播电商平台，它打通了微信生态的所有入口，菜单也具备了服务功能，企业还可以通过客服能力激活企业微信，视频号越来越像一个服务综合体。

视频号已经成为企业数字化经营新阵地，借助微信的社交功能，帮助品牌触达更多的用户。视频号的功能，由内容传播开始，到全面商业化，经历了4个平台阶段。

内容发放平台：用户可发布最长达1小时的视频，视频支持浮窗缩放；视频号的直播已支持推流和拉流，还支持横屏与全屏。

内容营销平台：视频号的小任务功能可灵活发布营销需求；用户可通过广告，精准对接创作者输出的内容。

私域运营平台：微信客服出台，承接公域流量并将其转化为私域流量；与公众号互联互通，打通公众号和视频号平台。

商业经营平台：原生广告，多触点多组件，实现转化；加热投流，对短视频、直播间进行加热可获取更多公域流量。

2024微信公开课PRO数据显示，2023年视频号带货规模大幅提高，GMV同比增长3倍，供给数量增长300%，订单数量增长244%。经过短短4年时间的发展，视频号向生态级平台演变，数据也呈正向良好的趋势。

# 2.6 口腔品牌“德仁口腔”私域精细化服务

德仁口腔历经百年发展，服务超过500万客户，是一家集口腔医疗诊治、医疗人才培养、学术科研、预防科普等一体化的专业连锁口腔医疗机构。“以德服人，以仁为本，以技医人”是德仁口腔重要的经营理念；而为客户提供有价值的服务，是企业私域的运营核心，两者不谋而合。

构建企业私域是一项CEO工程，需要从上至下达成共识，做好服务。企业私域需要从上到下共同参与。做私域的宗旨是以服务为核心，尊重客户，对客户进行深度维护。

德仁口腔从创始人、高管，到市场运营团队、健康顾问团队，在构建私域上都达成了共识。

例如，客服团队与健康顾问团队紧密配合，客服团队负责承接并服务来自各渠道的新客户，以及维护老客户。健康顾问团队负责为线下门店的客户提供诊疗过程中的全程服务，同时通过企业微信添加所有来到门店的客户，沉淀客户到总部的私域流量池。

德仁口腔的新客户多数来自老客户的口碑转介绍，以及围绕门店的线下推广和周边商圈的合作渠道。德仁口腔会员系统已沉淀超过百万客户，正在逐步将其导入微信的私域流量池。

全面启用企业微信，不仅方便内部办公，更重要的是还方便联系外部客户。个人微信无法做到对好友渠道来源的追踪，而企业微信可以追踪到客户的添加来源。私域的负责人因此能够更好地做精细化运营。

## 2.6.1 德仁口腔企业微信的获客和服务

2019年，德仁口腔开始使用企业微信进行内部办公。2021年，德仁口腔开始系统地使用企业微信添加客户和服务客户，1年时间，企业微信客户增长20倍，添加成功率达95%。

引流的第一步，是做好企业微信的基础建设，从形象统一，到信息推送、内容发布，要把这些规则制定好，才方便全员推广。下面拆解德仁口腔将客户沉淀到企业微信的三大场景。

第一个场景：新客户接待环节。健康顾问会主动拿出工牌上的企业微信专属二维码，邀请客户扫码添加。

第二个场景：诊疗结束环节。医生和护士会提醒客户添加企业微信，后续可以通过企业微信咨询相关问题。

第三个场景：收银台交费环节。前台会再次提醒客户添加企业微信，相关售后问题都可以通过企业微信进行咨询。

德仁口腔通过这三个场景，把企业微信融入服务环节中，使得企业微信添加客户的成功率提升到95%。

德仁口腔还通过企业微信的标签功能，设置好客户标签，进而根据不同客户画像进行精细化服务（见图2-19）。

图2-19　客户标签管理，赋能精准营销

从客户进入私域起，就记录和追踪客户的数据，且分析客户的消费动作，指导一线的健康顾问有针对性地做好服务和销售。客户的每一步都被记录下来，且有清晰的时间线，这就是企业微信的超能力，它可以抓取微信生态的客户数据，分析和指导运营。

客服和健康顾问会定期回访客户，根据客户的反馈和需求进行相关产品、活动的推荐。例如，门店最近在做洁牙主题的优惠活动，客服和健康顾问会在企业微信上根据客户的标签对有过相关消费行为的客户进行回访，邀请有需求的客户进行复查。

德仁口腔的高频消费产品，例如洁牙，复购率达70%；还有更高客单价的产品，例如隐形正畸，拥有高市场需求、高决策成本等特点，这些产品天然适合通过私域进行精细化服务和转化。

德仁口腔下一步的计划是围绕口腔健康场景，以家庭为服务对象，拓展产品与服务。德仁口腔正在重点利用视频号内容和直播，并结合企业微信社群，更好地服务客户。

聊起私域的价值，德仁口腔首席运营官古总说："以前的企业会员制管理，其实也是属于私域流量的范畴，但现在的私域玩法，新工具更齐全，管理也就更高效。"

借助这些微信生态工具，原来会员制管理的规划也能通过新的数字化工具更轻松地实现。

数字化对于医疗服务最大的意义在于均衡医疗资源，通过行业管理和生态建设的数字化重塑医疗服务流程。借助医疗服务的数字化让医生回归医疗服务本身，还能让客户体验"一站式"量身定制的服务。

### 2.6.2 德仁口腔的私域矩阵搭建，全面服务客户

除了企业微信，德仁口腔也在微信生态的其他平台布局，做到私域流量池引流渠道的全覆盖。

德仁口腔的企业微信主要用来沉淀客户，以私聊方式，做深度服务。小程序做会员管理，和企业微信绑定起来，方便企业员工一键推送小程序。在视频号上除了搭建企业官方号，还打造了医生IP，搭建成短视频账号矩阵。德仁口腔的公众号是传统的图文平台，以服务号方式，做品牌资讯发布，提供客户服务（见图2-20）。

企业微信：沉淀客户　小程序：会员管理　视频号：IP打造　公众号：资讯服务

图2-20　德仁口腔企业私域的服务矩阵

所有的入口，都有引导客户添加企业微信，客户添加企业微信后，给客户贴上标签，再根据客户标签做精细化运营。德仁口腔定期在视频号直播、策划活动，引导客户到直播间领取优惠券，然后到店消费。

企业微信做服务，视频号做引流，两者要高效联通起来，特别是对高客单价产品需要长期跟进转化的情况，企业微信的用户标签就有大作用。用这些数据打通SCRM，可以串联起所有业务。

德仁口腔对不同层级的客户，制定了不同的运营策略：对近期活跃的客户，用痛点运营策略；对中期犹豫的客户，用福利促销策略；对长期沉默的客户，用关怀激活策略（见图2-21）。

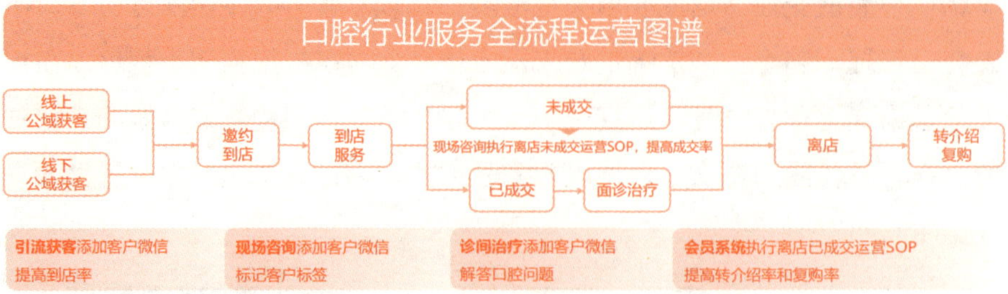


图2-21 口腔行业服务全流程运营

德仁口腔对客户观看直播的行为，也进行了细分运营。客户在直播间领取优惠券，促成他到店消费；客户观看直播未领取优惠券，企业微信一对一私聊促成其领券；客户未观看直播，企业微信一对一私聊促成其观看复播再运营。

**企业微信联动视频号运营，动态多维分层营销客户。**

根据标签筛选，锁定目标客户；基于客户属性，分层运营；视频号私域直播，进行福利大促；基于客户行为，再次分层运营，形成一个循环，不断更新客户标签状态，做好更精准的内容推送。

德仁口腔整个私域运营流程，做到了三个可复制：运营流程可复制，成功运营SOP可复制至所有销售人员；销售经验可复制，会话存档提取优秀销售的成单话术复制；增长方案可复制，试点门店的整套运营方案可复制至其他门店。

# 2.7 旅游品牌“洋紫荆维港游”公域私域联动运营

香港是内地第四大贸易伙伴，第二大出口市场。同时，内地是香港最大的贸易伙伴，香港因此长期保持第一大出口目的地和第一大进口来源地的地位。

过去10多年，香港经济一直受惠于大量内地访港旅客，他们为入境旅游相关的零售业、住宿服务、餐饮服务和过境客运服务带来重要支援。香港市场竞争压力大，广告成本大大增加，而且传统分销等运营模式压缩企业营收利润。受疫情影响的启发，企业要活得更好，必须进行数字化转型。后疫情时代，香港企业更加意识到内地市场的重要性。疫情解封后，香港恢复自由通关，旅游业得以回暖，各大相关行业有望通过加大品牌、产品、内容营销等方面的宣传，抓住机会吸引一批新客户促进消费。同时，“距离近、时长短、频次高”的城市微度假正逐渐成为新风口，游客以体验新事物和新生活方式为出行动力，愿意为高质量的服务与体验买单。这个时候，依托香港独特的地理和人文优势，香港旅游业开始了新的增长。

其中，洋紫荆维港游是面向香港著名景点维多利亚港（简称“维港”）的海上航游公司，它带领游客在香港体验扬帆出海的快乐，这种游玩方式自带流量和传播属性。洋紫荆维港游是香港小轮集团旗下成员，是在维多利亚港内提供大型宴客场地服务的船队，也是行内的领导者之一。自1998年起，洋紫荆维港游将集团的汽车渡轮变为多功能观光船，带游客游遍香港，尽览香港美景。

在2023年之前，洋紫荆维港游没有运营内地的新媒体平台，这也是香港企业对于内地传播的普遍现象——不懂、不了解甚至不关注内地的新媒体环境。

## 2.7.1 香港新媒体传播环境和洋紫荆维港游私域的起步

香港企业过去面对内地市场，特别是旅游业，更多是“等客上门”的传统思路，通过在线旅游平台OTA（Online Travel Agency，线上旅游代理）等客户下单，没有更多的营销推广。直到公众号、小红书等种草传播社交平台兴起，以及香港用户数在这些平台上涨，香港企业才开始关注这些新媒体渠道。通过分析内地游客的信息来源渠道，反向推动香港企业对内地新媒体渠道的重视。

人在哪里，商机就在哪里。作为国民级的新媒体平台，微信是中国活跃用户最多的社交软件。从社交开始，到内容阅读、商品消费、娱乐休闲等，微信已经成为国人生活中的一部分。所以，这是香港企业首先要运营的平台。同时，以小红书为代表的以生活指南内容为主的社交软件，年轻用户高度活跃很高；以抖音为代表的短视频和直播平台，则以丰富的视听体验展现了新的传播方式。这些，就是香港企业需要重点关注和布局的新媒体渠道。

**到离用户最近的平台，做高效的传播，做贴心的服务。**

这个时候，内地成熟的新媒体玩法对于香港企业来说，有助于他们抢占市场红利——信息差就是红利。洋紫荆维港游从零开始注册微信公众号、小红书等平台，分阶段推动新媒体矩阵布局和平台建设。

第一阶段：品牌建设。首先，以小红书、微信公众号为主要阵地，通过“地标+餐饮”的宣传方向，多平台统一节奏运营。重点突破粤港澳大湾区流量，通过深度内容运营触达跨境、探店、旅游等目标标签人群。

第二阶段：客户转化。基础框架搭建好，内容也做好一定的铺垫，同时测试和跑通转化承接路径。搭建小程序商城后，就开始尝试广告投放，通过付费引流方式加速传播和客户积累。

前期这两个阶段，洋紫荆维港游将重点聚焦在微信和小红书，微信先从公众号做起，做品牌的微信官方账号，把品牌在内地新媒体平台的内容和传播做好。公域传播、私域沉淀，香港市场也采用同样的运营思路，先贴合客户社交习惯，扩展传播渠道，再做精细化运营。

### 2.7.2 洋紫荆维港游的平台运营和内容建设

在公众号的运营方面，优化欢迎语设置，通过文字结合小程序的方式，引导客户了解品牌和自主下单；优化菜单设置，结合客户需求进行菜单栏功能设置，让客户第一时间找到需要的服务、看到想要看到的内容，增加客户对品牌的认识。从“立即预订、个人中心、联系我们”三点出发，进行一级菜单栏分类，做到指示清晰，功能需求明确。

在小红书的运营方面，品牌号发起新话题，结合小红书用户特点，引导参与洋紫荆维港游的游客打卡，分享游船风光、美食、攻略等。小红书用户通过关注品牌账号，发布关于洋紫荆维港游体验的分享笔记，带上话题并“@”品牌账号，笔记互动量达到指定数据且被官方征用，即可获赠品牌福利。洋紫荆维港游在小红书从搭建品牌账号开始，精细化运营，再扩大曝光；之后进行线上线下活动联动，精准化触达目标客户，为长尾效应的出现做铺垫。同时，开始投放信息流广告，精准获客。

在内容方面，围绕品牌故事、UGC内容、产品介绍、资讯分享和福利活动展开。因为产品面向内地客户，所以使用简体文字迎合内地客户阅读习惯，同时保留香港繁体字海报的特色。

在品牌故事方面，讲述洋紫荆创始故事、品牌活动和品牌大事记等，深化传递品牌理念，构建情感链接，提升客户的品牌认同感。讲好品牌故事，多平台传播，增强品牌的传播度。

在UGC内容方面，通过KOL、KOC和普通客户分享体验，做内容种草，增加品牌曝光量，并通过优质的UGC内容，做品牌背书和引流。特别在小红书，用户参与创作内容很重要。

在产品介绍方面，结合航班特色主题和节点主题，从功能卖点、场景等角度介绍产品，加深客户对产品的认识，促成下单转化。

在资讯分享方面，在平台分享香港的出游干货、节庆活动等，提供实用性和专业性内容，提高客户对账号的黏度。对于潜在消费的客户，通过内容来维护，因为旅游攻略型内容的阅读量和收藏量在小红书都很高。

在福利活动方面，发布多种商城会员活动、节日活动等，通过福利激活老客户，也引导老客户分享或介绍新客户，拉新促活，沉淀忠诚度高的粉丝。对粉丝做好内容和服务，同时发放福利。

内容建设围绕品牌和互动展开，以图文和短视频方式，丰富传播形式，也在关键节点，发起品牌活动。比如，在启动运营时，官宣洋紫荆维港游官方正式入驻微信公众号，介绍“民安”“民乐”“民俭”“民富”号四艘船的历史，发起一波福利活动。

在新媒体平台的内容建设，前期实现新媒体平台阅读曝光30万+，带来新客咨询500+。小红书有5篇笔记的阅读量达到4级流量层级（笔记浏览量约2000～2万），公众号账号的涨粉速度远高于同类型账号，并且通过文章发布及关键字的覆盖，当用户搜索香港旅游等内容时，洋紫荆维港游的账号文章都出现在前排位置，不断地吸引用户点击并形成良好的转化。

通过成熟的运营方案，加上技术加持，把基础搭建好，接下来，洋紫荆维港游通过广告放大传播效应，优化后端私域承接转化，完成公域联动私域的营销闭环。

这是我们团队“天川力量”服务的一个香港品牌案例，我们一直深耕香港市场（见图2-22）。母公司创意国际传媒集团（CM）创立于2009年，立足香港，放眼全球，在新加坡、深圳、广州设分公司，整合全球优质网络数字资源，提供“一站式”互联网及数字营销解决方案。新媒体时代兴起，天川力量作为CM旗下公司，垂直细分领域，专注于私域和内容营销服务。

图2-22　助力香港本土品牌做好私域建设

2023年开始，我们携手腾讯企业微信和HKPC（Hong Kong Productivity Council，香港生产力促进局）在香港开设私域课，同时，通过提供运营、广告、技术等方面专业服务，特别是在微信、小红书和抖音这几个平台，帮助香港品牌开拓内地市场，升级数据化管理和用户运营系统，以更好地服务客户，实现新的增长。

**对于一个新市场来说，一切都是从零开始。恰恰因为新，布局公域联动私域运营很容易收到立竿见影的成效。**

# 团队篇

## 扬帆起航，天时地利人和

# 第3章 私域团队组建和管理

## 3.1 企业私域团队的规划和组织架构

新媒体野蛮生长、单打独斗的年代已经过去，在今天，企业私域早已经是军团作战。一个私域团队需要如何组建，怎样更高效地组建，是很多企业的盲区。

企业要搭建优秀的私域团队，需要抓住两个方面：一个是企业，一个是私域团队。

首先聊聊私域团队搭建的五个坑，毕竟知道坑在哪里，才能知道往哪个方向走，才能进一步分析具体的搭建方法。

### 3.1.1 私域团队建设要避开的五个坑

第一个坑：万能的新媒体“小编”。

很多企业都存在同样的问题，认为企业新媒体很重要，都知道要做新媒体，但是私域整个团队就只有一两个人，还是基础的新媒体编辑。

现在如果还指望一两个编辑就能把事情做好，这是天方夜谭。如果没有一个大的团队，绝对不可能把企业新媒体做起来。用最少的人做最多的事，到头来将一事无成。标杆案例背后都有很大的团队在操盘。

第二个坑：私域部门边缘化。

一些企业把私域部门放在不重要的位置，或只是成立一个小组，连部门也谈不上。这就会出现一个问题：一般来说，一级部门的属性会决定二级部门的方向，比如私域部门在销售部门下面，其定位肯定是卖货的；在品牌部门下面，它肯定是拿来做公关传播的，这将使私域部门失去独立性和活力性。

但是私域的能力远不止卖货，也不止公关传播。一个编辑的产出肯定只有一个编辑的势能，边缘化的部门也只能做出边缘化的产出。一定要把私域部门放在一个重要的位置，才能够更好地释放它的威力。

第三个坑：私域团队等于内容团队。

所有的私域团队（也叫新媒体团队）一开始肯定是内容团队，因为新媒体里有媒体两个字，它是有很强的内容属性的，它擅长传播和公关，这是它天然的优势。因此，拿私域团队来做内容传播是没问题的。

但是如果后面团队招聘的依然是做内容的文案编辑就有问题了。因为私域团队除了内容还有很多需要去关注的事情，比如技术、产品、运营等。一些企业潜意识里认为新媒体就等同于公众号和微博，这种认知会导致整个私域团队变成一个内容团队。

第四个坑：团队的招聘没有方向，没有目标。

很多企业招聘时指望一个人兼顾所有，前期团队小还可以这么做，往后就一定要安排专人干专业的事。招聘建议垂直一点，要求聚焦一点，千万不要把所有的工作都放到一个人身上，否则就掉进了第一个坑“万能的新媒体‘小编’”。

组建私域团队，首先要到位的是私域负责人，再由负责人来规划团队和参与招聘，从上向下组建团队，往一个方向前进。

第五个坑：团队一步到位。

所有的团队，一定是从0到1，再从1到100。首先定矩阵平台，再根据矩阵平台的发展来匹配相对应的团队。

私域团队不是一步到位的，是分阶段建设的。要“小步快跑”，先从小团队开始配合磨炼，跑出一套方法论之后再招更多人进来。私域负责人是整个团队的一号员工，如果没有招到私域负责人，就不要轻易启动项目。因为基层的编辑或者运营如果没有一个高维度的视野，会导致前期掉进更多的坑，让老板对项目产生怀疑。

所以一定要站在更高的维度来规划，先把负责人找到，再来安排后面的工作。

### 3.1.2 私域团队建设的规划

企业私域的内核是服务，它需要联动企业内部的各个团队。

今天聊私域和流量，基本上等同于聊微信生态。微信生态不是指公众号或小程序，它包括5个核心平台：公众号、小程序、微信、企业微信和视频号。企业私域通过布局新媒体矩阵进行全网传播，沉淀流量到微信生态，用公众号和社群管理用户，用小程序实现电商变现。

矩阵对应的是不同的新媒体平台，一个平台就要有一个独立团队，就算是同一个平台，不同业务线又要分不同的团队来完成。企业新媒体团队并不是一两个人或者一两个小组，而是很多小组的有机融合，一定要根据品牌发展的阶段组建不同的团队。

私域的顶层设计确定之后，就可以搭建团队了。私域团队的分工，初期可以相对简单，比如分为做生产内容的、做运营活动策划的和做流量及转化数据优化的。后期就需要更细化运营，团队职能也要更垂直。

企业搭建私域团队的三部曲：定策略、建矩阵、组团队（见图3–1）。

图3–1　企业私域团队建设三部曲

定策略：首先要定好商业模式，一般来说有4种商业模式，即品牌模式、服务模式、电商模式和O2O模式。

建矩阵：根据商业模式就能推出要做哪些新媒体矩阵，而新媒体矩阵主要考虑公域、私域和商业三大流量平台。根据不同的平台，选择用不同的新媒体工具，定好这些平台之后才考虑团队建设。

组团队：团队建设的战略规划一定是自上而下、分阶段建设的，不是一步到位，而是“小步快跑”。等商业模式测试跑顺后，再扩大团队规模。

在今天，大到企业经营的层面，小到一个小组的管理，它的核心竞争力都是人。

### 3.1.3 私域团队的组织架构

聊完团队建设的五个坑，接下来我们再看看应该怎么做。

新媒体运营等同于新媒体平台加运营。新媒体平台有微信、微博、抖音、小红书等，运营有内容运营、活动运营、电商运营、社群运营等，每个项目都能够组合出不同的新媒体岗位，比如微博文案策划、小红书文案策划、微信活动运营。一个企业的私域部门，一般会有两种分组方式。

第一种是根据业务逻辑分组，比如把内容、活动、用户分别划分为一个大组，统一管理内容，以及产出内容提供给各个不同平台。

第二种是按照平台属性分组，比如微信、抖音、小红书等平台各分为一个组。不同的新媒体平台都匹配专属团队，进行垂直运营。

其实很多公司的团队组建是这两种方式并存的，在不同的阶段，这两种方式可以有机融合。一般来说，企业刚刚起步时都是用第一种模式，发展到一定阶段会采用第二种模式；再往后因为不同的平台要相互关联，又融合两种模式，所以这是一个不停迭代升级的过程。

很多企业启动私域建设后，会把私域部门放在其他一级部门下面，此时私域部门的属性取决于管理的部门。如果私域部门在市场部门的下面，就有强销售属性，承担卖货责任。有些私域部门在品牌部门的下面，就是偏传播的属性，偏向公关或者传播。在运营部门的下面，它就偏向于运营的属性（见图3-2）。

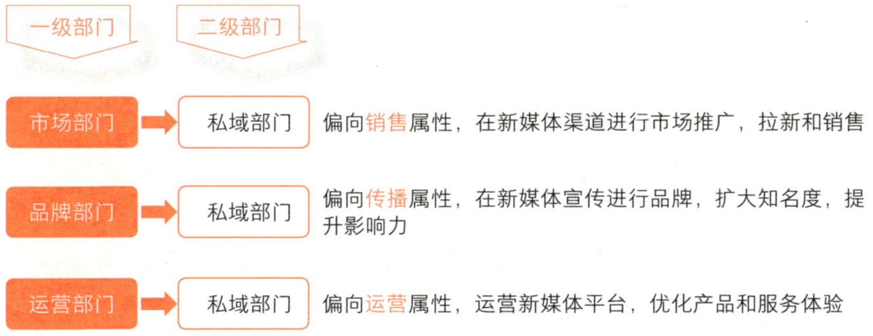


图3-2　私域团队的属性和职能

想要做好企业私域，一定要组建自己的私域团队，这是必须做的。同时，要将它提升为一级部门。只有把它提升为一级部门，才能够发挥新媒体的价值和优势。比如，不可能指望品牌部门承担销售业绩，也不可能指望销售部门做品牌传播，它们各有职责。

所以，私域部门应该是独立的存在，而且应该是一级部门。

企业私域的团队，分为七个职能小组：内容组、推广组、活动组、平台组、社群组、运营组和技术组。这是按照不同的职能分组，若是落地到具体的团队小组，会有新的命名方式（见图3-3）。

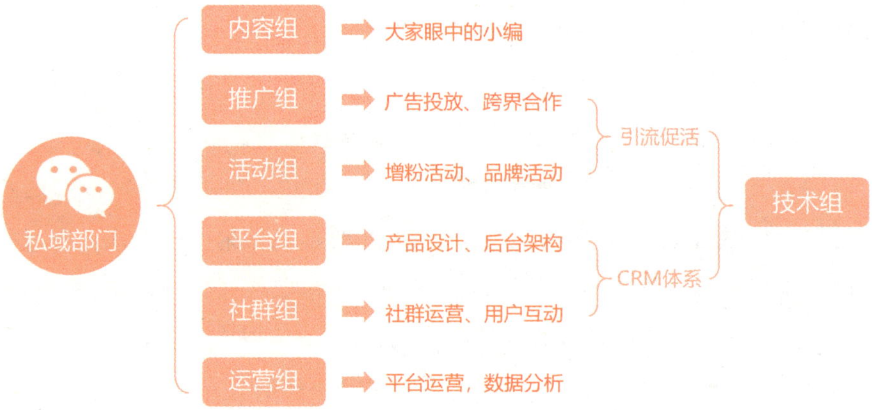


图3-3 企业私域部门的组织架构

内容组：这就是大家眼中的新媒体“小编”，主要负责全平台的内容创作，包括图文和短视频内容。一些大企业，把这个组扩展升级为内容中心，团队创作更精细、更专业。

推广组：负责广告投放和跨界合作，如朋友圈广告投放、视频号直播投流等，还有品牌之间的跨界合作，如联名活动等。

活动组：负责增粉活动和品牌活动，策划各种引流活动，还有品牌在新媒体平台的品牌活动。推广组和活动组都是负责做引流促活。

平台组：负责产品设计和后台架构，这个小组偏向于互联网产品开发和技术应用，比如开发品牌的社交电商小程序。成熟的大团队就需要设置这个职能小组。

社群组：负责社群运营和用户互动，简单来说，就是企业微信的运营者，包括私聊和群聊，还有朋友圈运营，这是对接用户的一线导购中台。

运营组：负责平台运营和数据分析，管理运营用户。不同的平台有不同的运营小组，比如视频号运营、公众号运营等，平台组和社群组就是我们说的CRM用户管理体系（CRM体系）。

技术组：引流促活和CRM体系背后都需要技术组的支持。对大部分企业来说，不需要组建技术团队，只需要用好技术工具就可以，比如企业微信的SaaS工具。

不同的行业，不同的品牌，有不同的需求，相应的规划是不一样的，可以根据自己的实际情况来画出相对应的规划图。

当下企业在布局新媒体矩阵的时候，要重点关注两大平台：微信和短视频。关于短视频团队的组织架构，可分为六个职能岗位：导演、演员、策划、摄影、后期和运营。视频号有短视频内容和电商直播两个板块，两者需要的团队也不同，短视频内容部门需要一个视频制作团队和平台运营，电商直播部门需要主播、场控和中控，这是两种不同的工作模式。

**我们要用管理一家公司的标准来看待私域团队，把私域团队看作公司内部的“小公司”，这样才能做好私域。**

### 3.1.4 想做好私域的团队，要做对哪些事

做好私域，要有天时、地利、人和。

第一是天时，即时间点。在不同的时间点，有不同的机会和红利，要选对平台，投对资源。比如，在私域场景方面，企业微信加视频号有未来前景，可以把预算和重心投到这两个平台上面。

第二是地利，即选好工具。灵活利用工具，提高效率，还可以通过第三方平台和工具让它发挥更大的价值。

第三是人和，即老板要带头。如果老板不重视，团队没有匹配资源，一定会执行不顺。老板要清楚私域的价值，也要充分授权给团队。

没做起来的私域团队，可能做错了什么？

在私域这条路上，还有一个超级大坑，那是期望的坑。期望过高，希望刚上道就达成交易，结果期望越高，落差越大。这就涉及私域的一个特性——“长、久、慢”。可能你拉了一个群，加了一个微信好友，要等到2个月甚至1年之后才会有成交。

给大家的建议是，私域的建设要慢一点，不能着急。做私域，流量的核心逻辑就是做复购，而复购需要花时间去培养。公域流量靠抢，私域流量靠养。

私域目标的制定，从时间维度分析，分为三个阶段。

第一阶段，探索阶段。启动私域后的前3个月，多关注过程性指标，比如涨粉数和留存率。因为这个阶段是要去测试私域用户喜欢什么样的内容和服务，控制在什么沟通频率不会被拉黑。在保证用户感到舒服、愿意接受的前提下，再去优化沟通的内容。

第二阶段，验证模式。时间为3个月到半年。关注阶段性效果，如转化型指标，即转化率、复购率、客单价等，看看目前的私域链路能否为增长导向。

第三阶段，完善优化。时间为半年到1年。中后期更多关注投入产出比、GMV等，开始测试成交方法和路径，为后面的全面推进打好基础。

# 3.2 企业私域团队的培养和成长

企业私域，不是一个人在战斗，而是一个团队，一个完整的大团队。关于私域团队组建、培养、考核和管理，行业内有不少标杆企业案例，我们分析其中的优点，再整理出方案。

## 3.2.1 企业私域团队成长的关键点

（1）单枪匹马的时代早已过去，军团作战才有机会。私域团队≠新媒体运营或编辑，新媒体是关乎产品、内容、活动、用户、商务和技术等多方面的平台体系，各项工作必须由专人专岗来负责。

（2）做好企业私域，一定要组建自己的私域团队。采用新媒体代运营本质上是渠道思维，并未将新媒体纳入企业数字化核心战略当中。企业首选是搭建自己的私域团队，从策略到执行都亲自执行、“小步快跑”、迅速迭代优化，将互联网思维融入企业的文化基因当中，否则下一波互联网红利到来时，你仍然只是一个过客。

（3）将私域团队提升为企业的一级部门。将私域部门置于企业战略的核心位置，给它匹配相当的资源和政策倾斜支持。部门直接向最高决策层汇报，从而自上而下快速推动企业私域向前发展。

（4）高层指方向，中层定策略，基层放手干。团队分工要明确，上下级职权也要明确。一些企业，往往不是方向和方法错了，而是困在流程上，小到一篇推文都需要主管、经理、总监层层审批，过程比传统媒体审稿还要复杂。

（5）和老板达成共同认识，是做好企业私域的关键。如果老板对私域的重要性没有强认知，那么，推动私域工作会非常困难，人员和资源也会很难争取。如果没有团队和资源，推动私域建设就是一纸空话。

（6）用管理一家公司的标准看待私域团队。很多新派品牌的公司架构中，所有部门都设有新媒体品牌中心、新媒体内容中心、私域商业部等。私域团队

一定是完整的商业闭环，即麻雀虽小，五脏俱全，

（7）匹配合理的人员数量，制定清晰的考核标准。私域团队有多少人合适？企业投入大量资源和人员并不能保证私域取得成功。企业应该依据新媒体矩阵，匹配相对应数量的人员。

（8）私域团队应该分阶段建设，不可一蹴而就。企业私域发展需要经历从0到1，从1再到100的阶段，不同阶段制定不同目标计划和建设对应的平台矩阵，所以要匹配不同的团队岗位，实现新媒体矩阵的完善和团队的完善齐头并进。

（9）组建私域团队，团队的第一个人应该是私域负责人。指望新招一个公众号运营或者内容编辑去摸索成长，只会让企业对新媒体的热情在一次次踩坑中消耗殆尽。要先高度规划，再落地执行。

（10）企业私域营销，唯快不破。学习要快，行动要快。私域人一定要适应快节奏的工作，随时随地进入工作状态，要适应远程办公和移动办公。

（11）私域运营，技术很重要。在私域日常运营中，SaaS平台能提供基本的需求。建议企业灵活使用第三方技术，特别是企业微信的深度应用。技术尤为重要。

（12）打造学习型团队。团队新人要快速学习新技能，除了掌握符合岗位的技能，还要有可以迁移融合其他岗位的技能，以方便每位团队成员之间高效协助和沟通。私域团队需要T型人才，一专多能，“文武兼修”。

（13）优秀的新媒体运营者至少是半个品牌营销人。在今天，新媒体远远不只是内容，还包括产品和品牌、销售、服务、用户、运营等。优秀的新媒体运营者，要有大局观和大视野，从运营实操到战略布局，都要略懂一二。

（14）能写，是私域人的基本要求。不要求文采飞扬，但是，能够准确表达和描述，是私域人或者说新媒体人的必备技能。新媒体离不开内容传播，想做好私域，必须懂得如何写。

（15）建立内部竞争机制，优胜劣汰。针对相同的工作岗位、团队小组，可以设置比赛机制，做到奖惩分明。战斗力强的私域团队一定不是在温室中成长的，而是在“小步快跑”、试错、迭代中抓住机会。

**（16）私域团队，时刻保持在线状态。**新媒体不只是工作的一部分，也是我们日常生活中的一部分。在日常生活中，团队成员要随时体验各种新媒体玩法，参与传播和互动，发现和挖掘其与自身品牌营销的结合点。

**（17）培养每个新媒体平台运营者的主人翁思维。**不要强制性要求团队成员在朋友圈分享推文、海报，不带感情的分享没有任何品牌传播价值。每个新媒体运营者都应该是品牌的目标群体。要做一个自己愿意阅读、乐意互动、喜欢传播的新媒体号。

**（18）私域团队要多内部分享，私域人要善于分享。**用户需求在变化，传播环境在变化，私域团队管理者需要定期进行内部分享和外部交流，让团队紧跟新媒体快速发展的步伐。

**（19）要走出去，拿回来。**私域团队的成长，切忌闭门造车，而应该积极主动地走出去，参加行业会议，参与业内业圈子交流，学习标杆企业的成功打法。

**（20）永远保持对新鲜事物的好奇心。**私域人，一定要热爱新媒体，要深度参与到新媒体的浪潮中，不要做旁观者。要对新事物敏感，每当平台有新功能出现，就要第一时间尝试；每当有新平台出现，就第一时间注册来玩。新媒体环境日新月异，好奇心是驱动你不停前进的加速器。

私域在今天，早已成为企业营销的标配，越来越多的品牌在通过私域飞速发展，而团队的建设尤为重要，没有人，一切都是空谈。

想要搭建好私域团队，应该怎样进行岗位考核？岗位考核很关键的一个点就是薪酬，将薪酬机制和业务挂钩，从用户增长、内容传播和销售转化三个方向进行数据量化，给各个岗位的员工都提供细化的岗位考核指南，包括岗位说明书和对应的考核指标。不过，要鼓励新媒体大胆试错和创新，灵活调整考核机制，给创新者额外的奖励。

### 3.2.2 新媒体T型人才

新媒体团队需要T型人才，即对各岗位的技能都要懂一点，并且有专长的某个技能的人。比如有一个员工是做广告投放的，他在广告投放这块非常厉害，而他同时又懂文案，这就是在企业新媒体里最受欢迎的人才。

怎么成为一个优秀的企业私域人？我从基层一步一步走到今天，回首走过的路，我总结出三点。

新媒体人需要的能力：探究力、学习力和行动力（见图3-4）。

图3-4　T型人才的能力框架

关于这三点我们展开看一下，其实这三个必需的能力放到其他行业也一样，你要养成思考和行动的好习惯。何为探究力？就是永远保持对新鲜事物的好奇心。学习力就是要学以致用，而不是光说不练，最好还要博览和杂学，不要光顾着自家的一亩三分地，要多走出去看看外面的世界。执行力就是不要做旁观者，而要做行动者。

说说我自己的故事。我是在新媒体实现自己的价值的，那我是怎么做到的呢？很久以前，我对新事物就很感兴趣，读初中的时候就开始接触互联网，从那以后，很多互联网产品我都第一时间注册和体验，也研究它们背后的赚钱机会。很多朋友看到我从事新媒体行业，以为我是文科生，其实我是一名理科生。这也是新媒体时代给普通人的机遇。

如何规划好我们的新媒体人成长路，分为四步：分析自己的优势；分析自己的资源；构建自己的目标；马上行动和持续学习。

第一步，分析自己的优势。尺有所短，寸有所长，你要善于发现自己和别人的不同，从细微处发现优势。优势是相对的，如果你在某个领域或某个方面做得比部分人要好，那么这就是你的优势。优势也是动态变化的，今天的普通技能可能在明天就会发光发亮，今天的优势也可能到明天就会变得普通。

第二步，分析自己的资源。我看到一些职场人把自己定义为“三无”人员——没背景、没关系、没资源。其实，你是没有发现而不是没有。资源分为两大类，一类是人脉机缘，人的资源；一类是产品资源，物的资源。

身边的社交资源远远比你想象的要多，你绝对不是一无所有的，但是要善于挖掘、善于发现。线上有虚拟的社交朋友圈，线下有真实的人脉关系，根据你的方向找到对应的圈子，然后在圈子里面深耕。

第三步，构建自己的目标。我们要制定一个小目标，从自己的兴趣点出发，但是在发展到一定程度之后也要勇敢走出舒适区。

第四步，马上行动和持续学习。知道但不做等于不知道。要做持续学习者，我的习惯是保持和不同行业的朋友交流，坚持读书学习，只有不停输入才能高质量输出。

**此外，还要关注三种思维：创新思维、数据思维和用户思维。**创新思维就是要拥抱变化，相信新生力量；数据思维是要让感性回归理性；用户思维是很容易被忽视的一面，其背后是同理心和洞察力。

先做对，再做好，最后是锦上添花。做对，要时机合适，方向正确，还要有咬定目标不放的韧劲。做对到做好，又是更难的一步、更大的挑战。

做长期主义者，不急于争朝夕。

# 3.3 企业私域团队的管理

私域的管理方案部署，从公司经营层面，可分为五个流程：方案研讨、流程梳理、系统配置、全员培训和机制考核。

第一是方案研讨，老板带头，企业的核心管理层参与研讨，制定私域策略；第二是流程梳理，私域负责人带头，梳理私域资源和获客成交路径；第三是系统配置，选择合适的工具，通过工具提高运营效率；第四是全员培训，这是到了执行层面，开动员大会，让大家清楚公司的私域战略，也给出落地的执行方案；第五是机制考核，定制规则，绑定利益，共进退。

其中，团队的关键决策人，要向上争取资源，向下传达到位。还要通过两大资源，让私域降难度。第一个资源是客户端资源，要策划福利活动，引导客户参与活动。第二个资源是员工端资源，要给员工证书荣誉、奖金激励。

## 3.3.1 私域团队管理五步骤

企业做私域，最关键的环节就是激励一线导购。下面以一线门店、一线导购为例，分析团队的管理方案。管理方案可总结为五步法：立榜样、绑利益、设目标、降难度和造氛围（见图3-5）。

图3-5　企业私域团队管理

第一步，立榜样。打造门店标杆和导购销冠榜样，让店员看到做好私域的成效。比如母婴店，有一个导购和别的导购不太一样，除了在门店忙，他平时还经常用企业微信和顾客聊天，有时候种草和互动，偶尔也发一些商品的信息、广告。当然很多时候，顾客未必即时回应，但是他仍坚持这个动作，因为这个工作量也不是很大，就是利用空闲时间和顾客聊聊天而已。坚持了一段时间后，他有一次在线上简单发了一条大促消息，别的店员的手机都没什么动静，只有他一会儿的工夫，线上就成交了10多单。要知道一个店员，平均1周也就不到20单，而他是业绩瞬间翻倍。

这些，就是通过私域成交的好例子、好榜样。

第二步，绑利益。让每笔成交都能溯源导购。线上成交的业绩，一样可以绑定员工收益。比如珠宝店，一般客户都是去店里购买钻戒，线上成交额很少，因为钻戒很贵，是需要专人服务、讲解，客户才会决定购买的。很少人会在平台上看了就直接购买，所以线上钻戒销量很低。

有了企业微信之后，想调动导购的积极性，卖定制钻石是个很好的切入点。导购可以通过企业微信和顾客进行一对一沟通，推销钻戒。特别是企业微信有客户标签的功能，通过客户标签能知道这个客户上次来看过钻戒但没买，于是导购就可以定向与其单聊。而且每笔成交还能溯源导购，算入销售提成。

为了鼓励这种线上交易的方式，珠宝商家还一度调高过线上的提成，这样大家就更有积极性了。结果发现，线上卖钻戒，卖得出乎意料的好。导购都能靠分销钻戒平均多赚30%。好的导购，以前一个月只有7000元工资，加上线上成交分成后可以赚到1万多元。

第三步，设目标。绑定利益之后，给团队设定目标。

设目标需要注意以下几点。

（1）所有目标都要以门店数据做依据，比如门店的日流量为60人，每天加20个客户，就是合理指标。不能要求每天加80个客户，这是不合理的。

（2）目标要有一定的挑战性，让导购需要努力才能达到。同时，给导购的指标要简单且容易看懂，比如客户个数、销售金额，一看就懂。

（3）制定目标后，不要直接下KPI给导购，而要开动员大会。通过动员大会，讲明白私域对大家的好处，也给他们提供相应的工具和方法，再让其开始执行。

第四步，降难度。这一步也很关键，需要手把手教会基层员工（导购）如何用好私域。

简单来说，就是总部把活动设计好、海报做好、文案写好，导购直接转发就能获客和成交，不需要导购花时间精力创作。当然，如果导购有内容创作能力并且愿意创作，那就是锦上添花。

比如，在企业微信设立快捷回复，建立好常用话术库；设立企业标签，协助导购快速打开标签；设立欢迎语，承接好客户以减少流失。总部要规划好这些动作，让导购可以直接用，这样就大大提高了导购的服务效率。

第五步，造氛围。通过排行榜+实时捷报，营造PK氛围。不同阶段采用不同的激励方式：前期，开办获客日常赛、突击赛等，PK获客数、好评度；后期，在节日、节气、周年庆等特殊时间，PK销量、销售额。

运营私域的目的，是获得更高的业绩。销售一定要做好，通过社群团购或电商直播的方式，让全员参与传播，然后追踪客户数据，做好利益绑定。

除了按照上面的五步走，从方法到工具，还要给门店导购真实有效的正向反馈，这样才能更好地推动门店私域落地。

### 3.3.2 用好标杆案例激发团队潜力

如何让门店员工（导购）习惯使用企业微信？说实话，门店员工只关心一件事情，即企业微信能否帮助他们提高工作效率，增加工资收入？

推动企业微信的使用，常常分为三个阶段。

第一阶段，使用企业微信基本的功能进行内部办公：比如员工沟通、开会、考勤、发布通知等，但这些功能在其他系统、平台也能使用，企业微信不具备差异性。

第二阶段，把部分业务环节放到企业微信：例如活动费用报销、客户线索获取、促销政策申请等，要求员工必须通过企业微信来完成，这在一定程度上会提高员工使用企业微信的频率。

第三阶段，结合客户运营转化流程，搭建私域流量池：通过个性化的开发，增加营销类应用，如抽奖、组团、老带新、发放优惠券等，帮助员工更好地管理和服务客户。

例如，新员工刚入职家居企业，对装修的了解还不够专业，不知道如何跟客户打交道。此时，企业在企业微信上提供的标准话术，能方便新员工快速熟悉服务客户的流程和标准。企业微信的工作台新加入了“裂变活动”的功能，员工可以在自己建立的小区装修群里发起裂变活动，一天时间就能带来几百个周边的潜在客户，比到小区里发放广告单高效得多。当客户添加了员工的企业微信后，便形成服务绑定关系。总部通过视频号发起促销直播活动，员工可以大胆把客户引导到直播间里做转化，毫无疑问成交后员工会获得相应的销售提成。他的业绩提升了，工资也会随之增加。一旦某位员工能通过企业微信获得价值，其他员工便会纷纷效仿，这样比企业规章制度更能有效地推动企业微信的使用。所以家居企业在门店员工的培训当中，应该多宣传员工使用企业微信的标杆案例。

有了工具的加持，员工更容易摆脱机械化的工作流程，把精力投入研究客户需求，提供更贴心、更优质的服务中。

公域重流量转化，私域重客户服务。

## 3.4 重服务行业O2O私域解决方案

重服务行业，一般都是高客单价，而且具有很强的线下属性，因此获取销售线索是关键的一步。如果做的是小众产品，更需要精准客资，不要做泛泛传播，浪费转化资源。比如，做一个视频号，策划垂直内容和精准投流，不追求播放量，只需吸引潜在客户，不必热热闹闹。

公域获客，私域成交，再转向后端产品服务。三个环节，环环紧扣。

高价值客户在哪？圈层、圈子和资源渠道更偏向于私域，而新渠道是公域，短视频（抖音、视频号）和小红书，则是公域获客的兵家必争之地。

运筹帷幄，排兵布阵，投入人才和资源，先筹划再战。

微信生态的新玩法是以视频号作为宣传和引流入口，主要做两类账号：一类打造IP，另一类介绍产品。短视频引导用户加企业微信，运营内容让用户进一步了解产品。然后开播，激活私域用户，在直播间促成成交。同时选择标准的引流产品，引导用户到线下体验，再消费正价产品，比如家居行业就很典型。重服务企业通过分析行业的私域建设和业务流程，特别是团队搭建和配合，再拆解私域团队落地执行和工作流程。

传统的经销商管理体系中，总部和经销商客户数据不互通，总部对客户数据无跟踪，无法形成销售闭环，导致客户来源不稳定，企业客户资产无留存。

家居行业是典型的重服务行业，且私域是典型的O2O模式，接下来将以家居行业为例进行讲解。

### 3.4.1 总部VS门店

提到家居企业的私域，常见的问题有：高价低频难以产生复购，还有必要做私域吗？决策周期长，怎么用私域工具持续激活客户？因为是经销商体制，门店不配合总部私域部署怎么办？

家居企业经营体系复杂、产品决策门槛高、转化链路长，给私域营销落地带来一些困扰，但这也是私域赋能业务增长需要解决的痛点。

从渠道经营的角度看，家居企业主要以经销商模式为主。例如，某家居企业在全国拥有500多家门店，门店全部采用加盟经营的方式来销售这家家居企业的产品和服务。门店和企业总部可以视作两个独立的经营体系。

在搭建品牌私域的过程中，门店常常忌惮总部会把客户流量给拿走，缺乏安全感。总部想做好私域，门店不愿意配合，这是横在两者之间的一道天堑，难以逾越。

但我们清楚，没有永远的敌人，只有永恒的利益。

家居行业经销商体制的存在价值，体现在它充分利用了家居企业和加盟门店的优势。家居企业拥有产品和品牌力，而加盟门店能找到目标客户，并承担上门量尺、设计出图、装修施工等最后的交易环节。

企业私域不应该去改变这种经销商体制，而应该去适应它。

**私域不是改变企业原来的组织结构生意模式，它最核心的属性是客户服务，以及为其他销售渠道赋能（见图3-6）。**

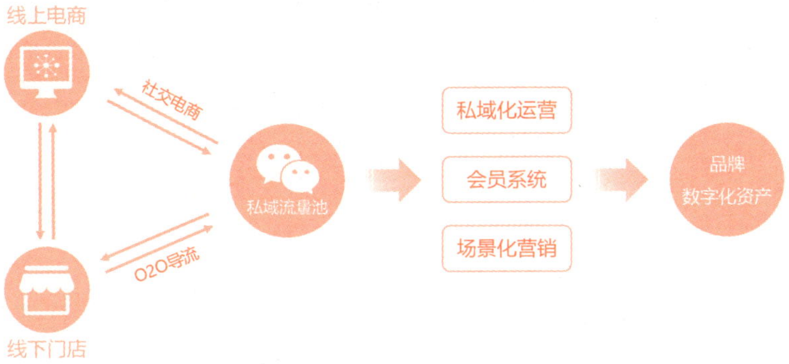


图3-6 企业私域O2O模式

举个例子，某家居企业曾尝试在总部搭建私域流量运营和转化的体系，从客户咨询服务到量尺、出图和成交，都交由总部私域部门来完成，而加盟门店只承担最后的上门安装服务，结果发现这样效率非常低。因为面对全国市场，总部的服务能力无法有效触及市场终端的客户，沟通成本巨大。于是这家企业的总部果断放弃了这种私域运营方式。

总部营收主要由加盟门店所决定，门店经营好，家居企业的营收自然随之上涨。为了帮助加盟门店做好生意，家居企业常常设置市场或者企划部门，通过品牌推广、产品包装、活动策划等方式，帮助门店获取和转化客户。同样，家居企业私域营销需要总部和加盟门店做好角色分工，齐头并进。

### 3.4.2 总部和门店互相协作构建营销闭环

家居企业私域是典型的O2O模式。以装修为例，其费用从数万元到数十万元不等。客户在下单购买之前，门店店员和设计师会跟客户反复沟通和确认装修的用料、风格和价格等细节。

如此高决策门槛、需求个性化的消费产品，更需要线下面对面沟通。

当客户在公众号咨询装修事宜，会有总部的微信客服引导其留下手机号，然后另一位客服会通过电话联系客户，初步了解客户的装修需求、地址等信息，接着会有门店的销售人员继续电话联系，邀约客户到门店进一步沟通，或者上门量尺寸。同时，销售人员会用企业微信加上客户的微信，把符合需求的装修案例图文发给客户做参考。

微信私域平台包括公众号、企业微信、视频号、小程序，可以帮助家居企业转化客户。

家居企业的公域和私域推广，都指向“获取客户线索”这一个目的。“客户线索”可以是手机号，也可以是微信号。销售或者客服部门，会通过手机号、微信等联系方式，把客户引导到门店或者上门量尺，线下见面才是家居企业转化客户的关键场景。然后，为了更好地转化和促成成交，家居企业可以充分使用私域工具，如企业微信上的客户画像、小程序和公众号上的装修案例库以及视频号的促销直播活动等。在使用私域工具、转化客户的过程中，总部和门店承担的角色不同。总部负责公域、私域流量推广，获取客户线索，而门店使用微信工具做好客户服务、转化、成交，以及房屋装修。

门店加入总部的企业微信体系，通常有两种方式。

第一种，门店使用自己的主体创建企业微信账号，然后通过企业微信的

“上下游”功能，和总部的企业微信账号连接，形成互通关系。总部也可以通过企业微信的“上下游”功能，和门店直接沟通，并共享资料文档，以及工具应用。

第二种，门店员工加入总部的企业微信账号，直接使用总部企业微信提供的工具和应用。

采用“上下游”的方式，保障了加盟商门店微信运营的独立自主，但它需要加盟门店组建专门的私域团队来运营，否则无法带来有效的营销价值。

采用总部和门店统一运营企业微信的方式，一方面能减少门店的资源投入；另一方面要求总部对门店的员工账号做好权限的区隔，避免带来管理上的混乱。

两种方式各有利弊，需要做好权衡和取舍。建议具备自主运营私域能力的门店，可以选择“上下游”的方式加入总部的企业微信体系，不具备自主运营私域能力的直接加入总部的企业微信平台即可。

### 3.4.3 企业微信是重服务业O2O最好的私域工具

过去聊微信私域营销，我们更多聚焦在公众号、小程序和微信广告等平台，然而这些工具主要由企业总部运营。在家居行业，门店要想组建一支团队来运营公众号、小程序等，从经营成本来看并不现实。比如，做区域性的微信广告投放，门店甚至要主动缴纳费用让总部来帮忙投放。这一方面是因为总部有专业的推广团队，能确保传播效果；另一方面是因为总部统筹广告投放，能拿到更多的流量资源，投入产出比更高。

随着企业微信4.0版本发布，企业微信真正起到了连接企业、上下游和客户的作用。通过企业微信，门店员工可以使用总部提供的官方内容和工具，为客户提供更好的服务，提升客户运营和转化的效率。企业微信4.0在协助企业的工作方面有4点价值（见图3-7）。

图3-7　企业微信4.0的价值

（1）办公更高效：门店加入总部企业微信，或者自行创建企业微信，和总部企业微信构成上下游关系，都会使得门店员工和总部联系更加密切，业务、财务、信息流程都能通过企业微信完成。

（2）服务更优质：总部在企业微信上构建标准话术、员工培训、装修案例等工具，帮助门店员工更好地服务客户，解决客户需求。

（3）管理更精细：当企业微信、微信生态其他平台，和企业的客户营销、业务管理系统等打通后，对于从客户获取到运营、转化、服务跟进等一系列过程，门店管理者都能一目了然。

（4）营销更智慧：总部还可以在企业微信工作台开发很多标准的、有效的营销工具，比如拼团、抽奖、发红包、群运营流程等，帮助门店员工更好地完成客户获取、运营和转化工作。

跟钉钉和飞书相比，企业微信不仅可以作为OA工具连接企业内部，还可以连接企业外部的客户，可以说，它是最好的私域工具。对于家居企业而言，企业微信不仅是一个客户获取和转化的平台，更是总部和门店业务数字化的工具，还是员工服务客户的强大助手。

对于企业而言，推动企业微信的应用，可以沉淀客户数字资产，让总部到门店的营销动作协同更加高效，但如果不能打通门店，这反而容易成为双方管理关系上的矛盾点。加盟商需要的往往不是“高大上”的营销概念，而是切切实实解决他们日常经营上的问题。例如，销售员工的离职导致原有客户关系的流失，而使用企业微信的离职继承可以持续服务客户。又如，在装修过程中，一个客户需要门店销售、设计师、装修师傅乃至店长多人跟进服务，信息的传递就变得非常关键。使用企业微信，客户资料可以及时同步所有业务信息，方便员工更全面地了解客户的需求，提供更精准的服务。另外，门店常常放着一些装修的案例图册，给客户查阅。但这些实物的装修图册不仅成本较高、更新缓慢，还容易丢失。而使用企业微信的电子图册功能，不仅可以随时随地在线发给客户，而且能及时更新，方便查找。

以上这些企业微信的应用场景，都是针对具体的门店经营问题提出的解决方案。企业微信能提高效率、降低成本，门店甚至会为了获得这些工具的使用权而付费。

### 3.4.4 重服务业的企业私域需要CEO重视

企业要实现业务数字化，需要多个部门配合协助。用好企业微信，已经不是某个私域部门就能独立完成的事情了，行政、财务、产品、市场部门，以及门店都需要参与其中。

家居企业使用企业微信运营客户，从获取到最终转化，周期比较长。相较于公域流量成本高、转化见效快，私域流量运营是一个建立信任的过程。它把陌生的潜在客户，转化成有明确需求的、对品牌产生信任的客户，因此私域需要更加长的运营时间。

此外，对于企业微信这一新工具的使用，任何一家企业都必然面临重重困难，员工习惯性地不接受、不配合，各个部门意见不统一，所以需要最高管理层做出统一指示，避免举棋不定带来内耗。从见效时间、价值定位、落地使用等方面综合分析，企业微信在企业内部的推广应用，必须由具备决策权力的最高管理层推动执行。

**企业私域是一项CEO工程，并不是说由CEO带领团队来做私域，而是CEO充分授权，给予足够的资源和信任。**

例如，某家居企业，由总裁牵头，成立了名为“新零售赋能”的一级部门，负责全国500多家门店的企业微信推广和应用，通过线下培训的方式指导门店店长、销售、设计师等员工使用企业微信服务客户。同时，新零售赋能部门内成立技术小组，根据门店员工的需求，在企业微信上开发用户管理、线上活动、销售物料等功能，大大提升了员工使用企业微信的积极性，从而带来销售收益。经过1年时间，其全国90%的门店都加入了企业总部搭建的企业微信运营体系，建立了超过10万个VIP客户群，通过新客户拉新和转化，直接给门店带来几千万元的新增营收。该企业由此迈出了企业私域营销成功的第一步。

## 3.5 家居品牌“索菲亚”私域架构和团队建设

索菲亚家居于2011年在深圳证券交易所成功上市，是行业内首家A股上市公司。公司建立起覆盖全市场的完善品牌矩阵，产品覆盖衣橱门全品类，实现纵深渠道全面发展。索菲亚家居连接工厂、总部、门店和顾客，率先实现内外一体数字化（见图3-8）。

图3-8　索菲亚家居成为微信公开课PRO标杆案例

家居行业是典型的高价低频行业，客户有四大特征。

第一是购买决策谨慎。因为客单价高，所以客户在做购买决策时非常谨慎。

第二是需求周期长。但期间有很多客户触点，企业做私域的时候，有很多机会去切入，与客户产生联系。

第三是有对专业知识的获取需求。装修过程中，客户往往需要学习很多专业知识。

第四是交流欲望强烈。装修期间，客户都需要学习，装修交流群往往非常活跃。

同时，家居行业有两大痛点。

第一，客户到线下门店体验时，基本上50%的客户离店后，品牌方就无法再次触达这些客户。

第二，线下导购水平不一，学习内容和营销的工具相对匮乏。客户转化很大程度上依赖导购的个人能力。

于是，索菲亚家居总部就设计了一个从客户关注到客户成交的完整闭环。通过公众号、社群等形式，先跟客户建立联系，再通过服务，促成转化成交。

索菲亚家居首先创建丰富的触点，从公众号到小程序、社群、企业微信、视频号等。粉丝通过这些触点关注后，不一定马上就有需求，企业要与之保持互动，比如鼓励他们做用户积分、抽奖活动。有一个专门的客服团队去承接这些粉丝，提供人性化服务。在公众号上强化索菲亚“柜类定制专家”的标签，让粉丝对品牌产生信任，形成相对其他品牌的差异化认知。粉丝在对品牌有了了解和信任之后，可能会产生需求，企业之后再提供一些零门槛的设计服务、小程序计算预算、体验在线案例等。最后一个环节就是促进购买成交了，企业会通过分发代金券、配件券秒杀等活动，引流粉丝到线下门店使用。

从引流到成交，私域运营的最终目的之一是GMV增长，索菲亚家居布局非常清晰。它做的其实就是一个O2O运营模式，通过线上用户运营链路让粉丝成为有效的、有购买意向的客户，再通过CRM系统把客户引流到线下，进一步为他们提供服务。

### 3.5.1 高举高打，建设私域流量池

索菲亚家居线下有数千家门店，它通过线下渠道形成第一波种子客户。有了种子客户后，再做客户裂变，客户裂变的增长其实是非常可观的。

索菲亚家居用了非常多的工具和方法，比如，裂变海报、H5、拼团砍价等形式。还用了一人一码的逻辑，这是一套搭载于整个微信系统的工具，每个导购都有一个专属二维码，成交业绩都会通过这个系统核算归属到个人。还对门店实施了一些奖励和强制执行的措施。这一套系统很快就推行到了线下，完成了企业第一个100万元销售额的小目标。

方法没有新旧，就看好不好用、有没有用好，数据会给你反馈。

完成客户拉新后，索菲亚家居接着做了很多培养客户黏性的玩法，包括日常的签到、积分商城等，还提供案例图库、算预算、家装视频等粉丝迫切需要的一些内容，另外，索菲亚家居在小程序商城也举办了一些秒杀拼团活动。通过这些工具方法给客户提供价值，促进其转化。

索菲亚家居并没有把新媒体运营局限在新媒体团队里，而是跟其他线上团队、线下门店等都有深度结合，真正搭建起一个能实现企业业绩增长的模式。

索菲亚家居还通过用户的Union ID，将微信用户在微信生态及企业内部系统数据实现唯一关联化，然后通过CRM系统陈列用户基础画像，通过企业微信系统沉淀用户标签，这些标签都会沉淀在整个底层数据中心里（见图3-9）。

图3-9　索菲亚家居企业微信服务客户，全流程追踪分析

定制家居行业整个的服务周期非常长，为了获得后续的服务，99%的客户都会添加导购或者设计师的微信。

当认定企业微信是一个构建未来核心竞争力的机会后，索菲亚家居执行总裁非常重视这一点。企业高层谈好一系列的执行方案之后，从上至下完成整个推进链路。通过一些奖励跟强制的措施要求门店全力跟上总部的步伐。企业微信可以从服务营销等多个维度把终端的竞争力提升上来。企业也对终端做了很多培训。体系化的框架方案，针对不同的客户阶段要做不同的动作，这些都有非常详细的培训课程，帮助导购慢慢熟悉和使用企业微信。

CEO带头发起私域建设，全国落地培训，总部私域中台给一线导购赋能。

### 3.5.2 索菲亚家居客户的分层运营

交互浅、购买意向不明确的普通粉丝，要对其做传播裂变；把有意向的客户拉到装修交流群里，然后去促成转化；有些留了资料但没有到线下成交的客户，可以通过一些社群促使其到店成交；针对已下单的客户，主要是促成其转介绍。

索菲亚家居除了有自己的客户池，也做一些合伙人的社群，利用其资源去做分佣带单。

家居行业，一般很少建微信群，营销时常建业主QQ群，方便线上会销。微信以个人号为主，做一对一私聊服务。常规的打法是线上通过社交广告引流到公众号，再从公众号分流到个人号。而新的打法是抖音等短视频平台引流，微信个人号沉淀，还有就是企业微信的营销应用。

企业新媒体不是自媒体，应该以自己的产品为核心内容。公众号是否成为企业内刊，关键看其是否对粉丝有价值，从粉丝体验角度去写内容。

举个例子，一款沙发的产品种草文，如果只讲自己产品的材质、工艺和价格，就容易陷入自说自话的境地；如果在一篇教大家如何选购沙发和选择装修搭配风格的文章中，顺带介绍这款沙发产品，粉丝则更容易接受。新媒体的内容应多从使用场景、客户需求方面去考虑。

全屋定制的产品，老客户的复购频率几乎可以忽略，而在私域流量池，可从维护老客户关系的角度切入，结合老带新和分销的方式来获取新客户。换一个角度来看老客户，高频的家居用品消费将是老客户长期的需求，因此可以通过家居用品特惠和社交裂变，激活老带新。

根据客户的特性，梳理出能精准触达的点，再去选择是用社群、公众号、小程序，还是视频号直播等方式。对于新进入私域板块的企业，要先定义业务逻辑，提前想清楚业务模式和业务结果，再去考虑整个组织架构的适配性，这样才能把后面的数据结构做好。

### 3.5.3 索菲亚家居企业微信联动视频号

索菲亚家居将企业微信和视频号很好地结合起来。首先他们用视频号来进行直播，在直播中用发红包、抽奖等形式吸引客户，引导客户到直播间观看直播（见图3-10）。

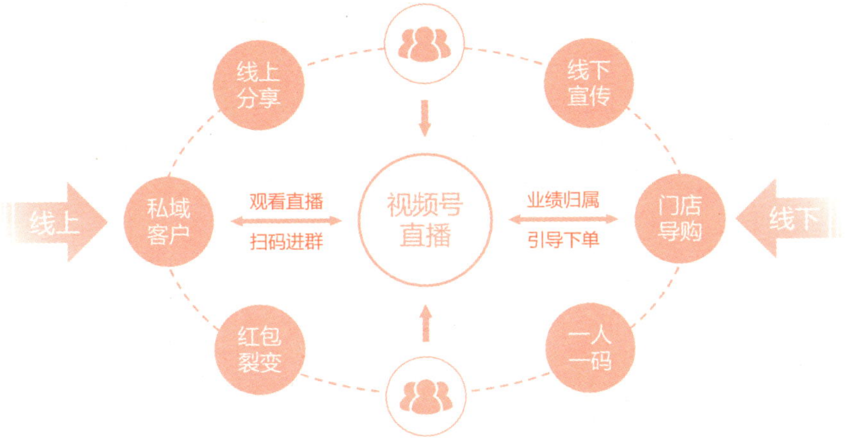


图3-10　视频号直播，线上线下用户运营

家装行业是一个消费决策周期较长的行业，客户从产生消费想法到最后成交，中间要经历很长的时间。客户到直播间留下自己的联系方式或是交了定金之后，企业根据客户留下来的线索，进行后续的跟进服务。用打电话或是加企业微信的方式联系客户，将客户引入群聊里来，在群里再次开展发红包等福利活动，并鼓励客户将产品信息分享到朋友圈。另外，还有专属顾问跟客户进行一对一的私聊，引导其到门店看产品、看设计方案，最后完成交易。

视频号本身依托于整个微信生态，用线下资源去跟线上产生联动，比如在线下做很多宣传物料摆在门店，同时所有线上渠道都发布直播的宣传。针对现有的私域客户，引导其到视频号上来看直播，另外线下导购的资源也会被引到线上，以红包裂变以及分享朋友圈的方式，产生社交裂变。客户进到直播间之后，通过直播间导购的引导，又会回到私域。另外，线下也会通过导购引导客户来直播间下单，因为直播是联合线下收款一起做的活动。为什么说视频号和社群是一个很好的机会，这是因为通过视频号直播引入私域的客户其转化率非常高。家居行业在社群里最重要的是做客户分层运营，根据客户的属性去定义他们。

发展到今天，索菲亚家居的私域早已成为标杆，也多次登上腾讯微信的官方大会，在每一个关键时间点，都“高举高打”，投入匹配的团队和资源，快速试错，然后全面铺开。

企业微信和视频号，是私域的左右手，对于重服务、高客单价的行业而言，索菲亚家居是很值得学习和参考的标杆。

# 第4章 私域计划制定和落地

## 4.1 企业如何从0到1高效搭建私域

企业从零开始启动私域，通过能力、策略、方法和方向四个板块，分析私域计划制定和落地，以及如何用好企业内部资源和团队。

私域的顶层设计分为三部分：定策略、建矩阵、组团队（见图4-1）。

图4-1 企业私域的顶层设计

定策略是想清楚为什么做这件事，包括我们可以怎么做；建矩阵指的是建立新媒体平台账号的矩阵，包括小红书、微博等；组团队是要知道由谁来做这件事情。

企业在公域流量中进行广告投放，客户通过扫码或是搜索关注，如此促成客户的初步沉淀。企业再利用服务号的专业内容和企业微信的深度服务来运营客户，构建起属于企业的私域流量池。接下来企业在流量池中持续运营，通过小程序和视频号等工具提供产品、服务、短视频、直播等内容和价值输出，最终促成客户的转化复购。在各环节都应关注用户的满意度以提升客户口碑，实现他们的主动社交裂变，从而更好地吸引新客户。这是私域运营的一个完整闭环。

搭建团队属于基础部分，团队内有内容组、推广组、活动组、平台组、社群组、运营组以及作为支撑的技术组，以上的各个环节都需要有强大的团队作支撑。

现在企业私域营销获客路径已经逐渐成熟，能总结出一些标准化的东西，适合大部分想做私域的企业去参考。

### 4.1.1 能力：企业做好私域需要四大能力

企业想做好私域，需要具备四大能力：领导的决策引领能力、有组织的迭代能力、全域营销能力和数据整合能力。

第一，领导的决策引领能力。老板要带头，并且重视这件事情，包括对等的资源的投入，如组团队等。一定得老板带头才能搞定，这是开始的关键。

有一个经营母婴用品的公司，在2019年就下定决心做私域，非常坚决。原因是公司在融资的时候，投资方发现90%的交易都来自同一个电商渠道。虽然他们在这个渠道做到了全网top3，但还是没有投资方敢投他们公司，因为这相当于把所有鸡蛋放在一个篮子里，假如这个平台不给这个公司资源了，那对品牌来说就是致命的打击，风险太大。

所以创始人下定决心，要走出一条新的赛道，来增加企业的营收。私域就是他们的选择。刚开始推动私域建设，内部的阻力就来了。在搭建私域时，肯定要把平台公域的流量导入私域里。结果在第一步，电商平台负责人就很明确地不配合。因为他认为这是分了自己的业绩，必然会影响他掌管的平台的营收。CEO在内部发邮件："要么支持，要么离职。"后来私域的建设顺利推动，客户资产沉淀下来，业务也更加稳定。

第二，有组织的迭代能力。接下来需要组建一个小团队。在定好方向和目标后，把一个基础的团队先组建起来。

前期组建一个小团队，负责人把控方向和争取资源，后续壮大即可。如果内部没人，可将外包和自建团队结合。同时，还需要投入一定的广告费用拉资源。

私域经营不一定要花钱，但一定要CEO用心，关注重要节点，出席相关会议。

有关团队的搭建，本书有独立篇章介绍，这里就不展开细说。企业要做好私域，一定要做有组织的迭代，而且是自上而下建设团队，给私域团队充分的授权和信任。

第三，全域营销能力。私域和公域，都要投资源去做。公域导流，私域沉淀，要把两者的数据联通、业务联通。

以传统超市为例，现在网购迅速发展，超市门店客流减少，而且顾客购物习惯发生变化。在传统的联营模式下，销售数据不完整；百货品牌配置同质化，使得顾客忠诚度降低；海报、短信等传统宣传模式，有效性较低；场地及人力成本又不断上涨。

反之，开展线上购物，推进会员和商品数字化管理，能提升经营效率，这种方式势在必行。

在获客阶段，实现商城私域就是品牌公域，实行双边会员；在成交阶段，通过小程序、百货到家实现全天候服务；在举办促销活动阶段，通过私域、社群、社交活动带来新流量，复购反哺门店成交。全流程数据打通，每一个客户行为、每一件商品、每一个导购皆可数据化，实现全流程闭环。

第四，数据整合能力。企业运营私域到一定阶段，要进行规模化管理，除了要有专人跟进，还需要有一个数据中台。

在私域里，企业微信扮演着重要角色，它是企业、员工和客户的连接器：企业通过SCRM赋能企业微信，收集客户数据，通过数据分析客户消费行为，再指导员工提供更好的服务给客户。面对企业四处割裂的数据，如果决策层没有办法运用起来，就相当于企业拥有一座金矿却视而不见。

### 4.1.2 策略：企业私域如何赋能业务

互联网的发展让客户的注意力被分散，想要更好地维护客户关系就要用更多的方法和手段，其中不外乎要更新工具。微博、微信、抖音、小红书、知乎等新媒体平台都是可以用来维护客户的工具。但是本书要讲的微信与以上几个平台有本质的不同——微信是一个强社交平台。

相信大家都很熟悉从传统电商到社交链的转变，传统电商包括天猫、京东、淘宝、拼多多等，而社交链则是微信平台。

这背后的本质是流量思维到用户思维的转变。

以前做产品，我们只需要关注产品本身品质，再加上在不同的途径上投放广告。广告投出去后，客户看到，客户走进来，完成交易，这一过程就结束。客户离开后，商家就很难再触达。但是现在，我们需要把客户留下来，留在微信平台上，跟客户不停地产生交集、产生互动、产生联系，让客户复购、转介绍，参与品牌的线上活动。

一个私域的运营，覆盖了以往很难实现的长链条营销，从更长远的角度来看，这就是品牌的数字化建设。

企业要做好私域，就要搭建好基础设施，私域基建直接影响私域效果。

私域基建包括三部分：业务逻辑、组织架构和数据系统。

私域部门的架构一共分为七个小组：内容组也就是大家眼中的小编；推广组负责广告投放和跨界合作；活动组负责举办增粉和品牌活动；平台组负责产品设计和后台架构；社群组负责社群运营和客服互动；运营组负责平台运营和数据分析；技术组承包所有互联网产品的研发工作。

首先要确定私域团队的负责人，然后再分阶段组建私域。

### 4.1.3 方法：私域获客和变现的路径

私域流量池有三个特点：自有流量、免费使用、重复触达。

私域流量不仅是指微信公众号，而是整个微信生态，包括公众号、小程序、个人微信、企业微信和视频号。这五个产品平台，缺一不可（见图4-2）。

图4-2　微信生态=私域流量池

搭建私域流量池，首先要解决引流的问题。企业寻找和沉淀客户有三条路径。

第一条路径，通过PC搜索、在微博和抖音上投流、线上广告投放等方式，传播品牌和推广产品，引导客户关注和消费。这是非常典型的公域流量。

第二条路径是私域流量，当客户关注了公众号或是看到了视频号的内容，对产品产生了兴趣甚至消费，那么企业就有机会将流量沉淀进私域运营。

第三条路径是将前两条路径相结合，将各个途径带来的流量都沉淀到私域里，并通过会员系统做精细化营销，这样就能形成品牌的数字化资产。

公域沉淀私域，私域反哺公域。

重点看看有线下门店的企业，它们有一个很大的优势，就是每天都能接触到大量的精准客户，问题就在于如何把这些客户留存下来并进行运营转化，增加复购和新客户。例如，在门店放个二维码，引导客户关注服务号或者添加企业微信好友，然后引导客户通过线上小程序来下单，这样就可以把客户沉淀到自己的流量池。沉淀的关键是门店提供一点优惠让利，且这样的成本是可控的。

很多人觉得变现就等同于销售卖货，这个说法没错，但它是一个狭义的理解。

变现的广义理解，有三个维度：第一是销售，通过新媒体平台把产品卖出去，把服务推出去；第二是粉丝，通过活动，公众号涨了粉，尽管没有直接产生销售额，但它是企业的数据资产；第三是品牌传播，例如推文有10万阅读量，活动有100万的PV（Page Views，页面浏览量），达到了扩充“声量”的目的，也属于变现。

私域有三个功能板块：品牌公关、市场营销和用户运营。这三个板块分别对应上面私域变现的三个维度，品牌公关做品牌传播，市场营销做产品销售，用户运营做粉丝沉淀。

### 4.1.4 方向：私域运营新的增长机遇

企业微信是唯一可以打通微信的办公工具，对内信息流转高效，对外连接微信用户，因此企业微信做社群运营的优势明显。

说到获取客户精准画像，就引出了这样一个知识点。相较于个人微信，企业微信提供客户的UnionID，对客户建立统一的画像和标签，App、官网、H5、小程序、公众号、企业微信等都能通过UnionID将数据打通。

现在聊到数字化建设，就是想获取客户信息，然后将其沉淀到企业后台，再对客户进行精细化运营和精准营销，而企业微信满足了这一要求。

企业私域搭建路径，分为十个步骤（见图4-3）。

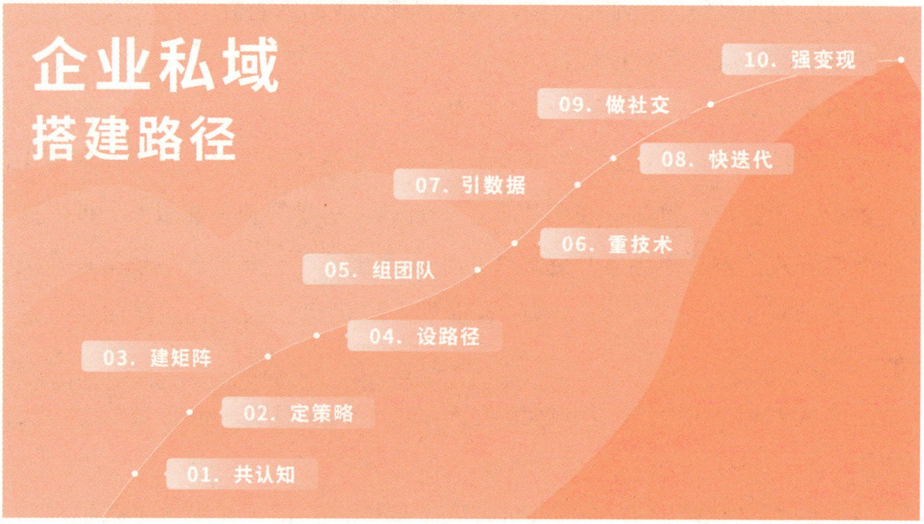


图4-3　企业私域搭建路径

第一步，共认知。把私域提升到企业核心战略地位，高度重视并高效落地。企业内部要自上而下统一认知，特别是高层管理者，要对私域建设充分授权。

第二步，定模式。企业私域的主流模式有品牌模式、服务模式、O2O模式和电商模式，要定好方向，这有助于沉淀品牌社交数据资产。

第三步，建矩阵。根据私域模式，打造品牌私域流量池，布局全域流量矩阵。微信生态的五个平台要互联互通，且重点运营企业微信和视频号。

第四步，设路径。搭建私域流量池，首先要解决获客问题，梳理企业的流量渠道，制定获客策略和方法，然后转化路径，在不同场景制定不同的转化方案。

第五步，组团队。一定要团队作战，正规军才有未来。设立七个职能小组，实现专人专岗，并且进行阶段性建设，而且不同的平台要有专属的运营团队。

第六步，重技术。要重视技术，用好技术。比如，用小程序搭建商城，用营销工具丰富企业微信应用。技术驱动运营，实现精准营销，提高效率。

第七步，引数据。私域沉淀客户数字资产，实现公域私域全渠道数据互通。全链路追踪客户数据，分析并应用数据，通过数据指导运营。

第八步，快迭代。新媒体时代，无快不破。特别是当有新平台出现时，一定要“小步快跑”，大胆试错，不断验证模型，再扩大规模。

第九步，做社交。社交电商时代，先社交，后电商。以用户需求为导向，围绕社交关系裂变传播。微信本来就是一个社交工具，打造私域更离不开社交。

第十步，强变现。所有的运营，目的都是变现。变现不单单指销售产品，用户积累、品牌传播也是变现，要做到品效合一，创造业务发展的新的增长点。

**从能力、策略、方法到方向，私域是一个长期的战略工程。**

从策略上讲，要想企业私域能够赋能业务，就要将流量思维转变为用户思维，用客户服务为其他渠道赋能。运营层面，用微信生态的工具对私域进行科学运营，记住获客和留存的路径以及客户分类方式，对应选择适合自己的运营模式。将私域营销提高到战略高度，搭建专门团队，专人专岗。最后要坚定方向，用好企业微信，为企业构建营销闭环。

私域运营的重心在于对用户关系的维护，为用户提供贴心服务，加速信任和转化过程。用技术驱动运营，精准营销，提高效率。

# 4.2 企业私域的业务类型和运营模式

很多企业做私域容易踩的坑就是“既要、又要、还要”，价值导向不清晰，后续的动作一定会变形，特别是在建设初期。建议团队上下一定要对私域的价值达成共识。

做私域首先要思考的是，为什么要做私域？也就是私域能帮企业解决什么问题。

面对这个问题，建议企业根据自己的产品特色来思考，从产品消费的频次高低、单价高低等方面去思考。清晰私域的业务类型和运营模式后，再制定相关运营方案。

## 4.2.1 私域能解决什么业务问题

根据用户的消费频次，以及产品的定价金额，分析用户在衣食住行不同场景下的消费需求，这些需求就形成了私域运营要满足的业务类型（见图4-4）。

图4-4　私域的业务类型

第一种，高价高频。相关的企业比如母婴企业。有一个母婴店品牌是我们的学员伙伴，在疫情期间遇到了大部分企业都会遇到的问题——门店开不了。

怎么办？他们就建群，在群里面做销售。道理大家都懂，关键就看如何高效执行。他们在疫情期间真正做到了逆势增长，门店越开越多。

如果你的企业主营高价高频的产品，面对的一定是高价值客户，那么对于品牌而言，面临的挑战将是如何留住这些高价值客户。这些客户最在乎的，不是打折优惠，而是你的专业度和可信度。例如母婴产品，宝妈们可能不会因为某个不熟悉的牌子打折就购买，她们在乎的是这些奶粉、辅食的成分是什么，每个牌子之间的区别是什么。所以如果你能展示专业内容，就能获取她们的信赖和成交。

第二种，高价低频。家居行业就非常典型。我在家居行业工作过3年，在尚品宅配公司。早在2014年，我们就开始探索新媒体的获客和成交，那时候还没有私域的说法。这类超高价的产品很关键的一个点是拿到客户销售线索，除了加微信私聊，还有打电话，通过线上沟通，引导其到线下来见面，回到传统的销售和服务场景。

如果企业的产品是高价低频类，比如珠宝、奢侈品，你需要考虑的是如何通过私域来提升客户购买频率。比如周大福，初期就是通过提供每个月的免费清洗珠宝的服务、客户生日及时祝福的服务，让珠宝的复购率从20%提升到50%。对于房地产和车这种行业，客户大概率很长一段时间都不会复购它们的产品，它们做私域的价值则体现在通过服务做好口碑，让老顾客带来新顾客。

第三种，低价高频，比如餐饮店和商超。这种类型的企业就要抓住一个关键词——福利。别想那么多了，就把纯发福利的模式做到极致。有个大家都很熟悉的品牌——瑞幸咖啡，它就是实行这种玩法。你看他们群里每天在干什么？对，每天在发优惠券。你会退群吗？即使我很少喝咖啡也不会退群，因为我可能会喝，我进群的目的是领福利。我并不是进来聊天的，也并不是来看内容的，我是来领券的。

所以大家在做一些低客单价产品时，就可以在直播间等渠道想办法发福利，让大家领到福利。餐厅也是，大家在一些餐厅消费之前，会找各种优惠券，先进餐厅群领取优惠券，然后到门店去消费。

如果你的产品是低价高频，你需要考虑的是能否通过私域提升购买价值。

比如我就看到过一家超市，为他们群里的客户直播教炒菜。低价高频的产品就适合用私域来增加产品价值，让客户往购物车里多装几件商品。

私域的长期价值肯定是多面的，这里强调的是，企业启动私域的初期，需要有明确的业务价值目标。

### 4.2.2 主流的私域运营模式

私域的运营模式，要根据私域业务来制定。不同的私域业务类型，加上消费者的购物需求分析，可以归类出不同的运营模式（见表4-1）。

表 4-1　企业的私域运营模式

| 消费场景 | 消费者购买时偏向个人兴趣 | 消费者购买时需要专业指导 |
|---|---|---|
| 高频 + 高客单价 | 兴趣同好<br>闺密式贴心分享 | 知识专家<br>专家式专业指导 |
| 低频 + 高客单价 | | 专属顾问<br>导购式细致服务 |
| 高频 + 低客单价 | 购物助手<br>客服式介绍产品 | — |

消费者需求行为分为两种，一种是偏向个人兴趣的消费，也就是说做出消费决定时消费者不需要别人的指导，比如买瓶水这种行为；另一种是需要专业指导的消费，比如买房、买车，消费者需要专门的销售顾问的指导。

高频低价场景，比如买一瓶矿泉水，不需要问谁，拿一瓶水就走，导购不需要提供更多服务。回到群场景也是，客服只需做购物助手式的轻运营。

高频高价场景，比如宠物店，客户要买狗粮，到底哪一款狗粮好，需要导购介绍、给予专业指导；线上消费，也需要客服提供一对一咨询服务。客户需要的是一个知识专家提供指导，而不是一个购物助手。客户要的不是单纯的便宜，而是能匹配家里的宠物的产品。

私域运营模式可分为四种，不同的场景下有不同的侧重点（见表4-2）。

**表 4-2　私域运营模式拆解**

| 私域运营模式 | 兴趣同好 | 知识专家 | 专属顾问 | 购物助手 |
| --- | --- | --- | --- | --- |
| 运营重点 | 场景驱动，兴趣至上 | 话题驱动，内容丰富 | 服务驱动，全面立体 | 促销驱动，简单直接 |
| 行业 | 服饰，旅游 | 母婴，教育 | 汽车，家居 | 餐饮，日化 |
| 交互方式 | 多场景互动 | 微信群多重互动 | 一对一专属沟通 | 一对多单向推送 |
| 交互内容 | 交流分享，社交属性强 | 内容丰富，参与感强 | 高度定制，针对性强 | 标准化服务 |
| 适用性 | 社交性强，满足分享欲<br>SKU 多，产品迭代快 | 话题性强，满足共性需求<br>专业性强，深耕单一领域 | 重体验，线下化程度高<br>个性化，定制产品服务 | 低价驱动，购买频次高<br>便利需求，易冲动消费 |

（1）兴趣同好。高客单价且为个人兴趣向的行业适合用兴趣同好模式，适合做闺密式的贴心分享，集合客户在兴趣群里交流。运营重点在于长久的驱动力和兴趣，且需要多场景互动，包括群聊、视频号、朋友圈等。社交分享对于这一群体的带动性很强，而品牌要做的就是快速迭代产品，以满足客户的分享欲。

典型案例就是美妆品牌。美妆有天然的兴趣同好属性，虽然部分品牌价格不便宜，但是类型多，且客户的消费频次非常高。它的运营逻辑就是通过公众号将客户沉淀到企业微信中，然后用小程序做成交和裂变。

（2）知识专家。在这个模式下，运营一定要有话题，要有丰富的内容。比如对于母婴和教育行业，在微信群的运营中，最需要关注的就是微信群的互动，企业可以请母婴专家来群里讲课等，抛出话题带动群友参与互动。这些互动话题有效的前提是，运营者或者发言者需要是一个专家的角色，要有很强的观点和知识点的输出。

学习群就是知识专家这一模式的典型案例。学习群这一类的社群，运营者在群里坚持做一件事，就是分享有价值的内容，如日报、文章、干货等。通过分享传播的方式来引导客户关注学习产品相关内容，在群中咨询报名，从而通过问答场景，促成客户的成交。

（3）专属顾问。低频高客单价且需要专业指导的行业就需要使用专属顾问模式。消费者需要导购式的细致服务，需要一对一专属互动。这类产品的消费场景可能会从线上转到线下，如房子、汽车等。这类需要有专业指导的产品无法在线上直接成交。品牌需要提供面对面的专业交流和有针对性的个性定制的服务，以满足这类人群重视体验和个性化服务的需求。

家居行业是这一模式的代表，企业通过视频号吸引客户，在视频号直播间通过抽奖和发红包的方式将客户引流到微信群中，接着使用企业微信对客户进行一对一的深度沟通；同时设计师使用电话和线下交流的方式，对客户的家装需求定制个性化的方案，邀请客户到线下门店看设计方案，进行面对面交流。家居这类产品并非能短时间决策成交的产品，顾客的决策时间会拉长到1周甚至1个月，所以必须有耐心地陪伴。

（4）购物助手。产品主要为高频低客单价的行业适合用购物助手模式。在这个模式下的消费者并不需要专业指导，只需要客服式的产品介绍。运营者可以用促销的方式实现运营，不需要定制化、个性化，只需要满足客户便捷购物的需求就好。

典型例子就是咖啡店。这类日常消费频次较高的产品，客户对品牌的敏感度并不高。这类产品需要一个标准化的路径来运营。通过各类方法将客户引导至公众号或群聊中后，定时发送统一的话术和朋友圈，进行规模化、标准化的转化作业。

需要注意的是，根据行业和品牌属性，这四种模式可以组合使用，并不是只能有单一的运营模式。比如，花艺店的社群就是以兴趣同好模式为主，交流分享种花插花知识，同时，以专属顾问模式为辅，通过一对一服务，为客户定制花艺方案。

## 4.3 从策略到执行，拆解门店私域运营核心环节

门店分为直营店和加盟店，总部对直营店的管理相对强势，且直营店能严格执行总部的方案和指令；而总部对加盟店则的管理相对松散，一些加盟店也不太配合总部的运营，在客户运营方面，加盟店就更加随意。

所以，在设计门店私域方案时，就需要考虑不同类型门店的利益点。比如，对加盟店来说，私域落地越简单越好。我给加盟品牌做私域落地建设时，设计了两套方式，一种叫作总部管控，另一种叫作门店管控。

总部管控就是所有的流量全部授权给总部统一管理。所有账号和路径全部按照总部的要求来制定和执行，只不过添加客户的时候，是按照地理位置来加的。

这种方式下，总部拥有门店客户信息的归属权，门店只有使用权，如果有一天这个加盟店开不下去了，总部就再找一个加盟商来承载这个店，同时可以一键把客户转移给下一个加盟商。就等于说，下一个加盟商来运营这个店时，不仅拥有了一家店，还马上拥有了客户，这一点非常关键。

门店管控一般是加盟商已经有了一个属于自己的公司，希望能够主导自己的流量。总部把权力给到加盟商，让加盟商自己去运作门店。

这种方式下，门店对客户有归属权，总部赋能门店运营。但加盟商的规模要比较大，才适合这种方式。不然，加盟商没有足够的团队和资源来支撑门店运营，会导致服务跟不上，客户流失，门店得不偿失。

这两种方式，都需要总部和门店高效协同。总部和门店的私域运营合作可分为三个方面：总部内容、门店内容和共同服务。

总部内容，由总部的品牌中心和内容中心负责，从客户感兴趣的角度传递品牌信息，以及创作图文短视频内容，比如品牌新品上市、品牌活动发布等，这类内容的创作质量高。

门店内容，由区域市场和门店运营负责，内容精确到单店，更贴近本地客户消费需求、更有温度，比如门店福利活动、门店专属服务等，这类内容更有时效性，可以即时优化调整。

共同服务，由总部的运营中心和门店运营共同协作，将品牌资讯和门店服务融合在一起，通过门店社群，一起服务客户。门店社群发起线上活动，通过发放优惠券、裂变活动等，引导客户到线下消费。

### 4.3.1 总部协助门店，打造私域商业闭环

企业想要做好私域，首先要用对工具。企业微信是做私域的最佳工具。企业内部应推广使用企业微信。针对不同员工，特别是总部与门店的不同岗位，企业微信都有其适用范围和推荐功能。

企业微信的聊天场景和功能点较多，刚开始不容易上手，并且负责不同业务的人员需求不同，不一定要使用所有的功能。因此根据不同职务，选用特定部分的功能，能够让企业整体快速将企业微信使用起来。接下来以门店体系为例，讲解总部和门店员工该怎样用好企业微信。

（1）私域运营：如果由私域部门承担业绩，最需要考虑的就是如何将企业微信结合到运营思路上面。私域运营不仅要研究好私聊、群聊、朋友圈以及绝大多数功能，也要在使用过程中做好记录，并定期给其他部门进行培训。

（2）门店销售：门店销售主要做产品的销售，他们使用企业微信，重点在C端。销售往往很忙，对于社群这种需要高度运营的社交环境，销售并不适合，一对一聊天和朋友圈运营才是他们的优势，要利用好这一点。

（3）商务经理：商务经理主要做采购和渠道合作，他们使用企业微信时其实和销售的模式很类似。商务经理的性质和销售不一样的是，其重点在B端。企业微信能够作为一张带有品牌背书的名片，让对方第一时间清楚商务经理的身份，增强信任。

（4）客服人员：客服使用企业微信，主要是利用企业微信对内、对外双向的沟通能力，帮助客户更快更好地解决问题。比如由客服发起，然后添加内部售后工程师、产品运营等同事进群一同解决客户的问题，这样更方便快捷。

（5）门店店长：关于门店，一般建议店长做群主持人，因为门店地域性很强，进群的大多是本地和需求一致的客户，非常精准。只要适当聊一些本地话题，社群的活跃度是不会差的。也就是说，运营社群的压力比起上述的一些职位要小很多。

市面上使用企业微信的企业，其总部和门店之间的关系，大多是门店自己运营社群，总部负责做监督。这样做的好处就是总部人力成本降低，适度利用了门店的人力成本，而且能够保证门店利益。这种方式适合前期推动企业微信使用。企业总部要适当给出政策，帮助门店。

**总部帮助门店做好私域，有三个关键动作：培训、试点和巡店。**

（1）培训：总部要做好私域培训，包括产品功能的培训和运营方法的培训，帮助门店部署私域系统，教会门店员工使用企业微信，重点是打开门店的经营思路，强调对于门店私域落地的重要性。很多时候，门店不是不配合，而是真的不懂，所以，就要手把手教会他们。

（2）试点：总部和私域团队可以做一些试点运营的动作，共同打造标杆，目的是做出案例。成功的案例胜过任何理性的分析。另外，可以通过这种形式把资源优先给到服从总部安排的门店，侧面做好门店管理。

（3）巡店：总部定期巡店，安排私域团队负责人和成员调查多家门店的销售情况，更具体地对不同门店设置不同的管理方法，实际的执行落地也依靠面对面沟通和反馈。要根据门店的运营情况，做方案的优化，而不是闭门造车。

### 4.3.2 门店私域实现客户复购的五要素

**做私域，核心逻辑是做复购。**

围绕门店来搭建私域流量池。所有门店的流量池，汇总成品牌的私域流量池，通过会员系统来深度运营。可以将私域流量定义成一个复购的会员体系。这个复购的体系，有一套自成体系的方法论，叫复购五要素。

第一个要素，提升品牌力。搭建好流量池后，就要去思考怎么构建品牌力。跟线下开店或做品牌是一样的，要让消费者在私域中对品牌有认知、有归属、有情感的连接。

第二个要素，精细化运营。客户触达不是以前那种无差别群发广告，而是要基于客户画像、客户需求、客户互动等客户标签来运营，同时基于企业微信的推送能力来设计。

第三个要素，互动见信任。品牌企业在私域中做的所有动作，都是希望和客户直接连接，产生信任关系。不要把私域作为纯粹的销售阵地，这样会伤害客户的情感。通过日常的运营，让客户参与品牌的活动。好的内容和产品会影响客户并使其下单。

第四个要素，社群高转化。私域的目的是变现，品牌当然希望和客户不只是互动关系，更重要的是和客户产生消费关系。通过分层运营，引导客户到线下消费，而且要重点维护核心会员，因为20%的超级客户能贡献80%的收入。

第五个要素，分享转介绍。就是说，客户不仅满意，还愿意带动身边的朋友来消费。存量也可以带增量，存量可以持续不断裂变出增量。分享转介绍在整个体系当中很重要，它是私域和公域最大的不同，是社交裂变式私域的特色。

### 4.3.3总部和门店的利益捆绑

开始推广使用企业微信的时候，门店的员工普遍不配合，认为用企业微信增加了工作量，收入又没有增加。这个时候，就需要做好内部培训和政策宣导，把门店私域的利益共同体方式讲明白。

Q1：门店不配合怎么办?

加盟的品牌经常会有盗版，比如餐饮品牌，只要火了，就一定会有个盗版品牌出现。

所以建议所有加盟商的店员都必须安装企业微信。因为你有商标，消费者或加盟商可以认准以你的品牌为后缀的落款。没有后缀和落款的，都是盗版。

Q2：如何落地到门店和体系中?

第一个动作，是基础搭建。用企业微信的标识让其他加盟商真正感受到他们加盟的是正版，而不是盗版。同时告诉消费者，这家店是正版的，他们微信添加的是官方工作人员。

第二个动作，是利益捆绑。设计私域分润模式，通过技术方案来落地。通过即时的返佣机制，让加盟商放心和总部合作。

很多时候，加盟商之所以不愿意跟品牌合作建设私域，主要有两个原因：第一个是加盟商觉得客户是自己的，想要把客户抓在自己手上；第二个是利益关系没有分配好，比如总部做活动，占了加盟商成本和流量，但没有给他们想要的回报。

Q3：利益分配怎么解决？

首先肯定要用系统，比如做营销活动之前，使用分账系统，把客户内部的利益关系分析清楚。活动一做，消费者一买，买完之后账款就自动分到各个加盟商账户里面。那么加盟商会觉得这个活动跟他利益相关，就不会拒绝。

总部可以管理所有加盟商的流量，总部设计一个策划活动后，可以将其推到各个加盟店去执行。同时各个加盟店可以管理自己的流量池，创建自己的活动。最终，流量的归属权归总部所有，但流量的使用权归门店。当归属权和使用权分开时，加盟商就没有意见了。因为加盟商的出发点，就是流量自己要用，其核心是用。

流量用完之后能带来收益，带来更多增长和更多利益关系。从技术层面，先把归属权和拥有权分开，然后把利益关系分好，把钱分清楚。

# 4.4 从公域流量到商域流量，加速私域建设

以前，“新媒体”就等同于“免费流量”。一些人认为发微博不用钱，发公众号图文不用钱，发朋友圈也不用钱，特别是老板们，觉得新媒体渠道可以节省成本。

的确，在新媒体野蛮生长的初期，流量便宜。在风口、红利刚出现的时候，企业的确能轻轻松松取得成功。但在充分竞争的市场环境中，企业想在新媒体营销中脱颖而出，必须依靠持续的价值投入。

我们谈的“价值投入”并不仅仅是指表面上的营销费用投入，还包括企业在执行团队、部门协助、策略倾斜等方面的投入。

## 4.4.1 免费流量都是最“贵”的

互联网把人从线下连接到线上，所有的流量背后都是一个个用户。用户在线上出现在什么地方、什么时间出现、出现的时候在做什么，就是企业做好市场营销需要分析的数据。企业要通过合理的方式，在用户出现的时候和用户产生有效连接，引导用户到品牌的私域。

新媒体营销中的流量渠道分为三类：公域流量、私域流量和商域流量（见图4-5）。

图4-5　新媒体的流量渠道

（1）公域流量：常指平台通过算法推荐给企业带来的传播曝光。企业内容通过平台的算法机制被推荐给特定的人群，内容的质量高低、是否满足用户需求是非常重要的考量标准。随着平台同类型的账号越来越多，爆款内容的制作门槛将会越来越高。

（2）私域流量：泛指社交平台基于关注或好友的关系而发生的信息传播。免费推送、反复触达、随时随地是私域流量的特点。用户量是私域流量传播效果的基础，用户为什么要关注企业品牌的私域媒体账号？好的福利、服务和内容等是关键。

私域流量有一个有代表性的平台——朋友圈。只有我加你为好友，才能在你的朋友圈互动，这是相对私密的空间。

（3）商域流量：企业日常在微信朋友圈、今日头条信息流、百度搜索等平台投放广告，这就是企业获得传播曝光的方式。只要投入广告费用，企业就能在这些平台上获得相应的用户流量。

这就是除公域流量和私域流量之外，另外的一种流量——商域流量，也是广告流量。很多人忽视了商域流量的存在，因为一想到广告就想到花钱，怕花钱。如果我没有和你互为好友，我是进不去你的朋友圈的，但是可以通过投放广告的方式进去，通过花钱来把广告呈现到目标客户的朋友圈，这就是利用好商域流量做广告的方式。

**持续有效的流量来源于企业长期的价值投入。**

公众号要给粉丝提供专业的客户服务，推文内容要给粉丝传递有价值的资讯信息，直播活动要给粉丝带来优惠便宜的福利商品，这些都需要企业投入人力、物力。

一切新媒体营销行为，没有给用户价值，都属于企业“自嗨”行为，最终无法获得用户的认可，新媒体变现更无从谈起。而无效的新媒体营销，会让企业白白浪费时间和机会，这才是企业最大的成本损失。

所以我们要警惕，所谓的免费流量往往是最“贵”的。

### 4.4.2 私域的投入决定产出

现在一些在私域做得很好的企业，其私域的工作已经渗透和融合各个职能部门之中。

品牌部通过社交媒体做传播，市场部通过小程序、微信支付等电商工具管理线下门店，服务部通过公众号、企业微信等解决客户售后问题。私域再也不是一两个编辑，或者一个部门独立承担的工作，可以说这些企业的全部营销工作都是建立在新媒体平台上的。

过去企业的品牌营销部门将推广聚焦在电视、广播、杂志、报纸和户外广告上，如今“双微一抖”（微博、微信、抖音）和直播等成为品牌传播、客户运营和产品销售一体化的平台，这是当下企业发展的一个机遇，也是其必然面临的挑战。

客户的时间和注意力都是有限的，当竞争对手在大力投入抢占客户的时候，你如果还在以贪图免费的思维运营新媒体，就会错过最佳的时机。

如果计划让线上引流线下形成交易闭环，企业需要部署匹配业务的电商系统。如果打算把千万级客户沉淀到品牌私域，企业就要组建数十上百人的服务团队。这些都必须得到企业管理层在策略、资源层面的重点投入，这些都是成本，而不是外行所谓“免费”的，但是，这些投入的成本，会带给企业相当可观的回报。

商业的本质是效率，新媒体不是让企业少投入，而是用专业的团队和运营让企业的投入产出比获得稳定的提升。从传播到销售，再到客户管理，将私域工作融入企业经营的各个环节才能最大限度发挥私域的功能。

### 4.4.3 付费思维加速私域建设

通过做一场裂变活动或花钱送奖品让公众号涨粉并不难，难就难在后续如何通过优惠活动、内容传播等运营转化销售。通过裂变活动涨粉，但后续不知道如何转化销售；把优惠折扣作为活动奖励，但裂变效果大大降低，这样的案例比比皆是。

一场活动不能单纯从投入产出来衡量得失，一个客户从认知到产生购买行为，中间有长时间的衡量思考：这是什么产品、它有什么功能特点、它能解决什么问题、它的价格如何。这些都影响着客户下单，毕竟这不是冲动消费的场景。

为什么折扣名牌产品在直播中很容易被抢购一空，价格更便宜的同类产品却销售不动呢？我们看到的也许只是直播中的主播几分钟口播，但对消费者的影响却源于企业多年来通过各种渠道的推广。

在投入方面犹豫不决，本质是因为企业对新媒体的功能价值还未精准定位，且未建立起清晰完整的私域变现路径。企业的新媒体平台是为了品牌宣传、产品销售还是客户服务？从拉新到激活，再到转化和推进新用户，在所有的环节如何匹配相应的平台工具、产品利益呢？只有理顺了私域变现路径，企业才能清楚地分析判断哪些环节需要优化和调整。不能以结果为导向，因为私域矩阵是一个整体，很难单独评估投入产出。

由以上可见，造成很多企业在私域上投入畏首畏尾的原因，是未能确定自身的私域的价值定位和变现路径。

单纯砸钱、增加人员不能解决私域变现的问题，随着头部企业的运营越来越专业化、体系化，会花钱才是好的企业私域标准之一。

**不要怕花钱，应该思考钱花出去后该怎么赚回来。**

比如视频号，通过合理的广告预算快速投流起号，稳定运营的账号通过广告投放助力直播间销量提升，这些都是花好钱的表现。如果投放和运营配合好，就可以跑出高的ROI。

# 4.5 眼科品牌“天视美眼科”优化对内管理和对外服务

天视美眼科成立于2000年，是集视光专业培训、眼病诊断治疗以及眼镜销售于一体的连锁化企业，有10多家线下门店，是云南省儿童青少年近视防控示范基地。

2021年，启动私域建设，重点开展企业微信运营，整合对内管理和对外服务，优化整个服务流程，提升服务质量和运营效率。

以内部办公为切入点，逐步推动员工使用企业微信获取客户和服务客户，提升管理效率，挖掘企业微信更多应用场景。先内后外，是企业以企业微信为核心建设私域的好方法。

## 4.5.1 企业微信优化内部管理

很多企业咨询过我一个问题：员工不愿用企业微信怎么办？天视美眼科的做法十分值得借鉴。通过内部打卡和线上培训，企业可实现降本增效。

天视美眼科将内部打卡从钉钉转到了企业微信，所有员工每天都需要通过企业微信打卡办公。一方面提高了员工使用企业微信的频次，另一方面也提高了工作效率，员工不用在几个平台来回切换。

另外，天视美眼科将员工培训从线下培训转为了线上培训，现在员工可以在企业微信的工作台页面进入天视美视光学院学习线上课程，提升专业技能。

相比线下培训，组织员工通过企业微信进行线上培训，一是降低了企业的培训成本；二是员工可以利用零碎时间学习，节省了员工的时间。同时，总部可以在企业微信后台看到每家门店的数据情况，包括企业微信每天的涨粉数、客服回复时长、客户沟通次数等，通过这些数据进行优化和管理。

在使用企业微信的过程中，企业应该分阶段设定目标，层层推进，切忌操之过急。每个“小成就”都可以反向激励员工更加主动地用好企业微信。

## 4.5.2 企业微信升级外部服务

天视美眼科到店消费的多是家长带着孩子，且消费的产品的客单价在千元以上。天视美眼科主要通过三个渠道让客户添加企业微信：

（1）线下活动。客户添加企业微信成功率在线下活动中目前最高可以达到50%；

（2）线下门店引导新客户和返店老客户添加企业微信，添加成功率目前可以达到90%；

（3）将此前添加了店员个人微信的老客户转入企业微信。

天视美眼科之前在线下活动中，让客户添加企业微信成功率在15%左右，很多客户在线下关注企业公众号后，并未通过公众号内的引导海报添加企业微信。

在我的建议下，天视美眼科通过调整公众号内的引导海报，重新设置客户添加企业微信的利益点：查询视力档案、获取眼科医生报告解读、教客户如何控制孩子近视，给客户一定要添加企业微信的理由。之后再通过企业微信提醒客户凭检查报告来免费复查，在企业微信上做好整个服务闭环（见图4-6）。之后，天视美眼科客户添加企业微信的成功率从15%提升至50%。

图4-6　企业微信助力服务流程优化

天视美眼科企业微信前期的运营重点放在了服务流程优化上。例如完善了客户画像，为每个客户都添加了标签，并将门店地址和预约流程等信息做成了图片。门店工作人员在与客户沟通时，一键转发话术和图片即可，既优化了服务流程，又提升了工作效率。同时，员工可以根据与客户的沟通时间和沟通频次，追踪客户需求，提高转化率和复购率，提升门店业绩。

下一阶段，天视美眼科将实现企业微信和销售机器人对接，制定客户服务社群运营SOP，话术主动触发。这将让回访工作更轻松，并丰富品牌和客户的触达方式。

这些运营优化都能帮助到员工，并让员工切身体会到新工具的优势。他们自然不会再把企业微信的使用作为一个“工作任务”来完成。

### 4.5.3 激活老客户，将他们从个人微信转到企业微信

将此前添加了店员个人微信的老客户转入企业微信，这个过程不太容易。因为很多加了个人微信的老客户不愿意再添加企业微信。

活动是私域运营中很重要的环节，也是引导客户添加企业微信的重要一环。企业可以通过策划不同的活动，无论是直播活动，还是社群运营活动，或裂变活动，在活动中设置添加企业微信的利益点，从而引导客户从个人微信转到企业微信。

引导客户添加企业微信的着力点有三个：第一个是发福利，最简单的方法就是客户添加企业微信就发红包。第二个是提供服务，比如客户购买产品时先扫码添加企业微信。第三种是巧用信息差，比如一些攻略干货，需要客户添加企业微信才能领取，这也可以是活动的一个利益点的设置。

这个问题很关键的一点就是解决客户的核心诉求：为什么要添加企业微信？要把这件事讲清楚，给客户必须添加企业微信的理由。针对天视美眼科的情况，我给的建议是：

（1）把整个服务流程都统一到企业微信中进行，如客户预约环节和拿报告环节，引导添加了个人微信的老客户添加企业微信获取服务；

（2）策划不同的活动，设置添加企业微信的利益点，如添加企业微信后，

客户可领取免费检查项目等。

通过这些引流方法，企业成功地把部分客户从个人微信转到企业微信，当然，总有部分客户嫌麻烦不愿添加企业微信，这也没问题，可以继续为留在个人微信的客户服务。随着新的客户全部都添加企业微信，这个客户池会越来越大。

对于重线下服务的行业，如眼科、口腔、护肤等，门店的店员一方面要线下服务客户，另一方面要和客户进行线上沟通，预约到店。这时候，使用智能化办公的工具就很有必要了，企业微信可以让很多流程智能化，统一创作素材，统一运营方法，也可以做多门店管理。

这背后是技术的升级，技术提升效率。

# 获客篇

## 从1到1000万用户的增长秘籍

# 第5章　客户获取

## 5.1 引爆公域增量，夯实私域基本盘

公域流量是目前企业获取全新流量的必要渠道之一。

当下，公域流量的成本在逐渐提升，越来越多的企业都打算将公域流量的客户导流到自己的私域流量池里面。大量的竞争关系会导致一些公域流量的获客成本提升。一方面，我们要加快进场的脚步，这样不容易受到其他品牌的影响。另一方面，也要避开其他品牌的优势资源，寻找突破口，如此才能更好地收获属于自己的流量。

现在，有哪些值得利用的公域流量平台呢？

短视频生态的抖音、视频号、快手；微信生态的微信搜索、朋友圈广告、附近小程序、视频号；内容生态的小红书、知乎、微博、今日头条以及bilibili；企业自有生态的门店、实物产品；等等。企业在做公域流量规划之前，要对这些平台的用户属性有所了解，这方面内容其实在各平台的年度报告当中会出现。

找准客户属性，输出对应内容，设置引流路径，私域做好承接，这四个步骤缺一不可。

那么公域流量怎样做引流呢？要利用好不同平台公域流量的特性，设置公域流量到私域流量的路径。而所有公域流量的引流，目的地都是私域流量池，也就是引流到微信生态的公众号、企业微信、小程序的体系里。

下面来看不同公域流量如何引流到企业微信当中。

（1）线下门店。线下门店和实体产品是大部分企业自身拥有的存量客户来

源。客户到店消费或者购买品牌的产品，都是我们触达存量客户的机会。线下门店的消费场景当中可以融入更多的玩法。

比如针对不同加盟品牌的活动、门店的活动、自己品牌的活动，都是可以实施的。

策划一场活动，要构筑线下存量线上留存的路径，以及后续挖掘增量的整体玩法。比如裂变拉新和转介绍，然后设置一套线上到线下的玩法。总部也可以出台一些优惠政策，帮助那些率先使用企业微信的门店和加盟商，打造企业内部优秀案例，让企业微信更好地推广到其他门店，乃至全国。

（2）实体产品。实体产品的玩法则需要更为简洁明了。举个例子，客户买了产品，可能有不少客户不会看说明书，但是如果有一张小卡片上写明送福利，那么会有不少客户拿起来看看。

实体产品上面的说明必须通俗易懂，直接明了。比如说扫码领福利，这样是最直接的，让客户快速选择添加企业微信。通过活码，将流量分配给多名员工，并且设置客户添加的时候自动通过验证，流程便捷。

（3）微信搜索。微信搜索的流量也是不容忽视的。微信搜索引流给品牌的方式通常分为两类，一类是直接搜索品牌，另一类是需求搜索。

对于一般的品牌和企业来说，希望获得客户流量，更多是从第一类途径出发。

这需要品牌设置微信搜索的品牌官方区，这是微信为企业提供的整体展示方案。

（4）微信广告。微信广告结合企业微信，实现了获客链路的全量开放。现在微信公众平台广告账户与企业微信被打通，品牌可以通过广告主的身份构建“触客、留客、转化”短链闭环，在长线运营中获得更大的客户价值。

微信广告链接企业微信有三大能力。

①落地页搭建工具：为了帮助品牌高效达成客户拓展与沉淀，原生推广页和新增企业微信添加组件和关注页，让客户可以通过广告快速添加品牌的企业微信。品牌可根据自身行业及特点，快速搭建转化效果可追踪的企业微信获客落地页。品牌可在MP（腾讯社交平台推出的社交广告投放工具）投放端查看广

告投放实时数据，实现广告数据和企业微信获客数据互通。

②多客服自动分配：这个能力能够为品牌提供自动化分配客服，让服务更高效。品牌可以授权企业微信，授权后即可添加部门或员工创建客服组。在广告投放中，将为品牌自动生成一个客服组二维码。客户扫码后，系统将为其随机分配一位组内客服。客户添加客服为微信好友后，可实时展开一对一沟通交流。

③智能优化能力：智能优化新增优化目标“添加企业微信客服”，可有效提高获客效果，让转化更高效。品牌可针对添加企业微信客服功能进行出价，可找寻到更具有添加意愿的用户人群进行投放，帮助品牌稳定成本。与以往的链路相比，新解决方案的获客路径更短，转化效率更高，能够有效降低品牌的获客成本。

（5）短视频生态：抖音、快手、视频号等。短视频生态的抖音和快手平台，通常是一面做短视频和直播电商来进行直接变现，另一面把流量引至微信。

比如，在抖音和快手的主页、评论区等地方留下微信号，然后通过内容创作、平台分发机制以及投放广告获取流量，并引导流量从短视频生态到微信生态并实现留存。如果微信和企业微信已绑定，可用企业微信通过客户发来的好友申请，把客户沉淀到以企业微信为工具搭建的私域流量池。

而视频号更加简单，主页和企业微信绑定，或者直接在直播间弹出企业微信名片，客户可一键添加。虽然微信政策在变化，企业微信添加好友的方式也在变，但是这依然是企业微信当下最高效的获客方式之一。

（6）其他内容生态。内容生态的微博、知乎、今日头条、豆瓣、小红书，甚至bilibili，这些平台都有一些推荐的算法，但更多是通过优质内容进行引流。

内容的原理其实都是一致的，就是通过设置价值锚点，让客户认同，比如推送对应内容和服务，然后在关键地方留下微信。

针对不同的平台，就要了解不同平台的用户属性。比如，小红书主要用户是女性群体，知乎主要用户是职场人士，今日头条的主要用户是三线、四线城市网民等。内容需要平衡好企业的需求点以及平台用户的需求点。内容本身具有导向性，既要满足企业对客户属性的需求，也要满足客户的实际需求。

## 5.2 激活私域存量，提升私域拉新效果

搭建私域流量池，关键的一步就是获客。企业可以通过公域获客，也可以通过私域获客。在资源、精力有限的情况下，怎样找准渠道，让高价值的客户来找你呢？

高价值的客户是谁？肯定是已经消费过的客户。因为他们有非常明确的消费需求，对品牌有认知度，有信任基础。所以说，把已经消费过的客户引流进企业的私域流量池，非常关键。

这个客户群体主要在两个地方——线上商城和线下门店。相对于线下服务引流，线上产品引流更灵活、更高效，它突破了时间和空间的限制。因为服务需要导购跟进，导购上班的时间和地点都有限制，而消费者购买产品，随时随地都可能和产品发生关联。所以，每天都在发货的商家，其实都有巨大的私域流量源泉，但要看怎样把流量沉淀下来。

**私域流量池，分层级搭建，一层是已消费客户，一层是潜在消费客户。**

有效的私域流量池，聚集已经消费的客户，为他们做售后服务和引导复购。而其他还没消费的客户，同样是我们的重要客户群体，需要做好好物种草、内容运营，引导其消费。同时，引导这两个群体分享裂变和转介绍。

在私域运营中的社群也要按标签分层级。比如，我们要开一场线下课，最开始需要引导客户进群了解课程，班主任在群里提供答疑服务。这是潜在消费客户群。这类群有很多种，将其按渠道划分，可分为通过公众号图文引流的群、通过朋友圈引流的群、通过直播引流的群等。客户报名学习后，相关人员将其拉入本期课程同学群，这是精准的已消费客户群。

对引流群和课程群，运营的方法不同。引流群有很多，主要在群里做常规的私域知识输出，定期直播，同时在每期课程开课时，同步现场照片和视频到群里，增强客户信任度。课程群更聚焦学员落地服务，群里定期分享私域干货，辅导答疑，同学们也会跨界交流和互动。

私域存量，存的就是已经消费过的客户，或者已经关注品牌的潜在消费客户，要把这部分客户激活，再通过私域运营，实现持续复购和拉新。

### 5.2.1 私域流量池的引流路径

下面从四种不同的路径来讲述企业如何做好私域流量拉新。

（1）公众号导流到企业微信。客户对公众号的交流界面是一对一的，像私聊，而公众号对客户的交流界面是一对多的，像群聊。这说明什么？说明在公众号里，客户与客户之间的关系是弱化的，关注同一个公众号的客户并不一定是好友，但是这种关系是一种资源，可以被利用起来。

公众号拉新引流，常用的方式是活动引流和内容引流，这两种引流方法相辅相成。活动引流通过设置利益点，让客户邀请他的好友成为新客。活动引流也可以直接将客户引流到企业微信上，这种方式更适合营销类的活动，需要客户本身带有强烈需求，比如通过老带新的分销、拼团，让已经购买了产品的客户添加企业微信。内容引流是通过公众号的营销活动拉新，然后通过后续图文内容引流，这种方式适合聚集客户到公众号。在内容和变现转化的过程中，能够将客户同时留存到企业微信当中。

（2）小程序导流到企业微信。同样的逻辑可以用到小程序上面。屈臣氏的“造美星球”小程序就是让客户邀请好友，如果客户能完成任务，可获取积分。

小程序可以通过“联系我”按钮引流到企业微信。小程序和企业微信之间是天然亲和的。因此小程序结合活动的玩法，将可以提升引流效果。

（3）微信社群导流到企业微信。还有一些企业原本就在利用微信来做私域营销，由于微信的营销空间越来越小，才想要将客户从微信引到企业微信。

创建企业微信客户群，把微信客户拉到群里，是最快地将微信客户引流到企业微信的方式之一。

（4）视频号导流到企业微信。这是最新的一种方式，通过短视频或直播方式，引导客户添加企业微信。在短视频评论区引导，通过超链接方式引导客户打开公众号图文，再扫码添加企业微信，或在直播间页面做二维码贴片（这个要慎用），或在直播间以人工举牌方式引导，和口播属于一样的方式。

当然，效率最高的方式就是直播间弹出企业微信名片，这种方式初期非常好用，后期因微信官方政策调整，名片弹出功能受到严重影响。不过，早期开通这一功能的账号，还可以继续使用。

### 5.2.2 新客户的引流方式和老客户的激活方式

我在进行腾讯企业微信官方课程“企业数字化增长训练营·私域专场”全国巡讲的时候，发现大家非常关心获客问题，例如如何获得更多的客户，怎么激活老客户。

现存的老客户分为两大情况：一种情况有客户手机号码，但当时没加上客户微信；另一种情况是加上了客户微信，但加的是企业员工个人微信，没加到企业微信中。怎么把客户从企业员工个人微信转到企业微信呢？解决这个问题很关键的一点就是解决客户的核心诉求，如果没有讲清楚客户必须添加企业微信的理由，一般情况下客户都是不愿意添加的。所以，要设计引流的利益点，比如升级会员服务，告知客户添加企业微信可获取更多服务。

活动是私域运营中很重要的环节，无论是直播活动，还是社群运营活动，或裂变活动，都是通过微信私域生态践行。这是引导客户添加企业微信的重要一环，通过策划不同的活动，比如发放福利、抽奖等，把客户从个人微信转到企业微信。

对于新客户，引流获客的利益点有三个：

第一，发福利。最简单的方法就是加好友送红包，另外赠送低成本的引流产品，也是获客的好方法。

第二，提供服务。比如，客户在餐厅点餐要先扫码添加企业微信，或者提供一个客户需要使用的工具，引导客户关注后使用。

第三，信息差。比如，客户添加企业微信领取资料，关注后领取学习资料包。这种方法教培行业经常使用。

对于老客户，激活的方法具体有三种：

第一，赠送产品福利卡。即在快递包裹里放置小卡片。过去的做法是让客户扫码关注公众号，现在变成了扫码添加企业微信。这种方式也可以用来引流。

第二，通过短信激活。比如，客户在淘宝下单之后，商家可以通过收件人信息，向客户发送微信添加好友的申请，然后在申请理由里告诉客户添加好友可以领取福利。

第三，通过直播间激活。在视频号直播间，客户可以一键添加企业微信。相比之前在直播间放企业微信二维码的方式，这一方式添加率提高了很多。

### 5.2.3 私域流量的运营方向

私域流量池，更多指的是微信生态中可以将客户留存的平台，以及企业可以反复触达的平台。具体来说，就是公众号、小程序、视频号和社群。

现在，微信生态仍然是企业做好私域营销最关键的阵地。因为微信是唯一一款能够触达13亿月活用户的社交工具，注意关键词——社交工具。因此微信生态是企业必须利用好的社交场景。激活私域流量的最终目的必定是更好地转化。

需要注意的是，企业的最终目的是变现，不管是通过激活私域流量来进行拉新，还是激活私域流量来做销售，所有运营的本质都是根据大目标来制定一个一个的小目标。私域流量的激活一定要围绕转化变现来进行。

私域流量的激活应该是长期、持续、稳定地激活。

从这个思路来看，单纯的促销活动和福利活动，或者是单纯做一两次的激活动作，对私域流量激活不利。

私域流量的激活必须针对不同的平台属性进行调整，而平台属性背后是客户的属性，如果一个平台的客户本身没有共同的交点，没有共同的需求或话题，那么很难针对这个平台进行运营。因此，在组建平台和开始引流的时候就要做好筛选和分类。

私域流量除了从公域流量中获取，还可以通过在原有私域流量进行老带新实现增长。通过企业私域流量中已有的客户，带来新的客户。有了基础客户之后，就要做好运营，建立信任感，之后才是变现或者是拉新。一定要做好运营基础，这样拉新才会成立，效果才能更好。

## 5.3 产品引流，获客最稳定的方法

回到10年前货架电商时代，联系客户的方式是通过电商平台的客服功能，或者QQ还有电话号码，直到今天的直播电商，客户成交后，通过平台联系客户的功能也依旧很弱。

那么，把客户放在自己的流量池里，保持长期的联系，促成复购等，就很有必要了。毕竟电商平台政策的变动，对销量影响很大。

线上获客需要通过产品，而线下获客更多是则通过服务。这两者的共同点都是通过二维码将客户导流到企业微信（见图5-1）。

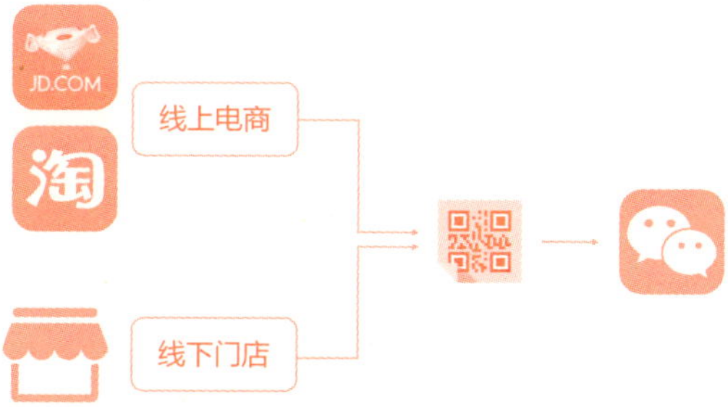


图5-1　二维码是线上线下引流的关键触点

一般来说，产品会有两种消费的方式。第一种是线上电商，包括以淘宝、京东为主的传统货架电商，还有抖音、视频号等短视频直播电商。这些电商平台销售出去的产品，会经过快递包裹到达消费者手里。第二种是线下门店，包括商超、便利店等，产品可以被消费者直接拿到，而且小区周边的超市可以直接送货上门，不需要通过物流渠道。

这两种方式，我们都可以通过传播二维码，例如在产品的外包装或者快递包裹里面放置二维码卡片，引导用户扫码关注。产品引流是一种很有效，而且很稳定的方法。

**产品本身是最精准的引流渠道，把精准的消费者引流到线上。**

### 5.3.1 用户的引流路径

其实每个企业都有潜在的精准流量池，如果能引流这些存量用户，就能省下大笔的营销费用。企业每天都销售出去很多产品，包括线上电商、线下门店，每一个产品背后都有一个目标消费者。

我们可以通过发放产品福利卡来引流这些用户（见图5-2）。

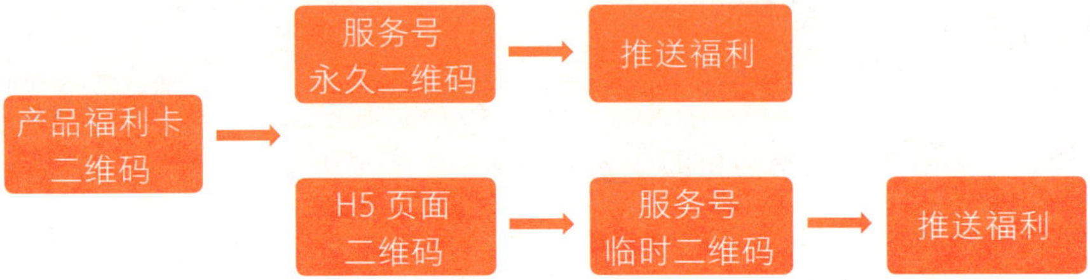


图5-2　产品福利卡引流路径逻辑

企业优先做服务号，有富余的精力再做订阅号。服务号有个功能很强大，叫作带参数的二维码。带参数的二维码分为两种：一种是永久二维码，另一种是临时二维码。临时二维码有一个使用的周期，到了一定期限后会失效，所以一般拿来做活动，而永久二维码不会过期。

引流路径A：放一个永久二维码，用户扫码登录马上推送福利。

引流路径B：这个产品福利卡上的二维码不是公众号的二维码，它是H5页面的一个中转页二维码。在中转页上面，放服务号临时二维码多跳转一步，再推送福利给用户。

这两种方式的不同点在于，引流路径B有H5页面的一个跳转，它方便我们做很多不同带参数的二维码，能够做到每一个消费者的参数都不一样。而引流路径A做不到这样的千人千面。

我们来对比一下路径A和路径B（见表5-1）。路径A中用户扫福利卡上的二维码，用微信登录后即可获得福利，但需关注公众号才能领取。而路径B，用户扫码登录之后才能获得抽奖机会，注意是抽奖机会，而不是直接获得福利，用户要关注公众号后再参与抽奖才能获得福利。

**表 5-1 两种不同的引流路径分析**

| 对比 | 活动方式 | 一物一码 | 营销需求 |
|---|---|---|---|
| 路径 A | 用户首次扫码，微信登录后即可获得福利，关注公众号领取。 | 一物对应一码，一码对应一福利。 | 产品和福利成强对应关系，不同产品扫码获得不同的福利，福利卡分批次制作。 |
| 路径 B | 用户首次扫码，微信登录后即可获得抽奖机会 1 次，关注公众号参与抽奖，获得福利。 | 一物对应一码，一码对应一抽奖机会。 | 产品和福利成弱对应关系，所有产品扫码统一获得一次抽奖机会，福利卡可批量制作。 |

下面以路径A为例，做一个详细讲解（见图5-3）。

福利卡扫码　　H5登录页　　引导关注　　推送红包

图5-3　路径A引流方式

第一张图片是给用户扫码的福利卡。在产品的包装上，或者产品说明书上，或者在给用户的一封信上，放置一张带二维码的福利卡。福利卡配上一句引流的话，告诉用户扫码之后，可以获得最高499元的现金红包，中奖率100%。你也可以把它的外观设计成一个红包的样式。设计这个福利卡的目的就是让用户扫码，用户扫码之后，会看见第二张图片——一个H5的登录页。

第二张图片是H5登录页。注意，这不是公众号的关注页面，是一个H5的登录页。H5的页面在这里的作用是通过微信的登录授权，判断用户关注状态。一个码只能一个人扫，第二个人扫码的时候会失效。用户点击之后，就跳转到了第三张图片。

第三张图是引导关注。假如用户不是公众号的粉丝，就会跳转到这张图片。用户需要关注公众号才能参与活动。这就是引流的关键点，所以需要通过H5页面来获取用户关注状态。用户关注公众号之后，跳转到第四张图片，公众号弹出欢迎语。

第四张图片是推送红包。非常典型的三个内容组合。第一个文本通常是“您好，欢迎来到某某某号”。接下来再加一个小程序或者H5，这个入口会引导用户去商城等平台，最后推送一个红包。

这个过程需要用到一些技术，但是企业不需要做技术开发，直接用第三方的SaaS平台就可以实现。

### 5.3.2 产品福利卡的策划和设计

关于产品福利卡还有一些不同的福利方式，见表5-2。

**表 5-2　产品福利卡的福利点策划**

| 产品引流利益点 | 产品形态 | 领取方式 | 变现方式 |
| --- | --- | --- | --- |
| 产品附加服务 | 虚拟 | 线上服务 | ①产品关联服务。<br>②会员体系。<br>③售后服务。<br>④品牌内容和实用知识。<br>⑤引导购买关联产品。<br>⑥引导裂变传播。 |
| 客服售后 | 虚拟 | 线上咨询 | |
| 小礼物 | 实体 | 邮寄 | |
| 红包 | 虚拟 | 线上发放 | |
| 抽奖机会 | 虚拟 | 线上抽取 | |

产品引流的第一要点指的是在做产品福利卡的时候，到底用什么样的方式来吸引消费者的注意力？下面给出最常见的五种方式。

第一种，提供产品的附加服务。这个产品形态是虚拟的，比如说客户买了一个产品之后，告诉他想要获取这个产品的使用说明书，可以关注公众号。客户想加入品牌福利社群，也要先关注公众号，这就是附加服务。这些服务是虚拟的，领取方式是到线上来领取。

第二种，提供客服售后。这是很常见的一种手段。比如，印一个二维码在卡片上，并写一句话告诉客户使用产品如果有任何售后咨询，可以扫码询问。一般来说客户已经购买产品，顺手关注获得售后服务，很正常。客服售后也是虚拟的，领取方式是线上咨询。它的引流效果非常好。

第三种，直接送小礼物。在产品的福利卡上面，告诉客户扫码可以领取什么礼物。以美妆行业为例，设计好的福利卡，大概有30%的人会扫码；且扫码之后，关注公众号的概率是90%以上，数据非常好。此类一般都是送实体礼物，通过邮寄的方式寄给客户。

第四种，发红包。直接告诉客户扫码就可以领取红包。红包是虚拟的产品，线上发放。

第五种，提供抽奖机会。在福利卡上印一句话，告诉客户抽奖有机会瓜分百万大奖，最高的大奖是什么。这就是我们说的抽奖机会。通过一个虚拟的抽奖机会来引导客户扫码关注。

然后我们看一下，引流过来之后如何变现。

（1）提供产品的关联服务。客户购买了产品，可以关联其他的服务。

（2）提供会员体系。引导客户到品牌的私域流量池。

（3）提供售后服务。以前售后服务通过打电话等方式实现，现在用微信取代。

（4）提供品牌知识和使用知识。引导用户关注公众号，为其推送品牌知识图文，引导其进入社群互动，推送与产品相关的知识和福利，培养用户黏性和忠诚度。

（5）引导购买关联产品。比如美妆行业，通过一支眉笔引流用户，再慢慢推荐其他相关的产品。

（6）把这些客户引到线上之后，发起裂变活动。这也是一种非常好的变现方式。

这是关于产品福利卡引流到线上后变现的一些方法。下面是更具体的做法。

产品福利卡也叫导流卡片，用于引导客户扫码关注。品牌可以对此做一些不同的设计，比如可以用一些明星的元素。接着，这个卡片的福利点是很重要的，可以是会员好礼，比如领取积分、专属服务，还有免单福利，送小礼物，还可以是送红包，注意送红包这个功能就很好用，很多品牌都通过送红包来快速涨粉。

产品福利卡，一般会放在包装袋内，要设计得精致和精美、要有价值感。

接下来再看福利卡的设计，福利卡上的文案要突出福利点，文案内容一定要简单、简洁。一般来说，可以定一个大框架，然后配上福利点。以下是一些设计思路。

（1）赠送会员好礼。告诉客户扫码就可以获取会员积分，还有会员延保的服务、一对一服务。

（2）赠送明星产品和免单福利。直接告诉客户扫码之后可以获得无门槛优惠券，还会赠送一些品牌的小礼物。

（3）告诉客户扫码100%中奖，或有惊喜好礼。客户进入公众号之后引导他们抽奖。

（4）更刺激的是，让客户直接瓜分百万大奖。客户进群之后就派送微信红包，注意是派送微信红包给他们。

引导客户关注之后，就需要提供对应的福利，也引导客户与品牌做更深度的关联。

对于想注册会员的客户，在其扫码关注公众号后，推送小程序引导客户点击和注册，客户注册完成后领取福利，比如会员权益、积分兑换等。这是常用的一种变现方法，先让客户成为会员，然后通过会员服务来引导他们复购和转介绍。

对于赠送品牌小礼物的福利，客户关注之后触发话术引导其点击小程序，而小程序打开之后再引导客户领券下单，体验这个产品。这种方式非常适合有低客单价产品需要引流的品牌。

关于领红包，客户关注公众号之后，直接派送一个红包，客户点击红包，零钱马上到账。这是通过低金额红包来降低引流成本。

这个流程，有一个关键的平台，叫作微信商户平台，这是做私域营销必须用到的一个平台。企业要想给客户发红包，要先在这个平台充值和配置红包的额度，最后通过发放红包的方式引导客户到企业微信。这个平台企业一定要重点关注。

该平台有些设置要点需要强调一下。服务号后台需开通同一企业主体的微信支付商户号账户；企业微信支付需满足开通90天、连续30天有交易流水的条件；平台默认只能发放1～200元红包，企业可开通场景支付，最低可以发放0.3元。

### 5.3.3 用户的留存和转化

通过福利卡将用户引流到公众号之后，要怎么把他们留存下来？要怎么转化他们？引流仅仅是第一步，服务好用户才是企业私域运营的首要任务。

有好产品和好服务，变现是顺其自然的事情。

早期的完美日记，通过带二维码的产品福利卡引流用户关注公众号。在公众号里做深度运营，一方面推送图文，另一方面引导用户到小程序消费，还分流到个人号。这就需要打造一个私域服务IP人设，做好私域流量池运营。因为用户不可能和一个品牌聊天，但是他们会和品牌后面那个客服聊天。比如，一个粉丝不会和完美日记聊天，但他会和完美日记背后的客服小完子聊天。

整个用户引流、留存和转化步骤如下。

第一步，用好企业的存量用户，注意关注与每一个用户的接触点，比如说快递包裹、产品包装等，想办法把用户引流到线上来。

第二步，产品福利卡是极其有效的引流方法，借此吸引用户扫码。

第三步，直接派送福利。直接派送福利是最高效的，不要拐弯抹角，直接告诉用户扫码领大奖，这是最高效的导流方式。

第四步，公众号是引流的第一入口，也是最重要的流量承载平台。所以很多时候我们在做福利卡设计的时候，可以把用户优先导流到公众号上，公众号再分流。

第五步，私域流量池的打造对解决流量问题非常重要。如果流量问题解决不了的话，后面运营做得再好也徒劳。

第六步，通过直播电商的方式快速销售产品，然后通过发放产品福利卡的方式回流用户，把用户引到公众号、企业微信等平台上面，打造企业的私域流量池，再通过社群、朋友圈、视频号的内容影响和互动服务等，让用户复购或者转介绍。

# 5.4 广告投放，精准引流目标客户

投放广告引流，是很多品牌启动私域建设的关键动作。回到公众号时代（2014—2016年），当时就有不少品牌通过投放公众号涨粉广告，迅速把公众号做大。

小程序的出现，也带动了一波小程序广告投放：通过在小程序商城或游戏投放广告，实现直接成交或裂变传播。

到了视频号的全面商业化时代，腾讯拓宽了微信生态广告投放的渠道，视频号的短视频广告投放和直播间广告投放的规则和玩法都在趋于成熟稳定。通过投放起号，是接下来的一个红利。

## 5.4.1 朋友圈广告投放

新媒体生态有三种流量，即私域流量、公域流量和商域流量。企业通过投放广告获取商域流量。广告的投放渠道也有很多，朋友圈是很重要的一个渠道。

如朋友圈本地广告，投放是非常精准的，特别是企业做O2O引流的时候，因为这些服务产品必须在一个特定的区域才能提供服务。如果门店在广州，广告却投到北京去，就是白白浪费钱。

所以要做好精准投放广告，花好每一分钱，特别是O2O的服务形态，一定要做LBS社交广告投放。

微信商户平台，所有关于微信的资金流转，都在这里（见图5-4）。而且，企业还可以通过该平台发放各种优惠券，包括朋友圈发券、附近发券、扫码领券、API发券、立减折扣等。

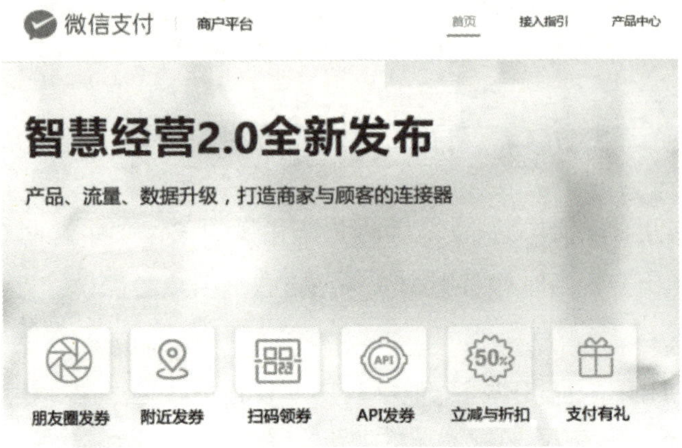


图5-4　微信商户平台（https://pay.weixin.qq.com）

其中的附近发券，是基于LBS地理信息，在店铺周边发放优惠券，引流消费，把线上流量引到线下来。

传统的人工派发的传单是纸质券，相比LBS发券模式效率低下，还需要投入大量人工成本。微信的附近发券是电子券，能实现平台自助智能投放，且精准触达目标人群，人工成本几乎为零。

当下做市场营销，一定要懂得且善于利用工具，用工具来提高工作效率。关注微信的“附近推”广告，做本地化广告的精准投放。

我们再看下一种广告方式——传统的朋友圈投放广告（见图5-5），它在哪里投放呢？登录企业的公众号，在后台有一个广告主，开通该功能后就能投放广告。

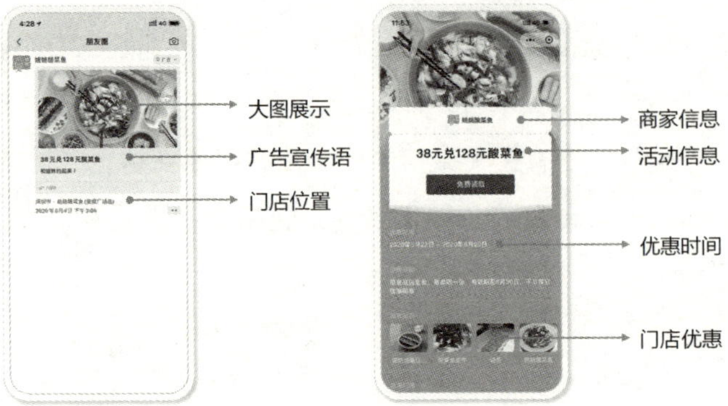


图5-5　朋友圈“附近推”广告

这种朋友圈广告分两种，一种叫作品牌广告，主要用于品牌宣传；另一种叫作效果广告，主要用于销售卖货，以达成交易为目的（见图5-6）。

图5-6　品牌广告 VS 效果广告

关于效果广告，它的变现效果可衡量，在后台能看到有多少人浏览广告、多少人点击、多少人报名、多少人购买，这些都一清二楚。为可衡量的结果付费，非常公平，有效果才付费。

再看一下其他一些行业的应用。以汽车行业为例，以前汽车行业会投放很多品牌广告，比如说户外的广告、电视广告，都是以扩大品牌的影响力为主。但是现在很多汽车品牌都会在朋友圈投放效果广告。

举个例子，图5-7左边第一张图片是汽车行业的东风日产投放的一个效果广告，广告语里写着赠送购车礼金。客户看到这个广告点击进去，就可以领取一份购车礼金。怎么领取？到4S店。这条广告是汽车4S店投放出来的。

第二张图片是小鹏汽车的广告。客户点开之后可以预约试驾。客户提交电话号码之后，会有客服打电话过来，引导客户到门店试驾。把客户从线上引到线下来，在线下门店做进一步转化。

第三张图片是迪卡侬门店投放的一条朋友圈广告，是以门店为原点投放的，只有在门店附近的客户才能看到这条广告。点开广告，里面就有优惠券送给客户，引导其到门店消费。

图5-7 O2O类效果广告

这种方式，就是利用广告提高O2O的运转效率。虽然并不是每个企业都有线上的流量，但没有线上流量，谈何引流到线下来？

很多品牌就是通过广告给私域流量池引来第一波客户。

### 5.4.2 竞价广告和排期广告怎么选

你可能经常在朋友圈刷到带有企业微信二维码的广告，这是企业直接投放的企业微信广告。这类广告以高客单价行业为主，例如汽车行业、房地产行业，这类企业利润高，所以能支撑高获客成本。

还有一点，有意向去加企业微信的客户，才是高客单价商家的潜在客户。这类行业很注重一对一的个性化服务，所以需要精准获客。做投放，越精准，获客成本越高。

所以也需要平衡，看商家现阶段是需要更精准的客户，还是需要以更低成本获得客户。不同阶段的不同诉求，可以从预算调配上去做平衡。

放眼全互联网，更精准的客户在哪里？比如说需要装修的客户在哪里？他们可能会在百度搜索装修关键词，可能会在淘宝、京东搜索相关家具产品，也可能会在小红书搜索家装内容。主动搜索的客户需求很明确，他们就是更精准的客户。

相对于主动搜索，被动受影响的客户就不一定有刚需，但是，这类客户的获取成本会很低。朋友圈就是典型的客户被动受影响的场景。客户在刷朋友圈的时候，看到一条广告，然后点击进去看。当然了，这条广告也不是无端冒出来的，它是根据用户的标签画像，做相关的匹配而呈现的广告，可以做到相对精准的需求匹配。

朋友圈广告投放的两种主流方式，一种是竞价广告，另一种是排期广告。

竞价广告较常见，广告主提前选择投放的目标人群及投放日期，对广告效果做预判再出价，与其他广告主通过实时竞价的方式获取广告曝光，就像拍卖，价高者得。

排期广告是一种保价保量的合约购买方式。一般提前1～28天预订排期，锁定目标曝光量。通过排期购买的朋友圈图文广告，广告单次投放最低预算为5万元，单价也由地域决定，按照CPM（Cost Per Thousand Impressions，千人印象成本）曝光扣费。

竞价广告跟排期广告怎么选择？首先，竞价广告更加精准，排期广告贵且没有竞价广告精准。

其次，制定策略是投放广告的时候要关心的事情。比如在“618”这种大促节日，排期广告会占大盘的份额，平台会优先保证排期广告，不会全部拿掉，但也会安排一定比例的竞价广告。因为如果全是排期广告，竞价广告就没人投了，这也不行，所以两者都有一定的比例。但在大促节日大盘量紧张，竞价广告出价就要变高，否则企业容易抢不到投放量。

如果做竞价广告的常规性投放，应该选择在非大促时期，大盘量比例上升的时候加大预算，用更低的价格去获取更多的投放量。

### 5.4.3 视频号广告投放

视频号的广告投放分为短视频投放和直播间投放两种。短视频投放可直投商品链接和投放短视频引流直播间，这些被投放的商品链接或短视频会在短视频广场展现。直播间投放可直投直播间，直播间将在直播广场和短视频广场展现。

短视频投放也可叫作“加热”或“上热门”，号主可在短视频的右上角点开或在创作者中心使用加热工具进行操作投放。直播间内投放一些食品，如海鲜、海参、菌菇等，还有一些女性品类，如珠宝、美妆、服饰等，数据都不错。

直播投放的工具，主要有三种：第一种是创作者流量包，使用微信豆和流量券投放，可以将广告投放于直播广场推荐流。其他两种，则是腾讯的两大广告投放平台，ADQ广告（网址：https://ad.qq.com）和MP广告（网址：https://mp.weixin.qq.com），可以将广告投放于视频号短视频广场、朋友圈、公众号及小程序。

微信豆的投放场景，是在视频号活跃用户观看直播和短视频中穿插广告，如上下滑动、短视频信息流、直播广场等位置，主要在视频号场景内。而ADQ的投放场景更丰富，除短视频“Feed流”外，还有公众号、小程序、朋友圈等非视频号场景。

投放计划需配置参数，包括加热方式、投放目标、出价、投放时长、投放方式、观众类型和下单金额等。合理设置参数，可以让投放效果更好。

要在视频号做广告投放，要有投放计划配置加热目标。以观众进入直播间为投放目标，平台则能快速带来观众，但转化比较一般；以账号涨粉为投放目标，能迅速起量，转化效果不错，同时比较容易获得成本保障金；以点击商品效果为投放目标，转化效果比投观众好一些，但资金消耗比较多；以直播观众互动为投放目标，转化效果最好，有互动才会有交易；以直播间成交订单为投放目标，根据账号过往成交数据圈包，账号过往成交数据越多效果越好，这种出价是最高的，但容易获得成本保障金。

同时，智能出价系统根据算法及账号情况进行出价，不会有固定出价，只适合小众品类的新号前期投放。

加热方式有直投加热直播间和选择短视频加热直播间两种。直投加热直播间，会让直播间出现在直播广场的信息流中，效果比较好，能起量，容易过审。选择短视频加热直播间则是让观众从短视频广场的信息流进入直播间，观众粉丝更加精准，但不容易过审且要6小时后才能起量。其中，投放计划中选的是“期望的观众类型”和“主播的观众”，直播间将会优先加热给你所选择的主播的粉丝和观众，最多添加20个主播；投放计划选“群成员”，视频将定向推给你选择的群成员以及与他们相似的人，可选择当前微信号上的所有微信群，最多10个。

视频号广告作为微信生态广告的一种新形式，具有覆盖面广、定向精准、形式多样、效果可控等优点。

在2024微信公开课PRO上的视频号的内容部分中，腾讯提到微信豆和ADQ将会融合，也会涌现更多更高效的视频号投放广告玩法。不管是面向KA，还是面向小微企业，视频号结合腾讯广告，可以重组出非常多的垂直行业解决方案。特别是随着KA商家大规模入场，借由腾讯广告和视频号的深度融合，以及腾讯广告和腾讯全流量场景的打通，存量的广告客户将被大规模转化为视频号的新增客户。

2024年是腾讯广告深度介入视频号电商的一年，这是投流起号的新机会。

## 5.5 优化基础建设，多场景引流和提高通过率

销售人员如果在添加客户之后能够及时推送可以下单成交的小程序，就能够第一时间转化客户；或是售后客服如果在添加客户之后能够及时向客户推送填写售后信息的页面，就能够给客户带来良好体验，很有可能提升品牌隐性的口碑。

初次营销和持续转化是相对应的。初次营销，指的是在与客户初次接触的短时间内做好营销的行为，帮助企业完成成交的第一步。

对于企业来说，营销转化的时间节点一般只有两个：第一个是客户首次接触企业的时候，这是客户建立对企业的第一印象的时间节点；第二个是企业激活客户的时候，其中更关键的是首次接触的场景。前者是初次营销的时间点，后者是持续转化的时间点。当客户添加员工的企业微信，或是进入企业微信社群后，相关人员就要准备好执行初次营销。

客户添加员工企业微信，或者进入企业微信群后，客户的注意力最多维持3分钟。如果在3分钟之内，企业和员工没有及时回应客户，那么客户很可能就会从此“沉没”。相反，如果企业和员工能够在客户添加后的3分钟之内触达客户，并且输出优质的服务和内容，那么企业和员工就有很大机会在客户心中建立起良好的第一印象。

### 5.5.1 用好企业微信，做好初次营销

为了帮助企业和员工及时响应客户需求，企业微信也提供了多个工具。

企业要设置好企业微信的首页，这里需要注意三个关键点。

第一，定好品牌名称。品牌名称是企业微信的标识，建议使用品牌名，而不是使用公司的名称，因为品牌名称更有辨识度。注意，一家公司一个主体，最多可以认证五个名称，方便同一个公司多品牌运营。

第二，设好账号昵称。企业微信昵称怎样命名才能够提高客户微信通过

率？结合品牌人设IP命名是其中一种方式。比如说美妆品牌完美日记的小完子、服装品牌UR的小狮子、餐饮品牌瑞幸咖啡的lucky，这都是非常典型的带有品牌人格化IP的名称。人格化的IP才有温度，有温度才有信任。所以我们看到很多品牌，特别是美妆行业，他们会推出一个虚拟的IP，围绕这个IP做了很多周边，有表情包、抱枕、插画等，只为打造一个更有立体感的人设。

除了打造虚拟人设的方式，还有另外一种起昵称的方式，就是用员工的真实名字来命名。很多品牌是用这种方式，像vivo手机、家居品牌索菲亚，他们员工的企业微信的昵称用的就是员工的真实名字。

第三，做好跳转链接。跳转链接可以设置小程序承接，通过链接引导客户自助服务。这里每一个步骤都需要精心设置。因为添加完客户之后，关键的一步是要推送对客户有价值的信息。比如提供产品服务、引导客户注册会员等。第一次接触非常关键，直接影响到客户是否留存、是否活跃。

以下是企业微信在初次营销中能提供帮助的功能。

（1）设置对外个人主页。这个功能可以连接小程序、H5链接。具体来说，就是可以在聊天之前，就让客户进入企业的商城页面，或者是企业的小程序，这是一个等待利用的成交入口。

管理员创建栏目的功能位置在企业微信后台的“我的企业”—“通讯录管理”这里，点击对外资料显示旁边的修改按钮，就可以创建多项专属对外信息展示了。创建栏目之后，员工可以在手机端填充内容，管理员也可以在后台通讯录里面逐一帮员工进行填充。员工的填充位置在手机端企业微信右下角的“我”—“对外名片”，然后点击右上角的笔刷按钮，最后选择“对外信息”。这样就可以看到填充内容的栏目了。

填充好内容之后，客户在添加好友之后及聊天之前，就可以看到这个内容，就能够点击跳转到H5链接和小程序。

（2）设置好友欢迎语。能够在客户添加好友之后第一时间进行成交转化的功能还有一个，就是好友欢迎语。如果对外名片只有简短的文字来辅助营销，那么好友欢迎语就可以更大程度发挥文字、图片、链接和小程序等内容的组合成交能力。

好友欢迎语支持一段文字加一张图片、一个H5链接卡片，或者一个小程序等形式。由于内容的特殊性，电脑后台只有部分修改功能，要修改链接卡片和小程序，建议在手机端进行，位置在“工作台”—“客户联系”—“配置”—“欢迎语”。

一个好的欢迎语格式是文字+转化入口，转化入口可以是H5链接或者小程序。文字部分需要向客户做好自我介绍和品牌介绍，最终告诉客户企业能提供什么样的服务，希望客户接下来怎么做。通过强营销属性的H5或小程序，让客户进入下单、留下资料或者是转化到更多其他的平台当中。能实现这些目标的才是比较好的吸引客户注意力的欢迎语。

（3）设置入群欢迎语。入群欢迎语是每当有客户进群就会推送信息的功能，它也是支持文字+图片/H5链接/小程序的。目前入群欢迎语没办法设置成5人、10人等多人进群时才会推送，仍旧是每个客户进群都会触发推送。

刚建群的时候，流量比较大，建议用人工的方式隔一段时间发一次信息，等进群流量稳定之后，再启用群欢迎语这个功能。

（4）设置快捷回复。快捷回复功能覆盖私聊和群聊，员工可以在手机端企业微信，而管理员可以在后台储存一些快捷回复的内容，然后利用聊天框中的快捷回复按钮迅速调用，实现回复速度加快的效果。其中员工自己储存的内容只有员工自己可以使用，管理员在后台储存的内容则是可以同步到企业所有员工，企业要合理分配利用好两边的资源。

利用功能实现快速响应客户，这是第一步。第二步，需要有优秀的文案支持。好友欢迎语和快捷回复要考虑到聊天环境，使用更口语化的描述。私聊和群聊本身是一个聊天环境，书面语会给客户一种“打广告”的感觉，利用口语化描述来推荐商品和服务，客户将更容易接受。

上述的这些企业微信功能都可以帮企业完成初次营销，甚至实现首单成交。

### 5.5.2 十种方式灵活加好友

企业应该添加什么样的客户为好友呢？答案是目标客户，或者准确地说，是企业有目的筛选过一轮的客户。因为添加客户好友的场景，比起客户加入社群和公众号都更加私密。

如果直接用添加好友的方式来承接流量，客户留存意向不强，且对品牌忠诚度会不高，这样员工在转化的时候压力也会提升，无形中影响了员工转化真正有意向的客户的效率，得不偿失。

以下总结了企业微信最常用的十种添加好友方式。针对不同的场景，使用对应的添加好友方式，效果会更好。

（1）“联系我”二维码。简单来说，就是设置一个永久二维码。客户扫这个二维码无须确认和认证双方就可以立即加为好友。该二维码可以设置单人二维码和多人二维码，其中多人二维码可以分配流量到100名员工，随机分配。这个方式是目前企业微信添加客户路径最短的一种。客户扫描二维码的习惯已经养成，因此客户体验会更好，一般建议企业优先选用这个功能添加客户好友。

“联系我”二维码功能建议由管理员或部门负责人统一创建，方便管理，功能位置在企业微信后台的“客户联系”—“工具”—“联系我”。

在设置页面中，可以选择生成单人二维码、多人二维码或是批量单人二维码。多人最多可以选择100人共用一个二维码，而客户扫码后，是随机分配给员工的。批量单人二维码，则是可以选择多名员工，生成各自的二维码。

注意，这个界面还可以设置选择“客户添加时无须经过确认自动成为好友”，这样就能解放一线客服或销售的双手，自动通过好友，自动提供服务。

（2）“联系我”按钮。由于在小程序中无法长按识别二维码，而“联系我”功能允许客户在品牌小程序中通过按钮的形式进入企业微信。这样就可以让品牌自己的小程序的流量留存在企业微信上。

“联系我”按钮的设置和“联系我”二维码类似，都可以选择客户添加时自动成为好友，而且还有不同的按钮样式可以选择。唯一需要注意的地方是，该按钮设置后仍需要开发，因此这个功能更偏向于在品牌自己的小程序内使用。

（3）对外名片海报。这个功能与“联系我”二维码相似，但这个功能生成的二维码的添加好友流程更为复杂。客户扫码后，需要提交申请，然后员工点击通过认证，这样才能添加好友。由于二维码的功能可以被“联系我”二维码代替，其实该功能更多用于获取一张带有名字、职务、企业信息的名片海报。

有一种特殊的玩法企业可以参考，在生成海报之后，在二维码处贴上“联系我”单人二维码。经过简单的整合，企业就能获得一张可用于推广的对外名片海报。这样既能输出一张带有企业与员工的形象海报，也能利用“联系我”二维码快速添加客户为好友。

（4）企业微信名片分享。基于企业微信和微信互联互通的能力，员工的企业微信号也可以通过个人名片的形式推送给客户。客户点击企业微信名片后，添加的路径和客户扫描二维码是一致的。

一般名片不是由员工来分享，而是由已经添加了员工为好友的客户主动来分享。员工可以对已经添加的客户做引导。这样一个小细节，可以帮企业多获得一些流量。

（5）主动通过手机号添加。第五种到第七种方式，都是主动添加客户为好友，注意谨慎使用。如果大量主动添加，对客户来说是一种骚扰行为，这样客户添加你为好友的可能性也会降低。

目前企业微信不支持通过搜索微信号来添加客户为好友，需要通过搜索手机号码来添加。移动端企业微信添加客户好友有快捷入口，而通过搜索手机号添加是其中一种主动添加形式。

知道客户的手机号码后，想要联系客户，可以使用这种方式。如果规模化操作，就可以利用工具，通过电话号码批量加好友。

（6）主动通过微信好友添加。员工使用企业微信可以关联其个人微信账号。员工的企业微信与个人微信绑定后，可以使用这个功能，添加微信好友到企业微信当中。比如，员工使用自己微信号添加的一些客户，可以通过这个方式转移到企业微信当中，享受深度的服务。

（7）主动扫描客户二维码。移动端企业微信可以通过扫一扫功能，扫描客户的微信二维码，主动添加客户为好友。一般是在线下场景扫码，或是在已经获取到客户二维码，需要主动添加时使用。

（8）视频号首页关联企业微信。在视频号绑定企业微信后，视频号首页就会显示出来，方便视频号粉丝添加企业微信。这个方法是视频号和企业微信互联互通的第一步。因为平台政策会变化，所以需要结合第十种方法，联合微信客服一起使用。

视频号场景内加好友，也是当下极为重要的客户来源渠道。

（9）视频号直播间弹出企业微信名片。在视频号直播间直接弹出企业微信名片，这种添加方式非常高效，通过直播间福利话术，引导客户点击名片添加企业微信，特别适合活动引流和精准高客单价用户引流。

（10）微信客服引导添加企业微信。微信客户的后端已和企业微信打通，可以跨平台激活企业微信聊天，具体应用就是把微信客服入口植入视频号、小程序、企业APP、官网等平台（见图5-8），客户发起聊天后，客服在企业微信后台收到信息，且可以用文本进行互动。还可以通过投放广告，引导客户和微信客户聊天，然后再推送企业微信名片。

图5-8 微信客服入口的多场景应用

企业微信作为私域的重要服务工具，也是企业进行私聊和群聊的必要工具。通过公众号、视频号等渠道获取的流量，将其进一步沉淀到企业微信，在企业微信与客户进行沟通，这是私域的引流服务路径。企业要做好基础建设，其中很重要的一个板块，就是做好企业微信的基础建设。

磨刀不误砍柴工，先做好准备，再获客成交。

### 5.5.3线上线下场景，多维度引流

企业微信主要的线下引流场景，有基于门店位置的名片推送、支付页面的导购名片，还有通过线下的咨询和消费场景，引导客户添加企业微信。

将线下门店的案例进行拆解，看一下落地的应用。雅诗兰黛有很多线下门店，客户关注公众号后会被推送附近门店的美容顾问。另外，线下门店也会引导消费者添加企业微信（见图5-9）。门店美容顾问的员工信息和企业微信上的个人信息一一对应，给客户亲切感，能快速地拉近双方距离。美容顾问通过给客户提供专属的导购服务，促进成交和复购。

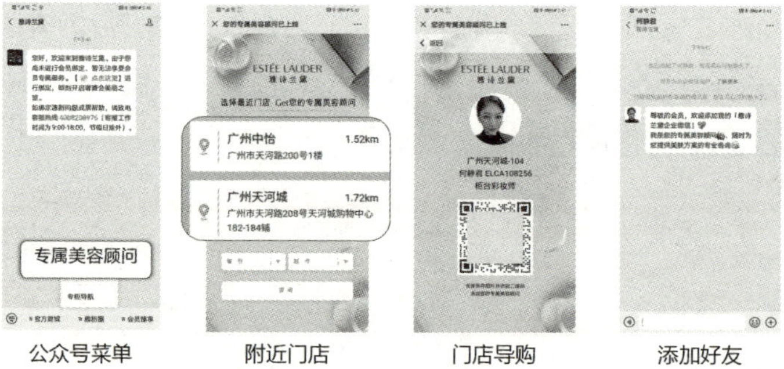


图5-9　雅诗兰黛公众号引流到企业微信

给客户提供优质的服务，是企业私域运营的首要任务。

最典型的就是在支付场景下，也就是通过结算服务来引导客户添加企业微信。比如，在线下门店，客户消费完之后，引导其添加企业微信，企业微信名片上面有员工的名字和头像，有门店信息等。这种做法是将短时服务转为持续服务，将弱连接变为强连接，提升客户体验和商家服务能力。

客户支付后，在结算界面里可点击导购名片，名片展示导购姓名、头像、门店、二维码等信息，引导客户扫码快速加好友。

登录微信支付后台，也叫作微信商户平台，只需完成三步设置：第一步，找到营销中心；第二步，找到支付入口；第三步，在这个入口下进行配置，选择企业微信后，就可以呈现出刚才引流的效果。在客户支付完之后，就会弹出

这个名片给客户，引导客户添加企业微信。

**导购升级为企业超级触点，人即服务，增长以人为中心。**

企业微信主要的线上引流入口，包括公众号的欢迎语、菜单、图文，还有视频号、小程序、广告、活动和跨平台引流。

重点看公众号，它是私有流量池的第一个线上入口，大多数的流量都通过关注公众号，再被引导到企业微信中来。这么做的好处就是尽可能让客户在多个地方都留下痕迹，方便多点触达。

通过公众号添加企业微信常见的方式有三种。第一种是公众号给客户推送附近门店，引导其添加门店导购企业微信。客户关注公众号的时候，根据LBS定位，通过菜单引导添加导购，接着导购提供专属的一对一服务。这是非常典型的通过公众号引流至企业微信，同时结合线下门店的一种玩法。

第二种是通过公众号图文植入二维码，引导客户添加企业微信。比如，通过公众号发布招募体验官的链接，客户点击后跳转到图文页面，在图文里面植入企业微信的二维码，引导客户添加客服的企业微信，添加完之后将其拉进客户群，并激活小程序，引导其注册会员。这是一个非常典型的通过公众号引流到企业微信，再到小程序的链路。

第三种是通过公众号推送活动页面，引导客户添加企业微信。这种方式是客户点击菜单触发H5页面，H5页面内有二维码，引导客户添加企业微信，然后将其拉进客户群，接着还是引导其至小程序领取福利。

大部分品牌的导流路径都是一样的，这些是推荐给大家的经典和主流的导流路径，先让客户关注公众号，再通过欢迎语、菜单、图文等方式，引导客户添加企业微信；接着引导客户进入客户群，再引导客户去小程序领取福利或促成成交。

### 5.5.4 企业微信运营初期的常见问题

随着企业微信功能的不断完善，越来越多的企业看到企业微信在私域营销方面的重要性。而大部分企业在使用企业微信与客户沟通的过程中，总是遇到不少“拦路虎”，比如不清楚使用方法，不知道具体功能的使用场景，无法在内部实现有效管理等。

显然，这些“拦路虎”直接阻碍企业在企业微信上与客户的有序交流，高效成交更是难以实现。针对常见的问题，下面分别分析如何突破。

Q1：企业微信添加客户时，客户量非常大的情况下怎么去分配对接员工?

可以使用企业微信活码功能，一个活码可以绑定多个企业微信号，当客户扫码添加好友的时候，后台会把客户自动分配给不同的企业员工跟进服务。

同时，可设置自动回复内容，提高客服服务效率。企业微信活码还可以设置自动打标签的功能，客户扫码添加进来后会被自动打上标签，方便企业区分客户来源渠道。

Q2：用企业微信添加客户时，如何提高通过率?

关于通过率，最重要的是价值，客户为什么要加你？你能给他什么价值？你是否有向客户说清楚加企业微信的好处，或提供更大的福利？

企业微信对比个人微信添加的流程是不一样的。我们可以在电话前先操作添加的动作，然后在和客户电话沟通时直接指导客户添加企业微信；并释放“添加后优惠券会通过企业微信发给你”等福利信息，让客户看到添加企业微信的价值。

Q3：用企业微信主动添加客户，但客户通过的操作步骤多，如何解决?

添加客户的时候，我们要做的，是尽可能引导客户主动添加我们。这里有以下三个原因。

第一是企业微信添加好友这个功能在通知栏是找不到的，藏得很深，在客户体验上会被打个大的问号。

第二是作为品牌方的企业微信，如果一天加很多客户，会被微信判断为恶意营销，有封号和降低权重的风险。

第三是效率太低。

可以在客户看到品牌的所有地方去做引导，比如公众号、小程序、广告投放等，让客户主动添加我们。但是，不要指望百分之百的通过率，这是不可能的。

### Q4：客户觉得企业微信是企业平台，冷冰冰的，如何解决？

首先，当打开手机，有一条信息弹出时，人们会更关注信息的本身，而不是先去看这条信息来自企业微信还是个人微信。

其次，对于账号的温度的理解，这个账号有没有温度跟工具无关，跟运营这个账号背后的人和方法有关。

比如，我用个人微信，天天发广告，你觉得这有温度吗？但如果我加了企业微信，客服天天分享我需要的干货，例如教我穿搭。作为消费者，我需要的是服务、福利和内容，我在乎的不是工具或其他什么，而是在乎背后的人是谁，和能给我提供什么。如果账号背后的人没有温度，用其他工具也不会有温度。但我们不能强求每个店员都有温度，我们可以通过培训的方式赋能，把有温度的方法给到员工。

这是怎么去运营的问题，是人的问题，而不是工具的问题。

## 5.6 美妆品牌“卡奇色彩”私域赋能电商增长

卡奇色彩是时尚国货彩妆品牌，倡导“年轻、多彩、活力”的美妆理念，主张打造缤纷多彩的玩妆世界，它的眉笔在淘宝平台销量遥遥领先。

在“0推广费”的情况下，一款价格69元的眉笔新品上市，首日预计销售5000套，但最终大卖7000多套，卡奇色彩是怎么做到的？

答案就是“私域”。

卡奇色彩得益于长期把客户沉淀在微信私域，并持续提供服务。它在自己的公众号、粉丝群、朋友圈等平台发布新品信息后，立刻得到了老客户的积极反馈，他们纷纷到淘宝、天猫旗舰店抢购新品（见图5-10）。

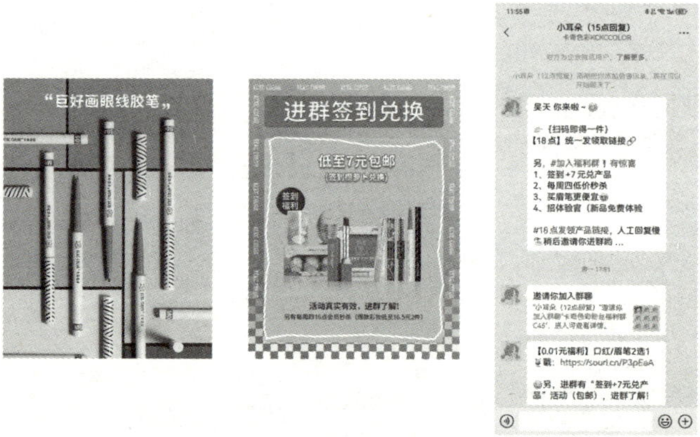


图5-10　卡奇色彩的私域流量池建设

做私域，日积月累才能厚积薄发。卡奇色彩在私域赛道上的探索和思考很有启发性，尤其值得主营线上电商的品牌加以参考。

### 5.6.1 在微信生态再造一个卡奇色彩

作为淘宝平台极细眉笔销量第一的品牌，卡奇色彩慢慢意识到淘系流量的转化成本越来越高，如何降本增效是企业营销当下亟待解决的关键问题。

虽然品牌在淘系电商平台已经有比较成熟的生意模式，但微信生态是另外一个业务场景，企业在微信借助公众号、小程序和社群等工具，可以重构新的交易闭环。

卡奇色彩将目标投向那些购买过产品的老客户。过去，这些客户在电商店铺购买产品后很容易流失，即使留下电话也很难再次激活。因此必须把这些老客户都引导到公司的公众号、社群等平台，以便日后有效、低成本地再次触达。

想要沉淀电商客户，淘系和微信生态已然无法直接打通，而快递包裹成了品牌和这些购买过产品的精准客户最后接触的主要场景。于是卡奇色彩设计了福利卡，随着包裹邮寄给客户。采用优惠或送福利的方式，引导客户关注公众号，成为品牌粉丝。

卡奇色彩在公众号的关注回复语和菜单栏，同样设置利益点引导客户进入社群，对客户做更深度的运营。在启动私域流量池建设的早期，通过这样的引流方式，卡奇色彩微信平台每天涨粉超过3000。同时结合裂变的玩法，半年时间公众号新增粉丝累计超过40万。

卡奇色彩的私域流量池很快就沉淀了一批精准的老客户，而如何运营和转化这些老客户并持续变现，成为它下一步需要重点探索的问题。

### 5.6.2 私域运营反哺公域电商

当公众号、社群有了粉丝后，除了提供内容、服务，当然也要提供产品。卡奇色彩开始尝试在微信私域推广产品，将粉丝引导到小程序进行购买。结果发现小程序商城的转化效果比较有限，营业额一直没有大的突破。

然而，让人惊喜的一个新发现是，每次在微信私域发文、发群和发朋友圈做推广的时候，天猫和淘宝旗舰店的销售额都会有很大的提升。

原以为客户在微信生态接收广告信息，更乐意在小程序商城购买产品，但现实是客户不在乎不同平台之间的沟壑，最终还是会选择在自己熟悉的电商平台进行消费。

接着一个新问题冒出来了：如果客户还是淘系平台的客户，那么私域的客户运营价值在哪里？一开始，品牌期待微信私域可以带来新客户，以及新的业绩增长。但如今小程序商城的营收较低，那么私域运营是否值得持续投入？

与此同时，卡奇色彩的业务也在变得更加聚焦。从原本的眉笔出发，逐步开发了口红、眼影等产品系列。明确定位之后，品牌便面临以下两个问题：

（1）如何与客户沟通，建立品牌形象？

（2）同品类的新品上市后，如何让老客户复购？

答案还是在“私域”当中。通过私域一对一的、免费的、重复多次的内容传播，省去了大笔广告费用投入。

得益于原来优质眉笔不断积累的客户对品牌的口碑认知，卡奇色彩推出同品类的系列眉笔新品时，很快就能得到老客户的认可，使得转化消费的门槛大大降低。

过去，卡奇色彩认为私域是一个媒介渠道，可以通过推广带来新客户。如今，卡奇色彩则认为私域是老客户的服务平台，通过优质的服务来引导老客户持续复购。

卡奇色彩还把运营私域的部门改名为“用户中心”，顾名思义就是服务客户的部门。没有私域之前，客户遇到问题寻求服务的时候，会打客服电话，会在商品评论区留言，会在旺旺上找客服私聊。有了私域之后，客户有任何消费上的问题，都可以在微信好友或者社群里直接找到客服，一对一沟通，效率更高、体验更好。通过私域给客户提供优质服务，让客户在电商平台持续购买，这就是卡奇色彩对私域营销的最新策略。

### 5.6.3 平台工具组合使用，发挥私域最大价值

同样是公众号、小程序、企业微信和视频号等微信私域工具，在不同企业和策略背景下，它们的具体应用都有所差异。卡奇色彩通过包裹送福利卡的形式，将客户引导到私域流量池。客户首先关注的是企业的微信公众号。公众号成为沉淀私域流量的第一个窗口。

不同企业送出1万个包裹，为什么有的能转化30%以上的客户，有的却只能

吸引1%的客户扫码关注呢？这说明活动利益的吸引力，以及各个转化环节的优化同样重要。

客户在公众号和社群打开卡奇色彩的小程序，发现首页最显眼的是“成为会员”，会员可以通过积分换取福利。这一步可以增加客户的黏性。

与此不同，很多私域电商的小程序，首页更注重的是商品展示，引导客户下单购买。所以从小程序的功能设置也可以看出，卡奇色彩私域关注的是客户服务，而非商品销售。

社群一开始使用个人微信作为搭建和运营的工具，而现在逐步转到企业微信上。跟企业微信相比较，个人微信有一定的优势，比如互相查看朋友圈和利用工具群发不受限制。但劣势也是更为明显的，比如养号成本高，动辄担心过度营销被封号惩罚，还有无法打通微信多平台客户数据，以及在深度运营方面有所欠缺。

这是因为企业微信的产品定位就是给企业使用的，对客户不会产生额外的影响和负担，反而会提升客户的交互体验。随着和视频号、公众号、小程序等平台相互打通，企业微信的功能早已远远超越个人微信。

社群里的客户多次表达希望看到卡奇色彩直播的意愿，品牌同样需要通过直播的方式来跟客户拉近距离，推广产品理念。跟很多做视频号的自媒体不一样，短视频创作不是卡奇色彩的强项。通过短视频内容来提升视频号和直播的关注度，成本较高而且周期较长。但其优势在于已经沉淀了大量的公众号和社群粉丝，可以更专注在视频号直播这个环节。通过视频号直播的方式，一方面激活现有的私域客户，另一方面通过广告投放和红包裂变等玩法，同样能达到吸引新客户的目的。

通过电商平台的运营和私域服务，卡奇色彩的月复购率达到50%，且超过60%的消费者为18～25岁的年轻群体。

**在整个私域搭建过程中，品牌从策略、矩阵、团队到打法都不断在调整迭代，唯一不变的就是做好私域的决心和行动力。**

# 第6章 客户裂变

## 6.1 私域用户的来源分析和一物一码引流

为什么一定要把消费者沉淀在私域？在一个电商的场景里面，首先要解决什么？答案是流量。

在淘宝、京东等平台都可以解决流量的问题，有了流量之后，就靠企业的转化率，流量乘以转化率就等于企业的收益。这是传统电商平台的做法，最多再关注一个复购率，但往往复购率都很难提升。比如淘宝平台，消费者一般是购物才会打开，消费完成后就关闭，商家就很难及时触达消费者，通过电话、短信等方式也不高效，所以，传统电商平台在复购方面就很难施展拳脚，关于复购率就打了一个问号，更不用说后面的转介绍。

但在社交电商平台，复购率，特别是转介绍就尤为重要。淘宝、京东这些传统电商平台，没有很强的社交属性，所以我们要把这些消费者引流到微信生态，在微信生态做裂变、转介绍和复购。

淘宝、京东等传统电商平台的生意继续做，只不过，同时让消费者进入私域，在微信生态深度运营。

### 6.1.1 关注私域用户来源

企业运营新媒体账号，首先要思考清楚用户在哪里，怎样引导用户来关注。不同的新媒体平台有不同的属性和玩法，相同的是好内容对用户都具有吸引力。

在传统的电商平台，很多品牌只是和消费者做一次性买卖，一次接触后消费者就失联了，这也造成用户的流失。

吸引用户到转化用户，需要先从用户来源开始，分析用户的主要关注来源。

私域用户关注来源主要有四个（见图6-1）。

| | |
|---|---|
| 内容引流 | 通过优质内容，传播扩散，吸引用户关注，对创作要求极高 |
| 广告引流 | 付费思维，花钱买时间，通过社交广告吸引目标用户 |
| 活动引流 | 线上活动，如裂变推广等；线下活动，如门店海报、Wi-Fi 涨粉 |
| 产品引流 | 产品本身是最精准的流量口，把精准付费用户引流到线上 |

图6-1 私域用户主要关注来源分析

第一，内容引流。2015—2018年，内容引流的效果非常好。一篇公众号图文刷屏，或者涨粉几万甚至几十万的情况也时常见到。而今天，大家对公众号长图文阅读疲倦，注意力转向短视频和直播，所以，现在进行内容引流时需要创作更优质的内容，对大部分品牌来说，难度加大。

第二，广告引流。大家看到的朋友圈信息流广告、小程序广告、视频号广告、微信图文贴片广告，这些都是广告引流的方式。做广告投放，要用付费思维，花钱来买时间。通过社交广告吸引目标用户，这是一个非常高效的途径。

第三，活动引流。活动分为线下和线上，线下活动如Wi-Fi涨粉、扫码活动、产品扫码等；线上活动如互推、跨界、分享、裂变等，其中裂变活动的成本相对较低，而且见效非常快。

第四，产品引流。这是一种很重要的来源渠道，产品本身就是最精准的流量口。和前面的三个渠道都不一样，它本身是免费的。利用好这个免费的渠道，把精准付费用户都引到线上。

这四种关注来源中，产品引流是最为重要的方式，下面将深入分析产品引流的优势。

第一，精准用户。通过内容引流也好，广告引流也好，用户很可能没有听过我们的品牌，更不用说消费过我们的产品。但是，能被产品引流的用户一定买过、用过我们的产品。陌生的、没有用过我们产品的人是看不到这个引流途径的，因为它的入口就在产品的包装和产品里面。这是非常精准的渠道。

第二，免费流量。大家想一想，投放广告，是不是得花钱？做活动，是不是也得有推广经费？但是产品本身是要邮寄给用户的，顺手将其做成一个引流的渠道，对于我们来说这是免费的。

第三，稳定来源。只要产品能稳定地在市场上周转，就会有一个非常稳定的流量来源。比如投放广告，哪一天停止投放了，流量就断了。比如创作内容，哪一天文章写得不好，流量也来得不多。但是，只要产品能一直被卖出去，总有稳定的流量来源。

第四，深度服务。很多时候消费者购买了产品后，后续使用效果怎么样，这些反馈很难收集。但是通过产品引流方式，精准地把用户引流到线上，就非常方便做后续的服务和复购转化。

这就是产品引流的优势。

### 6.1.2 私域一物一码引流方案

私域引流的一物一码方案，就是通过产品引流，让用户通过专属二维码进入私域。进入私域主要有三种路径，即公众号、小程序和企业微信（见图6-2）。

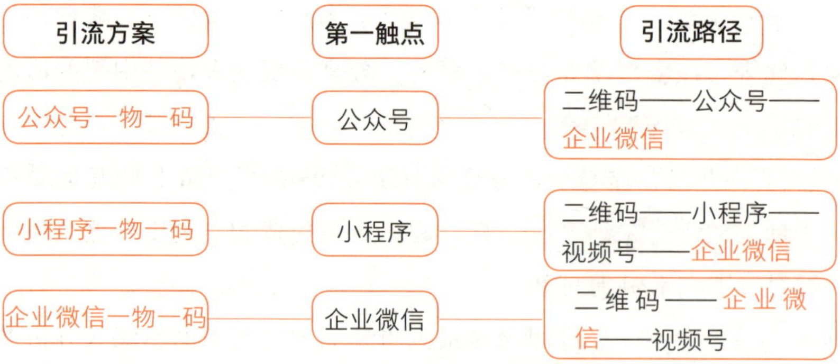


图6-2　一物一码引流方案

最常见的是以公众号作为第一触点。公众号成为引流中转站，在公众号中推出企业微信二维码，然后引导用户添加客服微信进行产品引流，最后沉淀到企业微信。

同样，还有小程序一物一码的引流方案，常使用这个方案的是饮料酒水企业，比如东鹏特饮、蒙牛、洋河白酒等，他们在产品外包装上印上小程序二维码，如在酒瓶的盖子上。用户扫码可以参加抽奖活动，在小程序里面会被引导加上企业微信。安全赋予每件商品唯一的二维码后，消费者扫码后进入小程序获取服务，再由微信提供扫码数据和客户分析。

现在，也有企业直接采用企业微信引流方案。产品福利卡上印有企业微信二维码，还有带参数的二维码。用户扫码后，会被引导到视频号互动。

做一物一码时还需要加一个企业微信二维码裂变。登录企业微信后台找到“客户联系”，在“客户联系”的下面有一个“加客户”，在“加客户”下面有“联系我”，从这里进去配置一些参数。后面扫码加进来的客户，会随机分配并配置客服。客户添加时，无须确认，自动成为好友，这是后续做裂变的关键。

“加客户”的另一个功能是“加入群聊”，也就是配置群活码。点击“加入群聊”之后，很关键的一步出现了：在这里一定得勾选“群人数达上限时自动创建新群”，相当于传播的是一个活的二维码。客户扫码进群，群人数到了一定数量的时候，微信会自动裂变出新的群，非常高效。这就是群裂变功能。

名创优品就是典型的例子（见图6-3）。客户添加名创优品导购企业微信后，导购会推送群二维码，通过活动福利的方式引导客户扫码进群，这里用的就是企业微信客户群活码。一个群人数达到上限时，微信自动裂变出新的群。客户进群后，导购在群里面做深度运营，引导客户消费和复购。

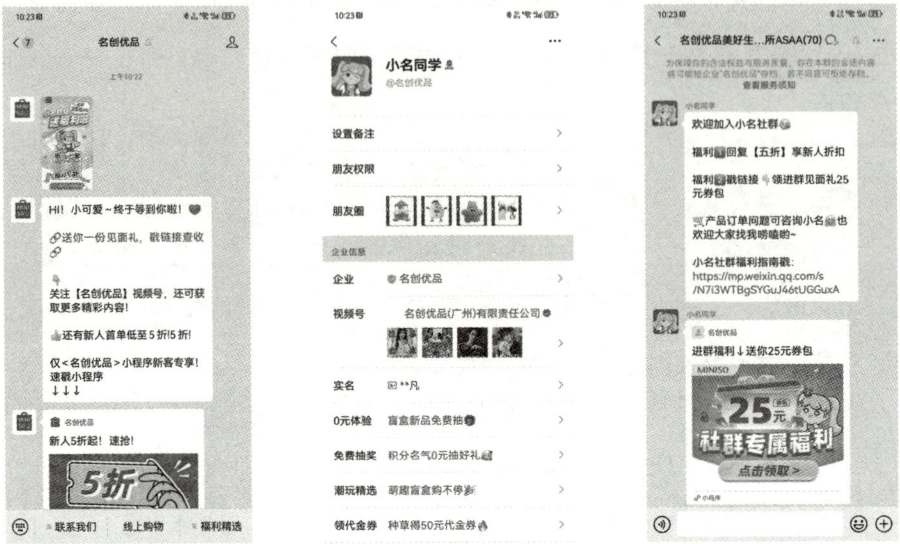


公众号　　企业微信　　社群

图6-3　名创优品企业微信沉淀路径

# 6.2 激活社交关系链，放大私域营销势能

私域的运营，背后是社交关系的维护，通过维护用户和品牌的社交关系，让用户分享和介绍新用户，从而产生裂变传播。

每一位用户，都是社交裂变的原点。品牌方要站在用户的视角，思考用户为什么参与活动传播，为什么愿意分享。洞察用户的需求，再设计满足用户需求的活动，才能真正实现裂变传播。

## 6.2.1 裂变活动的传播机制

比如一张海报，别人为什么愿意分享？重点关注三个关键词：稀缺感、利益驱动、社交价值（见图6-4）。

图6-4　裂变活动传播的社交机制

第一个关键词，稀缺感。“限量发售”“独一无二”“最后100份先到先得”“年度特权”“每人限购多少份”等，用这些词句营造稀缺感、紧迫感。还有一种，“这个产品只在这里售卖”，或者说“在其他地方很难买到这个产品”，带有这种语句的海报就很容易做裂变。

第二个关键词，利益驱动。这需要一个价格锚点。因为产品的价值是相对存在的。一个产品它到底值多少钱，到底什么是实惠，需要参照标准。举个例子，我可以这么写一句广告语，19.9元抢六大权益，这就有一个对比，一个是六大权益，一个是才19.9元。我们说的价格锚点，往往很多时候在裂变海报上呈现的就是“免费”两个字。

第三个关键词，社交价值。早些年在互联网上有一个很火的词叫作社交货币，就是说我传播这个东西能给我贴标签，而这个标签如果是正向的标签，就能让我在我的社交圈中加分。因为我传播海报，大家觉得我是一个有正能量的人，觉得我是一个有价值的人，给我贴个标签，这叫作社交货币价值。

比如，公益，腾讯每年的公益海报都传播得非常厉害；跑步，我们看到很多运动App，都会做一些让你分享到朋友圈的海报，跑步代表健康、正能量、热爱生活，这就是我们所说的社交价值。还有读书，所以经常在朋友圈能看到很多分享读书海报的。

以上就是我所说到的海报传播的三大驱动力。

一张海报为什么能在朋友圈刷屏？有的海报，为什么很多人愿意在微信群传播？这就涉及两种传播场景。

第一种，在朋友圈刷屏。朋友圈是利己传播，对自己有用，给自己贴标签。什么样的海报属于利己传播呢？测试类的海报，例如测测我是哪种星座的，测测我这个星座今年的运气如何。借活动测试，发个朋友圈，想告诉大家，我是这么一个人，这叫利己传播。

第二种，在群里裂变。微信群是利他传播，分享好东西到群里，帮助大家。我们经常在家族群里看到拼团链接，这里的潜台词是团购很划算，参与进来一起获得低价好物，这叫利他。还有一种送福利，把一张海报或一个链接放在微信群，附上一句大大的文案——一起来分红包。和大家一起来分享福利，这叫利他传播。

做裂变活动的时候一定要思考好，海报的传播点在哪里？它是利益驱动（利他），还是能够贴上社交的标签（利己）？这个海报是方便在微信群传播，还是方便在朋友圈传播？一定要策划好。

### 6.2.2 活动引流后的用户运营

产品一般主要被分为两大类——高频低价和低频高价。下面讲讲这两大类的行业，分别该怎么挑选引流产品，以及后续的客户运营如何做（见图6-5）。

图6-5　活动引流后的用户运营

**（1）高频低价，锁定用户的空间。**怎么理解呢？把我们的目标潜在用户引导到社群，通过社群来运营，高频互动，从而让他们消费。这类行业有哪些呢？比如说餐饮，用户起码一周会消费一次，甚至每天都会消费。所以一定要营造一个封闭的环境，频繁影响他们。

**（2）低频高价，锁定用户的时间。**何谓锁定时间？一方面，个人号一对一服务；另一方面，设定一些长期的利益，比如说赠送年卡，用户在这一年内都会记住要消费，这叫锁定时间。这些产品，用户可能一年消费一次，甚至几年才消费一次，有些一辈子才消费一次，如婚纱摄影。所以旅游、婚庆、家具，这些行业是我们说的低频高价行业，可以设置年卡，通过一个长期利益来服务他们。

可从上面图6-5所示的两张海报看一些行业的实战应用。左边是美妆行业，通过送眼影来吸引潜在用户。用户关注公众号之后，将眉笔以及其他产品推送给用户。同时，引导他们到社群，群内不定期地进行福利派送活动，保持用户的活跃度和黏性。高频消费产品需要高频的信息触达。

右边是知识付费行业，用户扫码后直接送学习资料包。从某种程度来说，这是没有成本的，边际成本非常可控。用户拿了资料包之后，觉得还不错，再将其引导到付费课程，后者就是变现产品。通过有价值的资料包，或者微课学习，让用户感受到企业的专业度和服务质量，然后再向用户推荐付费产品。

### 6.2.3 裂变活动的价值

用户增长是企业私域营销的增长点之一。

一方面，用户增长能为企业带来更多的潜在客户；另一方面，用户是企业的数字化资产。拥有更多用户的企业，将在私域营销中更具竞争力。

不少企业为了销售，习惯性地把促销内容混淆到裂变海报活动中，希望引流和销售能在一次活动中完成。这是很难做到的，因为裂变来的用户不一定精准，况且，私域需要慢慢运营，而不是一蹴而就的。

其实裂变引流，以及销售转化都应该从用户出发。

裂变海报如果做的是公众号引流活动，那它的目的就是让公众号在短时间内快速涨粉。不要把发放优惠券卖产品的活动强行加入裂变海报的活动环节里，这会导致裂变无法展开，谈何增长流量。裂变海报活动的核心原理是利用用户的社交关系来裂变，也就是个助力游戏。小程序的拼团、砍价和分销是同一性质的引流活动，只不过发起的场景不一样而已，前者在公众号发起，后者在小程序发起。同样地，裂变海报活动的首要目的是涨粉，用户关注公众号后自然会看到促销活动。成交是流量自然转化，当下不买不代表用户以后不买。

裂变活动是流量工具，不会帮企业筛选目标用户，但企业发起活动时可以选择在老客户群里发起，用免费活动撬动老用户的社交关系，增加目标客户的精准度。随随便便在外部渠道发起的裂变活动，参与活动的用户精准度自然不能得到保证。

裂变活动是在奖品投入、流程玩法、裂变效果、销售转化各个环节不断权衡评估出来的结果。传播对象的精准度背后是成本问题。建议大家利用裂变传播的原理来策划活动时，每次活动后都评估投入产出值，然后不断调整各个活动环节来提升ROI。

# 6.3 策划一场爆款裂变活动

一场成功的社交裂变活动，包括四个部分。

第一，活动策划和引流产品。这涉及一场活动的前、中、后期分别怎么安排，以及用哪些产品来引流比较合适。

第二，海报。做一场活动，海报是传播的关键载体，这涉及怎么设计好海报，海报上的文案怎么写。

第三，工具。在运营中能用工具解决的事情，就不要用人工。同样是工具，不同的用法会产生不同的效果。

第四，活动上线之后的推广和运营。推广和运营会直接影响到一场活动的效果。

在用户运营层面，通过活动把用户吸引过来，运营好他们，最后才能推进变现。何为社交电商？先社交，后电商，用户来了之后做好运营，变现是顺其自然的事情。

## 6.3.1 裂变活动中引流产品的选择

在裂变活动开始前，我们需要挑选引流产品，这是很关键的一个环节。这里有四个关键点需要注意（见图6-6）。

| | |
|---|---|
| 产品价值 | 电商 271 法则：20% 低价引流，70% 平价利润，10% 打造品牌 |
| 产品关联 | 引流产品和利润产品关联起来，引流的目的是变现 |
| 产品形态 | 虚拟还是实体，线上还是线下，设限还是不设限 |
| 产品成本 | 引流活动 ROI 模型，优化获客成本 |

图6-6　裂变活动引流产品的选择

（1）产品价值。传统电商时代有一个271法则，这是什么意思呢？20%的产品用来做低价引流，70%的产品用来做平价销售，赚取企业经营所需要的利润，还有10%的高价产品，这部分产品的生产目的并不是销售，而是打造品牌形象。

（2）产品关联。所有活动的目的都是变现，所以活动中一定要关联利润产品。比如，做线上课，总不可能拿一个线下餐饮的产品来引流，因为它们是完全关联不起来的。所以用什么来引流呢？试听课。这叫产品关联性。

（3）产品形态。产品是虚拟还是实体？这里需要大家慎重思考一下，因为虚拟产品成本低，甚至成本约为零，但是并不是所有的行业都适用虚拟产品。还是刚才那个例子，餐饮行业中客户到线下来吃饭，这饭就是实体产品。产品是线上还是线下？有些引流场景适合线上，那就尽可能将消费者引到线上去，因为成本更可控；有些引流场景适合线下，比如旅游行业，那就必须将消费者引到线下去。产品设限还是不设限？用来做引流活动的产品是100份还是1000份？还是说没有上限？这就关乎企业的成本了。

（4）产品成本。一场活动，要搭建引流活动的ROI模型。前端的投入包括什么？包括产品成本、推广费用，还有人工成本，但这不好计算。后端的产出包括用户，因为每一个用户都是有价值的，比如一场活动涨粉1万，这1万名新用户就是收益。后面用户的消费，也将成为收益的一部分。把后面的收益除以前面的投入，就是活动的ROI。因此需要不断优化活动，降低获客成本。

由上面四点可选定出引流产品。这里需要注意，引流效率最高的就是直接给利益。比如红包，或者直接派送礼物。有了流量之后，才有更多的想象空间。

下面我们来看一些引流产品的挑选。不同行业的引流产品是不一样的，但是可以跨界学习（见表6-1）。

表 6-1 引流产品和利润产品的关联

| 行业 | 引流产品 | 产品形态 | 领取方式 | 变现场景 |
|---|---|---|---|---|
| 美妆 | 眉笔 | 实物 | 包邮送 | 美妆全家桶 |
| 家具 | 家具设计 | 虚拟 | 线下设计 | 引导购买家具 |
| 餐饮 | 新菜品 1 折 | 虚拟 | 到店消费 | 吃饭加菜 |
| 商超 | 优惠券 | 虚拟 | 到店消费 | 关联购物 |
| 教育 | 体验课 | 虚拟 | 线上听课 | 购买正价课 |
| 母婴 | 玩具 | 实物 | 包邮送 | 消费相关产品 |

第一个美妆行业，可以通过低成本的眉笔来引流。产品包邮快递寄给客户，客户拿到产品之后怎么变现？通过拉群进行后续运营，向客户推荐其他美妆产品。

第二个家具行业，常用的方法是0元设计，即设计不用钱，而且这是虚拟产品，成本可控。引导客户到线下门店来查看方案，再进一步引导其购买家具。

第三个餐饮行业，可以拿新菜品进行1折推广，引导客户到店消费。客户吃饭总得加菜，通过其他的菜品再赚取合理利润。当然，餐饮店还可以通过送酒水等更直接的方式获客。

第四个商超行业，可以发放优惠券，引导客户到门店消费。比如说100元优惠券要满200元才可以使用，这就是关联购物。线下门店的优惠券营销虽然传统，但是有效。还有门店支持用会员积分兑换礼品，也是常见的方式。

第五个教育行业，教育行业要怎么做呢？可以送虚拟产品，如体验课，听1～2节的体验课，不收学费。客户觉得老师讲得好，再引导其购买正价课。教育行业是线下服务转线上化做得最好的行业。

第六个母婴行业，我在妈妈网操盘新媒体的时候，常做的活动就是送玩具。这个很有意思，一般来说你送一个儿童玩具，普通人是不要的，但是妈妈就很想要，所以通过这个方法引流来的都是非常精准的用户。

通过福利卡、活动等方式引流来的用户，该如何运营才能做好留存呢？首先，需要对用户进行一定的深入了解，打上标签。

比如家居行业的尚品宅配，对于任何关注服务号的用户，尚品宅配都会通过客服信息和推文主动触达、主动询问。主动触达的推文内容包括家装知识、产品信息、服务优惠等。一旦用户回复，那么客服就会将用户回复的信息记录在SaaS后台当中，准备用于对用户进行进一步的服务和转化。

通过活动，将新用户导入转化流程当中，让他们体验到品牌服务，从而提升用户对品牌的认知和忠诚度，这是做好留存和转化的底层逻辑。

裂变活动会不会影响低频高价品牌的定位呢？适当控制量和频率，特定时间点的用户福利优惠，在不滥用的情况下不会对品牌造成损害。要把裂变活动策划为“用户福利活动”，而不是粗暴的涨粉活动。

**活动要营造福利专享的价值感，而不是利用用户捡便宜的心理来传播。**

### 6.3.2 裂变活动中的海报策划和设计

很多客户看到链接不愿意点开，而海报是平面视觉的呈现，不点开也能看到大概的信息，而且扫码也是很好的引流方式，引流关注公众号、加入社群、预约视频号直播都可以。

关于裂变海报需要注意一点，不要写太多信息，要聚焦。但企业往往是什么都想写，客户看了却根本不知道企业要传达什么信息。还有一点，文案一定要从客户的角度出发，不要“自嗨”。很多时候一些人把海报当成了产品宣传的载体，这是大错特错。

设计一张涨粉效果好的裂变海报，要关注以下四点（见图6-7）。

| | |
|---|---|
| 海报色调 | 海报色调要符合传播属性，同时兼顾品牌主色调 |
| 海报结构 | 裂变海报重点是介绍引流产品，而不是宣传品牌 |
| 海报文案 | 以客户视角来描述利益点，包括主题文案、产品介绍 |
| 海报引导 | 互动话术设计，引导扫码参与 |

图6-7　裂变活动的海报设计

（1）海报色调。一张海报要有一个视觉的VI（Visual Identity，视觉识别）主色调，一般来说首先要考虑它的传播属性，比如海报涉及节假日的热点，或一些很火爆的话题，就选偏暖色调。所以大家看到最开始被刷屏的网易裂变活动海报颜色是大红色，大红色海报很适合传播。还有冷色调，网易的测试类H5页面很多都是冷色调，冷色调偏向冷静思考，这是传播属性的一个需求。在满足传播属性的需求之后，还要兼顾品牌的主色调。

（2）海报结构。海报结构分为上、中、下，人的注意力一般会集中在中间部分，所以中间部分一定是引流产品的介绍，而不是品牌宣传。很多企业总想把自己品牌的所有信息都放在海报上面，结果往往是客户点开密密麻麻的文字，却根本就不知道你想告诉他什么。活动海报最重要的位置留给引流产品介绍。上部（头部）一般是品牌信息，再贴一个logo，而下部（底部）有常规的设置，就是放置二维码和互动话术。

（3）海报文案。这里的内容一定要以客户的视角来描述，包括主题文案、产品介绍。企业做活动总得有一个主题，以客户的角度来描述它，例如客户能得到什么东西，而不是产品有多好。

（4）海报引导。一张海报，需要设计互动话术，比如设计一句“我参加了，你也参加吧”之类的话，引导客户传播出去，也引导看到的人参与进来。

色调、结构、文案和引导是设计裂变海报的四个重要关注点。

设计活动海报时，可供选择的主要有四种样式（见图6-8），下面以一个线上分享课为例。

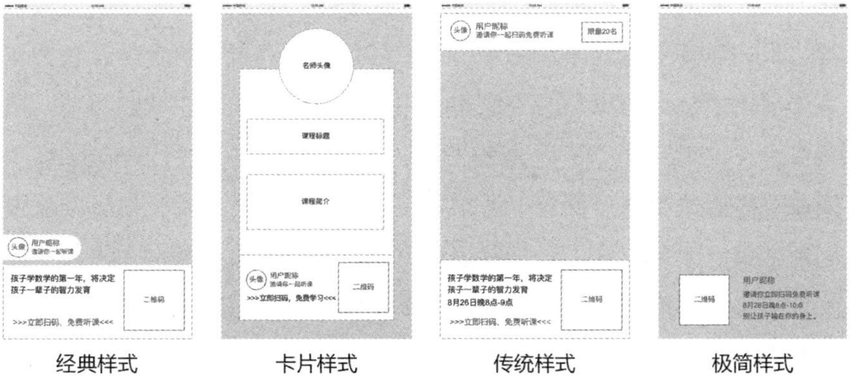


图6-8 活动海报的设计样式

（1）经典样式。经典样式就是一个大块的空白，上面只有产品介绍。左下角会有用户的头像和昵称，还有互动话术“邀请你一起听课”，底部就是产品的介绍。

（2）卡片样式。一张大海报里面有张小海报，课程的介绍放中间，把老师的头像放得很大，就像一张卡片一样。

（3）传统样式。把头像和整个互动话术放在顶部，并加上“限量20名”，最底部就是听课和二维码。

（4）极简样式。极简样式就有意思了，只有一个大大的空白页面，底部有二维码和用户昵称，还有互动话术。

看看图6-9中的三张活动海报是怎么设计的，这三张海报来自三个不同的行业。

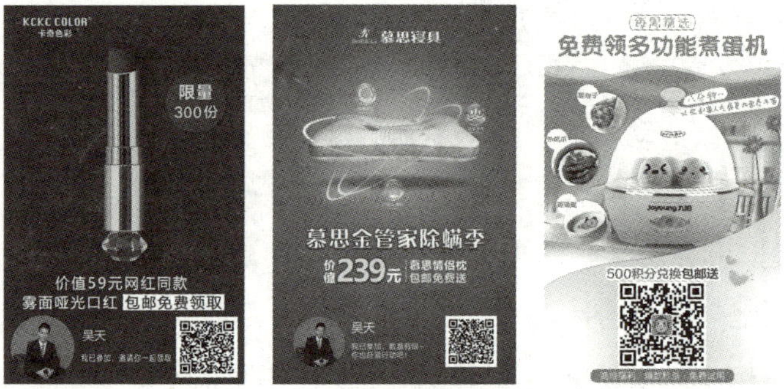


图6-9　不同行业的活动海报设计

第一张海报来自美妆品牌，通过一支口红来引流，且限量300份。还呈现价值59元，现在包邮免费送，这是价格锚点，传递口红很有价值但是免费送的信息。底部就刚才提到的用户的头像和昵称，还有互动话术“我已参加，邀请你一起领取”。

第二张海报来自家居品牌。海报中下部有一个海报的活动主题。注意，我们发起的活动有两种方式，一种有活动主题，另一种没有活动主题，这就看大家的活动策划了。海报上强调奖品价值多少钱，现在包邮免费送，这也是价格锚点，即一组价格对比。

第三张海报来自母婴品牌。在海报最重要的位置介绍产品。品牌信息在哪里呢？一句话够了，下面再加一个活动主题。不要想着把所有的品牌介绍都往海报上面贴，用户记不住的。

**海报一定要简单且突出利益点，这个利益点一定是对用户有用的，而不是说品牌有多好多厉害，因为这不是用户首要关心的事情。**

### 6.3.3 裂变活动中的工具和推广

当下是以技术驱动运营的时代，我们要善于利用工具来提高运营效率。在社交裂变涨粉活动中，能用工具解决的事情就不要用人工，因为工具可以标准化、规模化。

微信的平均好友人数是500人，换句话说，一个普通人一般有500个微信好友。那么，微信用户发一条朋友圈，有多少好友会看到？大概是40%的人会看到。微信好友参与活动的漏斗模型见图6-10。

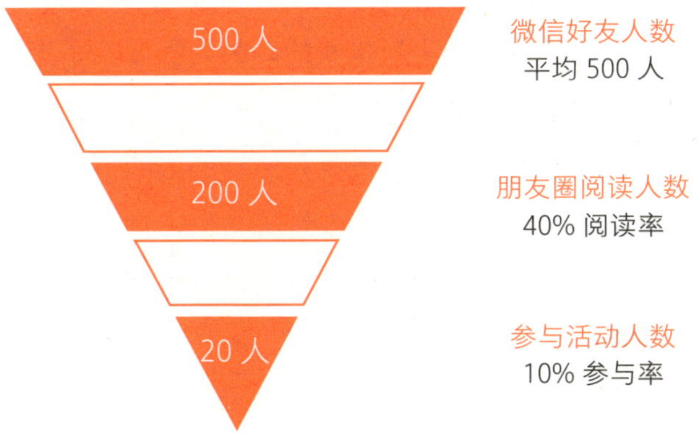


图6-10 微信好友参与活动的漏斗模型

为什么呢？第一，有一部分好友是不看朋友圈的；第二，还有一部分好友，你早上发朋友圈，他们下午才刷朋友圈，他们也看不到你发的朋友圈；第三，当你的微信好友人数超过一定量的时候，朋友圈内容展示会受限制。假如你的好友超过5000人，你发一条朋友圈，最多只有一半好友能在朋友圈信息流中看到，其他人要进入你的主页才能看到内容。

根据上面所说，按照数值40%来计算，500人乘以40%等于200人，一条朋友圈大概会被200人看到，而参与活动人数大概是10%，因此按照整个漏斗模型计算下来，分享一个活动，一般只有20个微信好友会帮忙。

也就是说，当我们发起一场活动时，如果要求微信用户邀请20个微信好友来做某一个操作，这场活动一般完成数是比较高的。如果邀请超出20个好友，这对微信用户来说是比较难的，但如果是10个人的话就很简单。

**裂变活动八字诀：胆大心细，见好就收。**胆大心细是说我们在策划活动的时候，一定要大胆策划，但是在活动过程中一定要细心地琢磨每一个环节，处理每一个细节。只要你足够细心，任何时候都是安全的。见好就收指的是不要贪心，设定好一场活动的涨粉目标，达成目标就结束活动。

最后，记住引流的目的都是变现，所以我们在找引流产品和策划路径的时候，记住要如何和利润产品关联起来，如何在后端服务好客户。

用一句话来做一个小结，90%的活动被封杀都是因为被用户举报。为什么用户会举报活动？为什么举报你的不举报我的？因为我做到了更精细化的运营。90%的举报都是因为用户体验不好。

用户体验不好分为两种情况，第一种是活动的链路不顺畅，用户玩大半天都跑不通流程，或者说用户拉了很多朋友过来帮忙，最终都得不到奖品，那么这些用户很可能会举报。而第二种是用户有情绪，他们想找我们聊天反馈，但是我们没有及时回复，活动也可能会被举报。所以我们要及时回复用户所有留言，最好5分钟之内响应，降低活动被举报的风险。

## 6.4 提供优质服务，善用老客户介绍新客户

越来越多的企业通过私域流量来进行转介绍和分销。转介绍的目的是希望能够通过老客户带来具有消费能力的新客户，而不只是单纯的销量提升。

转介绍的难度会比首单和复购更高一些。这是因为老客户的朋友并不一定是品牌的目标客户，老客户也不一定会介绍品牌给他的朋友。最重要的是，老客户的朋友对品牌认知度不高，即使介绍了，朋友也可能不愿意消费。

但仍然有很多品牌开始做转介绍，这是因为这些品牌有方法通过不太高的成本来做好转介绍。只要做好投入产出比的规划，转介绍也能带来不错的收益。

**转介绍的三个决定因素分别是客户对品牌的信任，客户朋友对客户的信任，以及推广产品本身。**

客户对品牌的信任是第一步。转介绍的群体就是品牌能够触达的自己的老客户。如果客户对品牌信任，熟悉品牌产品，这样的客户是非常能胜任做品牌的外部推销员的。

客户朋友对客户的信任是第二步，客户的推广和转介绍也只能基于他的好友圈来进行。客户朋友对于客户的信任，是新客户建立与品牌间的信任的高效的桥梁。

推广产品本身是第三步，看的是产品质量和产品受众，本质上是这个产品够不够优秀，是不是有明确的或者广泛的受众，能不能将上述两种信任转化起来。

首先要明确一点，并不是所有的产品都适合做转介绍，这就需要评估产品可行性。有哪些数据需要重点关注的呢？那就是投入产出比、转介绍渠道的目标销量和客单价。

一般来说，转介绍产品时，建议优先选择已经被证实性价比高且销量不错的一些产品。这些产品已经被证实有明确的受众，市场接受程度高，因此走转

介绍能够快速做出成绩，也可帮助营销人员更快收获成功的经验。

### 6.4.1 转介绍的客户群体分析

那么如何找准能够转介绍的群体，帮助企业找到好帮手呢？我们在做转介绍的过程中，其实面向的是两个不同的群体。

一个群体是直接做转介绍的群体，他们会推广品牌的产品给到他们的朋友；另一个群体就是付费购买产品的群体，也就是新客户、消费者。品牌必须针对这两个群体推出不同的策略，其中对消费者可以套用一些首单和复购的活动玩法。

转介绍的群体可以分为三个类型（见图6-11）。

KOL客户：消费者里面的忠诚客户，就是KOL客户。大多数情况下，由KOL客户做成的转介绍会占所有转介绍的80%以上，这是因为转介绍考验传播者的公信力。

普通客户：消费者里面的其他客户是普通客户。品牌可以通过一些面向绝大多数客户的活动，让他们帮忙转介绍带货，通过客户数量来弥补参差不齐的转介绍效果。其优点在于客户了解品牌和产品，在转介绍的过程中他们更能说清楚产品优势。

社群团购：专门做转介绍的群体，从某种意义上来说，这些群体和微商相差无几。他们有一群固定的消费群体，群体里的成员无论团长卖什么都会尝试去买。但是这种群体转介绍的效果可能非常差，而且可能成果也不能保证，所以并不是特别推荐。

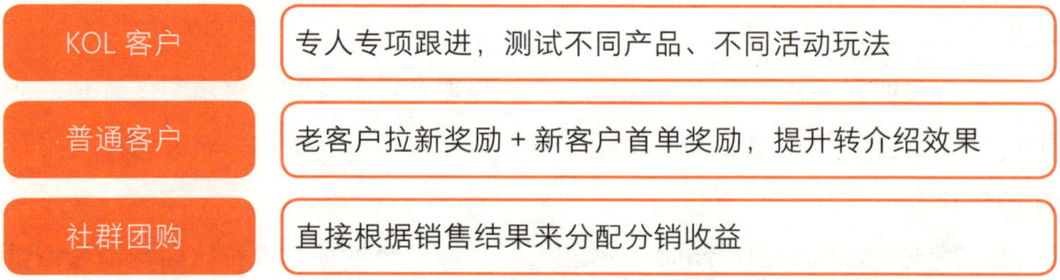


图6-11 转介绍群体的转介绍方式

而根据转介绍的不同群体类型，转介绍的方式也分为三种类型。

KOL客户转介绍：对于KOL客户，最需要解决的是推什么产品。因为KOL客户对品牌的信任是可以保证的，客户的朋友对KOL客户的信任也可以保证，缺的是推广产品。对于KOL客户而言，要根据他们朋友的需求属性来选产品。品牌方甚至可以安排专人专项跟进这批客户，尝试用不同的产品和不同的活动玩法、来测试产品在他们这个群体中的推广效果。

普通客户转介绍：对于普通客户来说，不能追求他们能够像KOL客户那样轻易带来大量客户，因此对于普通客户，一般的玩法是拉群做分销。这常常结合活动一起联动，用“老客户拉新奖励+新客户首单奖励”来提升转介绍效果。

社群团购转介绍：如社群团队的团长，由于其具有不确定性，想要追求效果就要做好分销政策。需要注意的是，分销政策可以根据不同的群体来设置比率。效果越好，团长收益越高。直接根据销售结果来决定分销收益，这也是一种节省成本的方法。

### 6.4.2 转介绍机制的激励设置

客户并不是企业的员工，要走通转介绍，除要给客户一定的优待政策作为其动力以外，也要尽可能地帮助这些客户减少阻力。那么，如何鼓励更多人参与，通过转介绍带来更多新客户？以下是一些可参考的激励设置。

（1）分佣提成：这是最简单且直接的转介绍的动力。企业做转介绍活动往往是配合分销玩法来进行的，比如只要老客户带来新客户且新客户有消费，老客户就能获取佣金。

（2）分段奖励：在分佣提成的基础上，还有分段奖励的玩法。比如设置邀请10人、50人、100人消费分别有不同的额外奖励。这能够提升转介绍群体的投入程度，因为这是针对已达成目标的转介绍群体。如果未完成，那么就不会有对应的成本提升，这是利用小的利益驱动更大的转介绍。

（3）PK机制：在利用活动的前提下，除上述的玩法之外，还可以设置PK机制，比如群与群之间的比拼，人与人之间的排行榜。通过竞争提升不同转介绍群体之间的投入程度。这种玩法也常用在大量老客户转介绍的活动当中。

（4）即时到账：这个就不是玩法，而是一种心理激励的机制了。这种转介绍成果即时反馈到转介绍群体的收入当中，而不是后面再结算，能够让转介绍群体在活动期间保持动力。不过，其中涉及退货等问题，因此这种方法可能更适合虚拟产品的转介绍。

### 6.4.3 转介绍机制的培训赋能

品牌如何通过转介绍群体培训新客户？这很大程度上体现在客户推广产品和品牌的文案上面，但是客户并不是真正的营销人员，不懂怎么写好文案，这个时候品牌如果不干预、不帮忙，则很难做好转介绍。下面是一些培训的方法。

（1）提供对外资料：品牌可以准备一些对外的资料文件，帮助转介绍群体学习，并分享给他们能拉来的新客户。转介绍的沟通成本和理解成本越小，新客户的疑问就越少，那么付费的可能性就越大。

（2）进行对内培训：请不要忽视对转介绍群体的培训，他们并非科班出身，大多也没有销售的经验，如果放任他们自己来做宣传推广，效果肯定不会特别好。品牌方可以在开展转介绍活动前，先拉群对转介绍群体进行培训，同时可以趁机再次宣传活动，扩大转介绍群体的规模。

（3）设置管理体系：这里特指员工管理转介绍群体的体系。根据群体属性，可以分为一对一（私聊，面向核心客户和专门做转介绍的群体）和一对多（群聊，面对普通客户）。本质上要管理好这批群体，制定好规则才能跑通转介绍这条业务线。

那么，如何设置转介绍群体管理新客户的体系？

从整体来看，就是通过企业管理员工，企业员工管理转介绍群体，再通过转介绍群体管理新客户来实现转介绍营销。企业员工可以和转介绍群体建立一个群，通过这个群消费的才是活动承认的订单，这个群归属权是转介绍群体的，由他们来管理社群。企业员工可以进群解答问题，同时进行监督。

但是要注意，新客户需要留存到企业的私有流量池当中。比如，在新客户消费过程中，在小程序消费的最后一步，引导新客户添加品牌的企业微信，这是因为我们做转介绍的目的是获取新客而不是获取销量。这个管理体系要做到标准化，确保企业与转介绍群体之间的关系不会因为某个或某些员工离职而被带走。

由转介绍衍生出来的社群团购，就是另一块大市场。市面上以快团团、群接龙为主流工具的社群团购平台很多，还有一些个性化定制社群团购工具的平台，这些团购平台，以社群为据点，设定了游戏规则，包括分佣和团队关系。作为企业品牌方，可以和他们合作，品牌方供货，团长组织卖货。

# 6.5 图书品牌“书里有品”玩转私域社群裂变

作为业内一匹横空出世的黑马，杭州书里有品深耕私域运营，打造了国内极有影响力的图书新零售平台。书里有品紧密聚拢100万名阅读推广人，获得包括掌阅集团在内的产业投资，助力全民阅读，登上“学习强国”，目前和数家年销售额10亿元以上的头部出版社深度合作。

这一连串令人艳羡的业绩究竟是如何赢得的呢？

“我们是从私域起家的企业。”书里有品首席增长官陈欢老师如是说。

书里有品为何会从私域切入图书发行和销售？爱阅读、爱学习的陈欢回顾，早在新冠疫情暴发初期，诸多线下的教育机构深受影响，不得不停办，纷纷打听有没有一些图书适合在线上售卖。

面对这样的需求，书里有品于2020年4月正式上线，尝试做图书的分销生意。从零开始积累10万阅读推广人，书里有品只花了1个月时间。如此高效能的秘诀在于，它把业内具备动力和能力的KOC筛选出来、争取过来、运营起来。

具体来说，就是尽可能把共性的问题做成材料，包括图书变现的案例，通过培训与核心的KOC多交流沟通，形成共识，同时做好产品售后。

## 6.5.1 用好KOC，搭建短视频矩阵

根据用户画像，书里有品的精准客户群主要是宝妈和老师，这两个群体的特点是有粉丝、有动力、热爱阅读，不愿意做阅读、学习之外的其他产品的推广。

在微信朋友圈里，图书和阅读的内容算是引流和裂变的加分项。从9.9元包邮图书一直到几百元的图书套装，都是这些人群能接受的客单价范围。平均计算下来，书里有品的客单价在50元左右。

为了让更多从事、参与图书推广的阅读推广人付出和得到成正比，书里有品尽可能地从源头合作出发，优化供应链，不断迭代新的产品线。

头部KOC贡献的营业额占据90%以上，贡献的图书复购率达到50%以上。

书里有品利用小程序与客户绑定关系。客户在自己的KOC群里交流互动，推广图书。小程序的作用在于关系绑定，商品展示，还有佣金确认。

在短视频方面，书里有品有一个专门擅长做爆款和写脚本的团队，能够多样化、批量化地生产优质内容。比如在视频号上，每周五晚上会邀请一家出版社的代表还有大咖作者进行连线，然后阅读推广人会利用这些独家内容，活跃社群和引流，通过视频号来实现内容赋能。

书里有品采用的模式是出版社直接入驻、直接发货、保证正版，保证品质。平台图书全部为出版公司自营，下单后由各家出版公司发货。书里有品把先进的生产力从整个产业迁移，不是去挣卖产品的钱，而是去挣产业服务的钱、生产力提升的钱。

做私域起家的企业，在公域既没有买流量，也没有太多的引流，基本是靠KOC裂变客户，所以它的私域就基本等同于全域。书里有品的私域和市面上那种中心化的私域不太一样，那种私域是面对所有的消费者，自己运营所有的社群，而书里有品的私域是有节点的私域，就是只负责KOC的私域，把KOC管好就可以，所以效率、效能会更高一些。沉淀在书里有品私域的是KOC，KOC们有自己的私域。通过经营KOC的私域，再去放大自身的私域。

从经济学角度来看，私域的流量可以重复用。流量如果只能用一次的话，流量的价格会越来越贵，然后倒逼每个企业做私域。对品牌而言，私域在触达上可以有更多的空间和余地。

### 6.5.2 妈妈群体的运营

关于妈妈群体，大家可能脑海里首先浮现的特质是爱分享、易情绪化、容易被感性的事物打动。以书里有品为例，把我过往在服务妈妈群体的过程中，大家比较难注意到的点总结出来。

第一，妈妈更爱学习。讨论妈妈群体的特点，首先要建立一个对标，这样讨论才有意义。比如，爸爸群体不爱学习，回家后只想舒适地坐在沙发上，玩游戏或陪孩子，即便学习也更多是带有功利性的目的，比如为了考证或评职称。而有了孩子的妈妈，学习天性会进一步地被激发。带孩子去学习时，自己也在不断学习。想树立榜样，来带动孩子成为爱学习的人。所以你会发现，现在很多面向妈妈群体的，不管是卖课程还是消费品，最终都会形成一个偏干货分享、知识付费的社群。

第二，妈妈更热爱传播理念。妈妈们难以主动去传播产品卖点。因为对于她们来说，这是一个商品的信息，除非特别喜欢，不然不想给商家做广告。但妈妈们热衷于传播一些她信服的理念。以童书为例，让妈妈们去推荐某本书，她的分享概率不会特别高，但让妈妈们去分享分级阅读的理念，例如孩子在不同年龄段应该读什么样的书，妈妈们还是很愿意的。

由此观察到一个有趣的现象，妈妈喜欢以自己为标准画一条线，去评判其他妈妈的消费行为。超过自身标准的，觉得那些妈妈是在浪费钱；像她一样的，是在追求品质，买的都是孩子需要的东西；低于自身标准的，是舍不得给孩子买更好的东西。所以妈妈们为了强调自己是正确的，会去传播理念，会依托商家来论证她选择的内容、知识、理论的正确性。品牌可以根据这个特质，把产品的卖点提炼为1～2个理念，引导妈妈们传播。

第三，妈妈喜欢当斜杠和做副业。随着国家鼓励生育、现代女性平等权意识的崛起，还有鼓吹女性回归家庭等矛盾的观点交融在一起，女性越来越觉得需要在社交媒体上展现出多姿多彩的一面，尤其是脱离刻板印象的一面。

现在听一个妈妈做自我介绍时，经常会听到很多头衔，比如“我是二胎宝妈，正职是办公室白领，副业是认证讲师、心理学爱好者”。现在的妈妈更想发朋友圈给兴趣圈的朋友看，比如学习社群里的老师或者朋友，让他们认识到自己的新身份。

这给所有做营销的人，开启了一扇新窗户。原先的裂变行为是一次性不长久的，如果能引导妈妈加入一个组织，不管是做副业，还是培养斜杠的能力，都将是长时间的行为，这也是书里有品看准的一个赛道。

书里有品是如何运营好妈妈群体的？运营分为三个阶段。

第一个阶段是培训。简单来说，就是品牌培训群主怎么把社群做好。这个好处是起量快，总部只要提供内容，管好群主或大群主就可以了。

第二个阶段是动员。培训有一个瓶颈，每个人对于培训知识的消化吸收跟应用的效率不一样，很多人甚至学会了也不愿意去做，或者没时间去做，很难坚持。所以书里有品把培训“进化”成了动员，把所有的文案给到妈妈，让她们直接复制粘贴就可以。然后她们有更多的时间去晒单。实践证明晒单比推产品的效果好得多，真实且简单。

第三个阶段是收益。妈妈在收入能够显著增加的情况下，更愿意把社群经营好。一旦一个月后能帮她挣到3000元，或帮她的团队挣到好几万元甚至十几万元，妈妈们就会更积极。

# 第7章　客户服务

## 7.1 搭建私域服务体系，做好三大关键准备

搭建私域服务体系，要提前规划好，做好准备工作，其中涉及下面三大关键准备。

（1）找准私域在业务中的定位。

（2）清晰描绘企业的用户画像。

（3）规划私域流量池的涨粉、运营与变现路径。

### 7.1.1 私域在业务中的定位

私域的本质是客户关系管理，与客户构建持续的信任关系，并且坚持长期主义。

私域流量池的构建，围绕微信生态的五大平台——公众号、个人微信、小程序、企业微信和视频号。其中，企业微信是服务工具，是私域服务体系的重要工具。关于企业微信，腾讯官方对其的定位是数字化助手。企业微信作为企业专属连接器，帮助企业连接内部、连接产业、连接消费者。

更多的用户、更丰富的开发环境，将会给微信营销生态带来更优的变化。

我们来看一下图7-1，这是官方对企业微信的定位和企业微信对内对外连接示意图。企业微信的功能属性：第一，对内使用的是办公软件；第二，与其他企业的企业微信可以互通；第三，用来服务消费者。

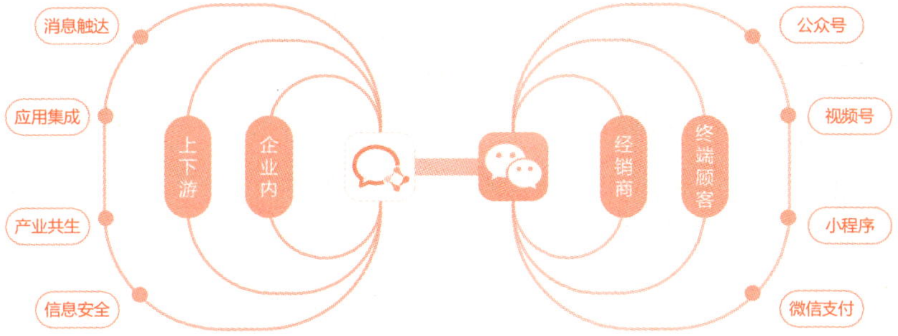


图7-1 企业微信的对内对外连接和服务

从这一角度引申出来的，是企业微信的三个服务对象，分别是企业、员工、客户。

企业是企业微信的主体，企业通过企业微信管理员工，对外输出品牌和服务。员工是企业微信真正的使用者，员工作为企业的服务窗口，对外连接客户。客户是企业微信最终服务的对象，客户享受由企业和企业微信共同带来的服务。

根据这一层关系，我们再进一步具象介绍在使用企业微信过程中，这三类使用对象可以做什么。

企业可以在一定程度上管理员工如何使用企业微信，比如帮忙设置欢迎语、分配下级管理权限、分配客户、监控客户数据。员工使用企业微信的基础功能，并在营销过程中发挥自己的主观能动性，比如用群发助手给客户发消息，建客户群，发朋友圈触达客户、服务客户。客户可以在私聊窗口看到员工发的消息，可以在群里看到企业推的服务，可以在朋友圈里发现带有品牌背书的内容。

这样就形成了一条完整的服务路径。

我们重新梳理一下企业、员工和客户之间的关系。企业需要通过员工作为窗口服务客户，进行营销。即企业微信有两重定位，一是员工的营销工具，承接了员工的需求；二是客户的服务窗口，承接了客户的需求。

### 7.1.2 企业的用户画像

我们要找准私域在企业中的定位，首先要思考三个问题：企业服务什么样的用户？私域要完成哪些任务？私域变现的路径是怎样的？

关于企业服务什么样的用户，我们需要描绘出用户画像，可从四个维度——用户属性、用户需求、用户身份和用户来源进行。

（1）用户属性：服务对象是B端用户还是C端用户？

B端用户的特点，在于销售过程一般较长，以理智型消费为主。而且，决策者、购买者和使用者很可能不是同一个人。因此，除需要搞定购买决策人以外，也要了解购买决策人的企业的审批流程。

C端用户的特点，在于销售过程一般较短，冲动型消费更多，只要合理刺激用户进行消费，即可实现高效营销。但缺点在于聚集目标用户有难度，且很可能需要企业持续不断地培养用户的习惯。

（2）用户需求：了解用户的属性，即帮助企业了解用户需求，比如他们希望得到哪些服务，需要购买哪些产品。根据用户需求的不同，我们可以有针对性地进行建群、拉新、服务、售后等一系列的动作。了解用户需求，对运营来说至关重要。

（3）用户身份：包括用户性别、地区、年龄、学历、收入、爱好等。这是关于用户的一些个性化描述。通过这些描述，了解用户不同需求背后的客观原因。

（4）用户来源：来源渠道则是可以帮助企业更好地梳理现有的流量资源。企业需了解用户目前更多是来自线上还是线下、企业的存量用户如何激活、新用户应该如何获取等信息。

了解用户来源数据之后，就可以针对存量和增量制定相应的策略了。

这四个维度的描述，就形成了用户画像的基础信息。整个用户画像，会对后面企业设置什么样的路径，吸引哪些用户，做什么样的私聊、群聊、朋友圈矩阵有着关键的作用。线上化时代也是大数据时代，标签的本质是帮助企业掌握更多的用户数据，这将更有助于企业分析用户的需求，并通过企业微信做好服务。

### 7.1.3 涨粉、运营与变现路径

私域将被用来完成哪些任务？是用于客服售后私聊一对一服务，是用于销售售前社群营销服务，还是帮助业务负责人添加B端客户好友，开拓渠道和资源？

这都需要评估好不同部门和员工的需求是什么。这对后面怎么选用功能、怎样设置界面、怎样提供内容和服务都起着决定性作用。

一方面，从涨粉到运营再到变现，是所有企业都通用的一套逻辑。绝大多数企业拥有存量用户，而我们要通过现有的手段将这些用户线上化留存至企业微信。这需要我们设计一套激活存量的方案。比如，企业可以针对其目标用户发送一条消息，添加企业微信就可以领取一张优惠券、一份小礼品、一个资料包，以利益点驱动用户添加企业微信。具体方法不再赘述。

另一方面，需要企业思考如何获取增量用户，比如在过往服务营销的路径当中，设置引导添加企业微信的入口，像用户如需要售后服务，就一定要添加企业微信。企业可以通过这些方式，逐渐将用户线上化，成为企业的数字化资产。运营策略需要企业针对服务环境进行分析，私聊、群聊、朋友圈和直播的维护方针各有不同。

搭建私域流量池，第一步需要解决的问题就是流量。我们可以通过专业优质的内容去连接用户，形成流量口。内容包括公众号长图文、短视频等。

第二步是建立信任。通过企业微信和群聊的良好运营，让用户感受到有温度的服务体验，建立信任。

第三步是转化变现。有了流量和信任之后，要提供和用户高匹配度的产品和服务，进行场景式的销售和营销。

**总的来说，企业私域建设包括三部分——内容、服务和工具。**

（1）内容：以公众号长图文、视频号短视频的内容输出为主，同时，以小程序商城的商品展示，还有直播展示企业品牌和产品为辅助手段。

（2）服务：企业做公众号，需优先做服务号。服务号有很强的服务属性，比如推送服务流程的模板消息，菜单可以跳转到各种服务入口。私聊和社群，

也是服务的重要场景，通过一对一服务，或者群运营，给客户近距离和品牌沟通的机会。直播间的即时互动也是服务的一种。

（3）工具：小程序是互联网的底层技术产品，可以开发出各种应用工具。企业微信也是一个有强服务属性的工具。通过企业微信，可以为客户提供更精准的服务。

综上所述，企业私域建设需要用好的内容作为流量入口来吸引用户，为用户提供良好服务，并善用工具来提升运营效率。同时，站在用户的角度，为用户提供对其有益的、有用的内容。

# 7.2 私域的用户类型和服务重点

腾讯官方在腾讯2020年Q2财报中第一次提及私域流量，对私域的解释和定义是长远而忠诚的客户关系，这里强调的是私域的复购和转介绍。

2021年4月1日，腾讯营销洞察联合波士顿咨询公司发布《2021中国私域营销白皮书》，从官方角度对私域流量进行了详细的定义，解释了什么是私域流量，以及怎么用好微信生态的每个工具和平台。

私域是品牌自有的、可开展个性化运营的资产。

用户在不同的平台有不同的行为属性，比如玩微博就喜欢看八卦吃瓜，刷抖音就沉浸在快餐式短剧中，看小红书就容易产生共鸣被种草。在私域中，用户也有独特的属性。

## 7.2.1 私域流量池的建设思考

其实私域流量不是一个全新的手段，只是一个全新的概念。

在很多年前，品牌也会使用邮件、电话等方式去维护用户关系，这就是私域流量最初的表现方式。私域本质上是通过内容、产品、服务等方式，精准触达用户，保持与用户的互动。

微信的出现和发展使得私域流量的概念逐渐广为人知，但实际上变化的只是平台和工具。

当用户接触到品牌时，就意味着他有可能成为品牌的用户资产。如果想要将用户资产保留下来，企业搭建私域流量池时就需要经过四步思考。

第一步，清楚私域起点。企业为什么要做私域？答案很简单，私域可以让品牌主动多次地触达用户、唤醒用户。

第二步，设定私域路径。这会分两种情况，对于复购率较高的产品来说，要促进用户的成交量和复购率；对复购率较低的产品来说，要善于让用户将产品转介绍，形成传播分享和裂变。

第三步，用好私域工具。灵活利用私域工具来运营已有流量，通过收集用户数据，分析用户画像，为后续运营做准备。

第四步，明确私域目标。使用已有的用户数据，实现点对点的精准营销，给用户更好的服务。一方面可以做业绩的增量，另一方面可以建设品牌口碑。

### 7.2.2 私域的用户分类

接下来看看私域人群的分类。私域人群可以分成5个不同的消费群体，分别是品质生活家、活跃分享家、深粉种草党、精明消费者、潜水跟随者（见表7-1）。

表 7-1　私域的五个消费群体

| 私域人群 | 活跃程度 | 价格敏感度 | 特征 | 典型人群 | 运营思路 |
|---|---|---|---|---|---|
| 品质生活家 | 低 | 低 | 重计划、比品质、享服务 | 宝妈、宝爸、数码党、成分党 | 做产品评测，讲品牌故事，重视服务和维护 |
| 活跃分享家 | 高 | 低 | 触点多、复购高、爱分享 | 美妆博主、健身达人 | 受品牌直播影响，引导自主传播 |
| 深粉种草党 | 高 | 中 | 迷私域、购买频、易冲动 | 颜值党、职场新人、在校学生 | 产品颜值在线，明星和KOL 推荐 |
| 精明消费者 | 高 | 高 | 性价比、比产品、易影响 | 家庭主妇、银发族 | 关注品牌榜单，发起拼团优惠 |
| 潜水跟随者 | 低 | 高 | 爱关注、低互动、少分享 | 普通打工人 | 强化官方内容，策划分享奖励活动 |

（1）品质生活家：这个群体在私域中的活跃程度很低，在群聊中很少冒泡，但相应地，他们对价格的敏感度也很低。这一群体购物时很喜欢做计划，典型人群就是宝妈。宝妈对于自己的消费可能不会那么重视，但是会很重视宝宝用品的品质。品质够好的产品，可以让她们产生高消费。如果企业能讲出完整的品牌故事、高质量的产品成分，同时重视客户服务和关系维护，就很可能吸引这类人成为品牌的忠实客户。

（2）活跃分享家：这个群体在私域中活跃度非常高，对价格也不敏感，在小红书、知乎、微博等平台都可以看到他们的身影。典型的群体是美妆博主、健身达人。他们很喜欢在品牌的直播间消费，而品牌要做的是引导他们自发地传播。

（3）深粉种草党：这个群体在私域中的活跃程度很高，但是相应地对价格的敏感度也比较高。这个群体的消费非常频繁，典型人群是职场新人或在校学生，他们都是比较容易冲动消费的类型。他们的消费能力不是特别高，但是对产品颜值的要求很高，通常会对明星和网红的带货很感兴趣。

（4）精明消费者：这个群体在私域活跃度高的同时对价格也非常敏感，会各处比较价格，也常会受到各大销量榜单、种草榜单的影响，典型人群是家庭主妇和银发族。

（5）潜水跟随者：这个群体在私域活跃度很低，但对价格敏感度很高，很少会看到他们在群里说话或分享自己的朋友圈生活，对应的典型人群是普通打工人。他们会关注品牌信息，但很少冲动消费。这个群体的特点是，如果品牌发布类似转发、分享奖励等优惠活动，这类人群会很乐意参与。

其中的私域活跃人群，有四个共同特征（见图7-2）。

图7-2　私域活跃人群的四大特征

（1）追求优质内容：他们对内容的需求非常高，希望获得丰富有趣的内容。社群运营对此就需要策划更丰富的内容，例如公众号图文的深度解读，视频号短视频的动态展示，还有各种品牌活动，不局限于简单的话术和海报传播。

（2）追求品质生活：他们对产品的品质非常重视，追求更高品质的生活方式，包括服务质量和产品质量都是促成他们成交的关键因素。

（3）追求贴心服务：他们对服务要求高。对于客单价越高的产品，他们对品牌的服务要求也越高，甚至需要一对一陪伴式服务。当然了，服务好一个忠诚的客户，产出的收益远远高于成本。

（4）追求便捷购物：他们追求购物渠道要便捷，最好可以一键购买。所以，直播间的消费场景就是满足这类客户的需求。社群团购也是，朋友推荐好产品，他们“闭着眼睛”跟着下单。

通过这些分析，我们清楚私域人群的属性和画像，也清楚私域人群和公域人群的不同之处。公域人群会更广泛，但难以近距离互动。私域的优势在于可以多触点即时互动，这就给私域运营提供了更大的空间，也提供了更丰富的运营方式。

# 7.3 提升客户留存率，经营企业数字资产

企业在进行私域营销的过程中，会面临客户留存的问题。如果客户留存在员工的个人微信号中，一旦员工离职，客户将有可能被员工带走，企业无法再次触达。而使用企业微信，能很好地解决这个问题。

做好客户留存，需要有三个维度的能力——私域数据统计能力、权限管理能力和私域资源分配能力。

## 7.3.1 私域数据统计能力

企业管理员或负责人可以通过企业微信手机端的统计功能，监控员工联系客户和群聊的数据。而通过后台对应的“客户联系”中的“联系客户统计”和“群聊数据统计”，管理员可以查看更具体的数据。

联系客户统计总共有三个数据统计，分别是添加客户、与客户聊天和客户流失。

（1）添加客户：包括发起申请数和新增客户数。发起申请数是员工通过搜索手机号、扫一扫、从微信好友中添加等渠道主动向客户发起的好友申请数量。

（2）与客户聊天：包括聊天总数、发送消息数、已回复聊天占比、平均首次回复时长。从已回复聊天占比和平均首次回复时长可以看出员工有没有对每个客户的消息都做到回复，以及员工响应客户问题的时间。优化这两项，能够提升客户体验，提升留存效果。

（3）客户流失：包括删除、拉黑员工的客户数。即统计周期内，员工被客户删除或加入黑名单的次数。

群聊数据统计同样有三个类别的数据统计，分别是群聊、群成员和群消息。

（1）群聊：包括群聊总数、新增群聊数、有过消息的群聊数。除总的群聊

数量和新增的群聊数量以外，还有一个指标，叫有过消息的群聊数，这个数据可以帮助企业看到目前统计周期内仍然活跃的社群有多少。

（2）群成员：包括群成员总数、新增群成员数、发过消息的群成员数。发过消息的群成员数是指统计周期内，在客户群中发过消息的群成员的数量。不过要注意，群聊的统计没有精确到哪个客户在统计周期内有发过消息，这里只能看到数字。

（3）群消息：包括群聊消息总数。这个数据可用来统计员工管理社群的活跃度和分析社群的活跃度。企业可以安排高活跃度的员工分享经验，供其他员工学习参考。

另外，企业微信有哪些API数据接口可以帮助我们做好客户数据监控呢？

（1）添加企业客户：指的是员工和客户成为微信好友的这件事。一旦员工和客户成为好友，那么企业微信就能将一些信息给到企业。比如，通过这个技术接口我们可以获取客户唯一标识的ID，帮助企业做好专属服务。

（2）删除企业客户：特指员工主动删除客户的行为。这个数据可以用来监控员工是否主动删除客户。

（3）编辑企业客户：指的是员工编辑客户的企业标签和备注的行为。当员工编辑客户企业标签和备注的时候，企业就能够获得客户信息。这个具体作用就是企业能够记录员工编辑的客户信息内容，然后反馈到客户详情页。

（4）免验证添加：指客户只添加员工到通讯录，但不加好友的这种情况。这个接口能帮企业区分哪些客户不能被邀请进群，也不能通过客户朋友圈触达客户。

（5）删除跟进成员：指客户删除员工的情况。可以通过这个接口，根据时间，来看客户删除企业员工的时候，是什么样的情况，帮助企业分析客户删除员工的原因。

（6）客户群变更：客户群的群成员增减和员工设置社群规则或公告的变化，企业都可以通过这个接口得知。

无论选择开发，还是使用一些客户管理工具，了解接口能做什么，就能更好地读懂数据。建议私域营销负责人读一读企业微信的开发文档。

### 7.3.2 私域权限管理能力

企业微信后台有一个功能叫权限配置。这里可以设置客户联系、客户群和客户朋友圈的使用范围。如果只有某些部门和员工需要用到这些功能，那么企业可以通过设置，让目标部门和员工使用。

这里可以设置的项目除使用范围以外，还有管理规则。管理规则就是设置负责人。比如，一个部门的主管和经理需要管理他们下属的客户联系、客户群和客户朋友圈，那么就可以创建一个管理规则。

管理规则可以设置负责人、管理范围和管理权限。管理范围就是负责人可以管理的员工分别都有谁。而有一些比较高的权限需要在设置时注意。比如，工具权限当中发消息的权限，这个是负责人可以通过功能发送消息给下属员工的私聊和群聊。

还有在权限配置当中可以分配离职员工管理的客户和群聊。如果企业需要集中管理这些资源，可以取消勾选，只让管理员来对离职员工管理的客户和群聊进行分配。

除负责人以外，企业也可以对企业管理员在后台进行权限设置。企业管理员分为创建人和管理员两个角色，创建人拥有最高的权限，其中包括解散企业。

特别是总部和门店连锁模式的企业，一定要设置好管理权限，方便总部对门店进行数据管理，也应把相应权限不放给门店让其自行管理。

### 7.3.3 私域资源分配能力

企业微信可以实现对离职员工的资源分配，以及在职员工的资源共享。这是很多企业选择企业微信运营的一个重要原因，特别是重前端销售的企业，人员流动性大，怎样保留客户资产，是一个大问题。

企业微信的客户留存功能很好地解决了对离职员工管理的资源分配问题（见图7-3）。

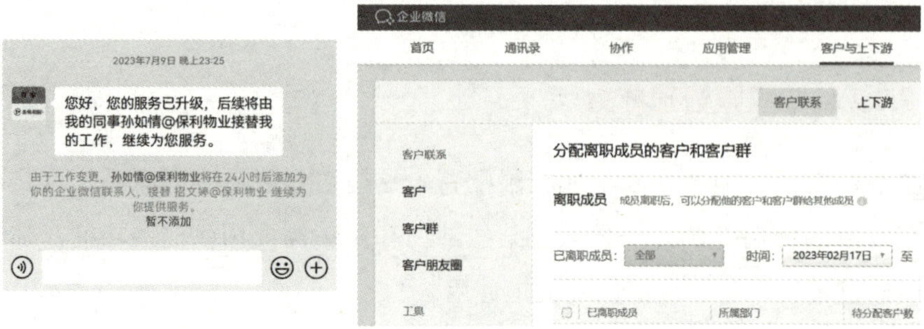


图7-3　企业微信客户留存管理

当员工离职之后，企业管理员就可以在企业通讯录中删除这个员工。删除之后，企业管理员就可以通过“客户联系”—“管理”—“离职继承”这个路径对离职员工管理的客户和群聊进行重新分配，将客户和群聊给到其他同事。分配客户后，继承的员工就会在24小时后获得这些被重新分配的客户，无须客户确认。这样，可以减少员工必须沟通客户重新添加的工作，同时可以更加灵活地调整员工客户分配方案，避免可能导致的客户流失。

在职员工的资源共享，是指在职的员工可以将自己的客户共享给其他同事。共享客户给其他同事时，其他同事的添加方式是主动添加。在服务客户的时候，如果需要多个不同的员工来共同服务，就可以用这种方式。

最后，我们还需要制定好一系列的运营措施，用好企业微信管理员工和客户，从而实现客户高效留存。

企业微信提升客户黏性的三大策略，前面说了工具，但是具体要怎样做好留存，运营的策略也是非常关键的。如果站在客户角度思考，客户的体验和客户对品牌的信任感，才是客户选择留存的最大原因。以下是三个实现客户留存的建议。

（1）多平台留存：多平台留存的意义在于，客户流失是随时都可能发生的事情，将客户主动引流到不同平台，能够帮助品牌持续与客户有所联系，并且不同平台的触达方式不同，甚至有可能做到激活老客户并变现。

（2）针对性运营：很多时候品牌往往只针对不同平台来进行不同的运营，

其实同一平台的不同定位的程序，都需要制定对应的运营策略。

（3）优化客户体验：完善小程序商城、开展福利活动等，让客户体验更好。如果客户觉得一个程序很难用，并且没有得到帮助，那么他们大概率会选择离开。

# 7.4 私域导购人设打造解决方案

私域顶层设计，定人设是很重要的一环。私域有个特点就是服务界面是一个“人”，这个“人”是品牌服务客户的直接窗口，也是品牌形象在私域的延展。

现在有两种导购命名方式。一种是结合品牌虚拟IP命名。人格化的IP才有温度，有温度才有信任。所以我们看到很多品牌，像瑞幸咖啡、花西子都是借助虚拟IP打造立体感人设。

另一种是用员工的真实名字来命名。一些品牌，像大参林药店、索菲亚家居，员工的企业微信用的就是他们的真实名字。线上电商运营多使用虚拟IP，方便规模化运营；线下实体运营多使用真实名字，方便门店的真实社交。

常见的四种私域导购人设为兴趣闺密、知识专家、专属顾问、福利助手（图7-4）。比如OLAY门店，导购用真名和专业头像，线上线下同一人服务，让客户更加信任；单干顾问陈欢，是专业咨询顾问，在视频号直播答疑，其朋友圈内容有干货、有观点、有态度；孙英杰跑步俱乐部有专业跑步老师做专属顾问，在社群和视频号组织线上学习，同时联动跑步线下活动；全棉时代是福利助手人设，标准化服务，给到客户一种贴心的福利感。

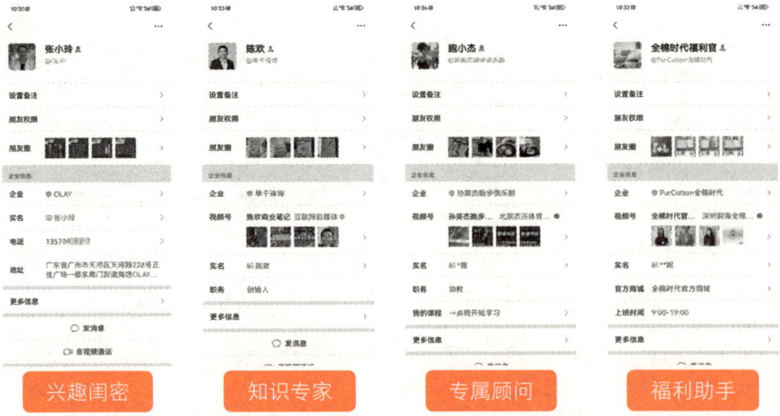


图7-4　常见的私域导购人设

那么，品牌怎么确定打造哪种私域导购人设呢？一方面，私域导购人设的风格肯定是品牌形象的延续，需考虑企业以往宣传和营销的调性和风格；另一方面，更重要的是，要去做客户洞察。

品牌的客户是谁？客户信任谁？客户信任的人有什么特征？这三个问题需要通过数据和访谈调研，分析总结，且不断修正。因为企业打造私域导购人设的终极目标，是要成为客户信任的人。

**私域导购人设，是品牌形象的一种延展。**

“人设三问”有了答案后，下一步就是要能够清楚地回答出：你是谁，你能为客户做什么，客户为什么要信任你，你是一个什么样的风格的人。

如一家护肤门店需打造私域导购人设，可通过以下四点策划好导购的人设。

（1）我是谁：我是某某门店的一名店员。

（2）我提供的服务：我能根据客户的肌肤状况，分析和给出改善方案，帮助客户找到更健康有效的护肤方式，向客户推荐最合适的护肤产品。

（3）我的信任背书：我们是大品牌，产品也是获得多项专利的网红产品。我从事护肤行业10多年，服务广受好评，专业知识和经验都具备。

（4）大家为什么喜欢我：我专业扎实，服务周到、细心，有耐心。

这些内容组合，会让品牌的私域导购成为一个很真实的人，而不是一块广告牌。但这个人设的建立，一定要找到原型，并不断打磨。

通常在企业内部找人设的原型，比如创始人，或者销售冠军、门店导购。他们对品牌熟悉，对产品和用户也很了解。企业内部通过投稿，找到人设原型，然后按照这个人设去策划导购的朋友圈内容、私聊和群聊的话术库，再把这套人设内容应用于所有导购。

**私域人设不是一块广告牌，而是一个有情绪、有温度的“人”。**

### 7.4.1 私域导购的服务内容和方式

私域导购服务分为三个方面，即提供什么内容、提供什么样的服务形式、提供什么样的互动频次。

提供什么内容？是专业知识普及、话题型内容，还是发福利和优惠券，还是通过私域提供服务给客户？策划好内容主题后，接下来就是内容创作，包括文字、图片和短视频，还有小程序商城的呈现方式，等等。

提供什么样的服务形式？如何提供这些内容？是一对一私聊，还是用社群，或者是多对一，即多个工作人员服务一个客户，比如家居定制这样的业务。根据行业属性和业务需要，制定好服务的形式，私聊和群聊的流程和文档都可以标准化。

提供什么样的互动频次？跟客户的互动频次如何？根据不同的私域策略，品牌设定的互动频次各不相同。比如珠宝品牌，基本上只在客户的重要日子互动，如生日、纪念日等；服装品牌私域不应过分热情，也不应冷漠，会员群每周保持互动，朋友圈每天更新即可；咖啡店的互动频率可以比较高，社群每天都激活，但是要精准，不可以乱发内容。

这一切的背后是根据用户标签，做精准营销。信任不是单方面的，建立信任的基础是要了解客户的需求和喜好。因此，我们必须通过客户画像、标签，匹配相应的内容和人设。

就像朋友圈IP打造，什么时间发什么主题，每天发几条，都需要提前进行规划，有序稳定地向客户推送。跟客户一对一私聊也是一样的，如何切入跟客户的话题。甚至不同类型的客户要设置不同的客户生命周期，进入某个周期时通过系统工具实现提醒跟进，以便更好地维护与客户的关系，每个周期需要的内容也需要提前进行规划。

一对一私聊是导购的主要营销场景。营销的“七次法则”，即潜在客户只有在接收宣传信息七次以上，才会对你产生足够的信任，进而发起购买行为。单纯的广告轰炸不但无法发挥“七次法则”的作用，反而会引起客户的反感，导致客户屏蔽信息或者拉黑删除客服。

在实施层面，可以根据内部CRM系统对客户的基础信息和选择的业务形成客户静态标签，同时根据企业微信和个人微信中的聊天内容、行为轨迹等形成动态标签，以综合的标签体系完成客户立体画像构建。

针对不同类型的客户，应当匹配对应的内容，以提升客户互动率和业务转化率，这已经成为私域运营的共识。而在人设打造方面，导购也可以借助数字化工具，并通过微信的分组功能，对外呈现出千人千面的效果。

### 7.4.2 私域人设打造的关键点

首先，想要凸显人设“有趣”的特点，就要结合客户的兴趣爱好和趣闻轶事。人人都喜欢听故事，也最容易记住故事，每一个故事都应该包含生活中真实的点点滴滴，既要有烟火气、人情味，又要不乏趣味性、真实性。

其次，想要体现人设“亲和”的特点，则需要结合客户的性格特质和社交偏好。性格相同或性格互补的人会产生天然的吸引力，而性格特质和个人的生活经历又决定了我们的社交偏好。

最后，想要呈现人设“专业”的特点，重在岗位角色和专业知识的结合。这里我们要强调的是“相对专业”而不是“绝对专业”。

有趣、亲和、专业的人设打造，还需要持续输出有价值的内容。以下是四种类型的输出内容。

（1）分享型内容：以价值输出为主，通过某个与生活、工作相关的现象，表达自己的观点，但这种类型的分享应当是自己主动思考或原创的，切忌照搬照抄和生搬硬套。

（2）娱乐型内容：以丰富人设维度、让形象更加立体化为目标。主要定位在个人的生活内容，比如美食、旅行、观影、购物等，还可以结合点赞、评论抛出一些小话题、小活动，增加互动性。

（3）营销型内容：可以针对具体产品和服务开展营销，但要注意的是表达一定要规避“硬广”，不然极易被客户拉黑或删除。可以将一些销售技巧话术融合进来，比如，以“提出问题—解决方案—呼吁行动”“用户反馈—解决问题—凸显价值”公式组合内容，让话术更加立体、真实。

（4）实证型内容：主要通过案例、简报等形式，展现个人和品牌，帮助客户解决实际问题，强化营销型内容，增强信任。

流量，不是“流量”而是“有血有肉的用户”，私域流量的前提是要有人情味，需要有人格魅力、人格化IP。塑造“人设”的作用是帮助个体打造差异化、吸引客户注意力、使品牌快速具备辨识度。

**一线人员是企业的超级触点，“人”即流量入口，增长以“人”为中心。**

# 7.5 朋友圈是私域的重要阵地

私域中和客户的沟通场景主要有三个，即私聊、群聊和朋友圈。朋友圈的内容输出和互动都很重要。用好朋友圈，能潜移默化地影响客户。

客户可能会忽略社群内容，但是他们每天都会高频刷朋友圈。我们可以在朋友圈保持适当的运营节奏，多时段触达客户。

朋友圈的运营分为三部分：用好素材给朋友圈加分，制定目标策划变现，设计朋友圈成交路线。

## 7.5.1 用好素材给朋友圈加分

我们要学会用品牌传播理念发朋友圈，这里涉及四个方面。

（1）朋友圈发给谁看，好友是谁，要不要分组群发。

（2）朋友圈的内容形式，是文案、海报、视频还是链接。

（3）怎样与客户互动，提高阅读量，让客户点赞和评论。

（4）朋友圈的发布频率和时间，一天发几条比较适合，什么时候发。

平时我会在我的朋友圈发一些专业的内容，比如私域干货、合作企业交流。这是我工作的日常，让朋友圈的人都知道我是谁，我的优势是什么，我在干什么，还有能为大家提供什么样的价值。

我的朋友圈还有一部分是关于我的个人生活。我会发一些随手拍，发一些生活的小场景和工作的点点滴滴。这些朋友圈内容能丰富个人形象，让人更有亲和力，提高信任度。

高互动的朋友圈，有五种内容形式：求助式、提问式、美好时刻、个人生活和好玩有趣。

下面以我的朋友圈为例，聊聊朋友圈的内容形式（见图7-5）。

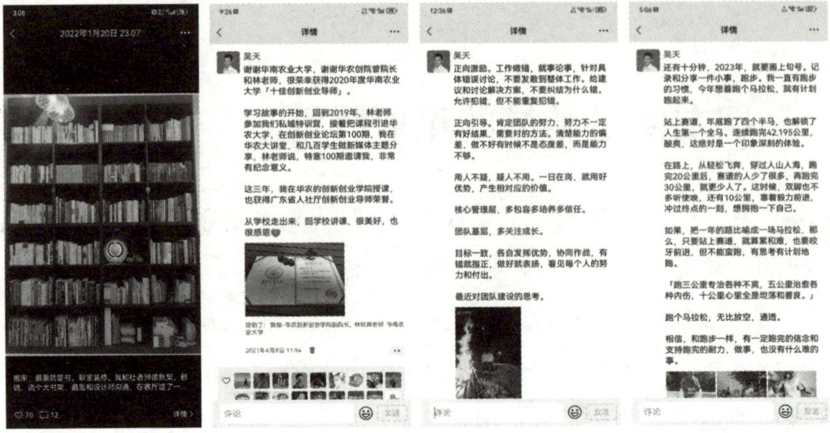


图7-5　我的朋友圈日常分享

（1）求助式的朋友圈：发布话题式内容，引发好友讨论。比如，我拍了张香椿的照片，发朋友圈说没吃过，然后大家就热热闹闹讨论起来，说各种做菜的方式，谈论哪种做法更好吃。又如，我发一个视频号的注册问题，问有没谁知道怎样解决，好友就出来评论说有解决途径和方法。因为能帮助到别人就会有成就感，所以求助式朋友圈容易帮助好友提升成就感。

（2）提问式的朋友圈：就是抛出小问题，低门槛参与讨论，激发朋友圈好友的参与欲。有一次我在朋友圈发了一张图，图里有个小朋友站在变形金刚面前，手指着对方，文案是“配什么台词”，然后朋友圈就几十条的评论帮我配台词。这类朋友圈要简单，大家都可以参与，像在直播间让大家都发个简单的数字，也是同样的道理。

（3）美好时刻的朋友圈：分享你工作和生活的美好时刻的朋友圈互动性也极高，点赞也非常多。一些高光时刻，可以发朋友圈，配上正能量的文案，分享好的经验。

（4）个人生活的朋友圈：展示真实的你，满足朋友圈的朋友对你生活的好奇，激活互动。每次我发生活类的朋友圈，就有很多互动，因为我与很多好友都没有见过面，我们是通过各种线上渠道加上的好友。朋友圈是一个私密社交场景，可以呈现生活的一面，除了工作，还有生活。

（5）好玩有趣的朋友圈：抓拍生活的小瞬间，配上好玩的文案，非常容易吸引朋友圈好友点赞评论。朋友圈不用都很严肃正经，可以活泼调皮，这才是一个活生生的人，而不是一个机器人。

朋友圈的发布条数，一般来说，每天发3条，专业内容1条，个人生活1条，产品推广1条。这种组合就很好，既兼顾工作和生活，又有专业内容能帮助到客户，也有品牌及产品内容宣传。

朋友圈的发布，可以选在这几个活跃度比较高的时段：8:00—9:00上班时间，因为这段时间大家在上班路上，都习惯玩手机；11:30—12:30午饭时间，大家有空刷手机；17:30—18:00下班时间，这也是一个朋友圈的阅读高峰期；21:30—22:30，这是睡前刷手机的高峰期。

### 7.5.2 制定目标策划变现

朋友圈有五种通过资源和产品变现的方法。

（1）人脉资源：通过人脉产生深度连接，合作共赢。

（2）中介佣金：朋友圈有人发起需求，你恰好有资源，可以赚取中介费。

（3）稀缺信息：通过大咖朋友圈，学习知识和了解最新资讯，提高变现效率。

（4）卖货分销：通过朋友圈卖货，包括虚拟的课程和实体产品。

（5）媒体广告：朋友圈有一定影响力后，可以接广告。

对于企业私域来说，用得更多的是第四种方法，导购通过朋友圈内容，激活客户互动，然后推广产品和服务，同时，也通过朋友圈给品牌做宣传。

导购的朋友圈要立人设、做服务和发福利。要不定期在朋友圈发福利，才能引起客户的关注，朋友圈的互动才会呈现出来。如果长时间不互动，导购的朋友圈会逐渐被淹没在信息流里，也会被系统折叠起来。

朋友圈的直接变现，就是发产品海报和链接，引导客户下单；而间接变现，就是引导客户进入直播间，在直播间下单。

### 7.5.3 设计朋友圈成交路线

朋友圈成交路线分为五步。

（1）个人IP：先是通过专业内容打造个人IP，塑造专业形象。

（2）建立信任：通过工作和生活展示，拉近与好友的距离，也展示自己的专业。

（3）产品推荐：有了信任之后，再开始推荐产品。

（4）激发兴趣：通过描述使用场景，击中用户痛点。

（5）引导引动：最后是通过福利活动，促成用户下单。

最高明的朋友圈卖货方式，是让客户认为我在帮助你，推荐好东西给你。在朋友圈这个场景里用专业的内容，塑造专家人设，而专家的身份就是用户信任的基础，营销就是构建信任。

朋友圈的卖货文案，需要有自己的收获、自己亲身体验的心得；还要涉及产品价值，描述产品的优点；最后是对他人的帮助，你为什么要推荐这个产品给大家？因为想帮助到大家。

朋友圈有三个特点。第一，熟人社交，微信朋友圈是熟人社交，非好友不能互动；第二，私密空间，朋友圈是个人工作和生活的展示；第三，即时沟通，互动属性强。对于企业来说，朋友圈还有第四个特点，当建立品牌形象、丰富立体的人设和提高用户对品牌的信任度后，朋友圈就能促进购买行为的发生。

朋友圈的变现，要建立好个人IP，解决流量问题，吸引精准好友之后，要善于借力扩大自己的品牌声量，从而提高朋友圈变现率。

同时，要同步管理好友的精准度分级，将好友分为泛精准好友、一级精准好友、二级精准好友和三级精准好友。以宝宝辅食为例，泛精准好友是女性，一级精准好友是宝妈，二级精准好友是0～2岁的宝妈，三级精准好友是新手宝妈。有了好友精准度分级，还要做好友消费力分级，可以根据消费力将好友分为普通好友、初级客户、高级客户等，对不同的消费情况应做不同的管理。

## 7.6 茶叶品牌“一或”高活跃、高复购社群运营

茶叶品牌一或，创办于2015年。创办人菜叔和团队以“民间找茶人”的身份，跑遍全国茶山，拜访茶农，寻找有机好茶，连接茶农和消费者，减少中间商，缩短购物链。

菜叔说：“茶行业不缺简单的生产，缺乏的是好的产品理念，以及连接生产者和消费者的方法。”

一或一开始就做公众号和社群推广，初衷只是想让大家提提意见。第一个会员群成员都是一或老朋友。一或会把每天的想法，小到包装，大到定价，都发到群里问大家的意见。这种方式效果非常好。一或第一款产品——云南古树红茶，上架1000份，在群里不到两天就卖完了。

最开始，一或计划做互联网流行的预售，后来觉得预售不适合茶品类，决定还是要增加库存和种类。于是开始了实地寻茶，每到一个地方就建一个群，在群内实时直播寻茶的过程。

一或要找的茶，是真实、安全、好喝的茶。相应地，一或要找的制茶手艺人，一是要坚持健康的生活理念和方式，在制茶的过程中不使用化学农药、不过度人工干预；二是要在传承的基础上，努力把茶做得纯净、本味、好喝。一或团队对各大茶区做研究分析，从生态、种植方式、工艺、产品特点等方面锁定要寻访的茶区。确定产区后，再制定茶区攻略和路线图，深入寻访，记录茶叶的种植和加工环节。一或寻茶23个产区，爬800多座茶山，访1000多家茶农。客户数从70多涨到近5万，拥有100多个社群，80%的新客户通过私域老客户的口碑分享进群。

一或在私域的运营，除了公众号和社群，还有视频号（见图7-6）。菜叔的个人IP号，除了输出茶专业知识和生活观，也会做直播分享。

图7-6　一或的私域社群和视频号

一或坚持在社群里做精细化运营，比如建立预付款群和老会员群，这两个社群的转化率非常高。预付款群里都是精准客户，群内常常办活动，比如100元预付款可以当作150元使用，同时有多款茶可以选择。大家都是冲着买茶来的，所以基本上新就秒空。一或最开始有两个老会员群。第一个会员群非常活跃，大家会自发分享喝茶经验。第二个会员群的转化率很高，每次把上新链接发到二群，产品都能很快被卖光。

2020年，由于新冠疫情，茶行业受到很大影响。一或开始在会员群做群接龙，从供应链端找了很多好茶存货来卖，一方面是增加销量，另一方面也是帮同行一起渡过难关。

一或的会员不仅活跃度高，而且购买力非常强，群接龙个人最高消费有7.6万元。会员群为什么能做到这么高的活跃度？因为茶和其他产品不一样，它需要线下的连接。

一或在做私域的同时，开始做线下茶会。一或办线下茶会，地点选在了上海、南京、北京、成都、重庆，这几个城市都是目标消费者较多的城市。一或联络消费频次高的老会员，告知他们将在当地举办一场茶会，主题是“菜叔为客户泡一杯茶”。菜叔会给每个人带一份手信，选他们喜欢的茶，然后在茶会现场，给大家泡茶，一起聊茶。线下见过面后，大家在线上社群的活跃度非常高。经过线下认识，很多会员都成了朋友，甚至成立当地的“茶帮”，同时不断介绍新朋友加入，当地客户量一下就起来了。

一或产品的复购多数来自会员。会员最高复购达到了52次，42.7%的会员复购超过3次。一或有三个会员等级，从一或老友到尊享会员，消费额度递增，每个等级所享受的折扣和服务都不一样，尊享会员多数是企业客户。

一或开始做会员优惠。之前尝试过将每周一设为会员日，后来发现不行，因为大家会集中在周一下单，并不利于销售。所以又开始做会员储值，在大促和视频号直播时会推会员储值。会员储值推出以后会员的消费很频繁，这种感觉有点像信用卡消费。储值后的客户，多数会再次储值购买，复购率很高。但需注意储值对商业模式是有伤害的，因为让利很多。

一或很重视线下活动，他们常参加线下市集，因为线下得到的客户很精准，23场线下市集共转化792个买单客户，其中很多转化为了会员。单场市集活动一般持续两天，单场总营业额最高达到1.3万元。

2021年，一或开始做线下茶空间。同时在茶空间也做了一个类似众筹的储值活动。有三个储值等级，优惠力度很大。会员参与度非常高，比预期多了几倍。茶空间每周都有主题活动，每月平均有300人到访线下茶空间，其中30%～40%是新客户。通过线下交流，客户对品牌更信任，被精准转为线上会员。一或同时新建了一个茶室社群，这些客户都会被拉到茶室社群。线下客户汇入线上，在线上买单，辅助私域转化。这些线下客户对品牌的信任度很高。因为整个消费路径很明确，线下见过，喝过茶，所以愿意再次在线上买单。

线下除了喝茶，一或还做了茶课堂，定位是“修习中国茶，遇见更好的自己”。茶课堂的客户更加精准，这是专业渠道的客户，群接龙消费7.6万元的客户就是来自这个渠道。

从线上到线下，和客户面对面交流，更加增加客户黏性。特别是品牌的社群运营，一定要创造机会到线下见面，线上是网友，见了面才是朋友。有线下活动的社群，一般都很活跃，因为大家见过面，群里就更熟悉。

**一或菜叔说，做私域和做茶一样，简单的事情重复做。**

## 7.7 口腔护理品牌“舒客”社群联动KOC运营

舒客品牌始创于2006年，是中国专业口腔领导品牌，以“守护口腔健康，助力美好人生”为使命，为广大家庭提供更专业、更全面、更个性化的“口腔预防—专业护理—定期检查”一站式口腔护理解决方案。

舒客在全渠道铺货，覆盖线上线下各种销售渠道，满足不同客户的购买习惯和需求。不仅在传统渠道强势布局，如KA卖场（Key Account，各方面都有优势的大终端）（沃尔玛、大润发等）、CS渠道（Customer Satisfaction，以顾客满意为导向的销售渠道）（屈臣氏、万宁等）、传统电商（天猫、京东、唯品会等），同时在新渠道创新推广，如新零售门店（朴朴、盒马鲜生等）、社交电商（微信社群、抖音直播）等。

舒客利用新媒体平台提升品牌影响力，同时结合客户数据进行精准营销和个性化推荐。

随着线上流量越来越贵，获客成本不断升高。品牌需要持续创造活力，才能吸引更多消费人群。所以，舒客早期通过跨界营销，低成本高成交出圈，拓展更多新的消费人群。在微博时代，舒客的官方微博就是最会跨界的品牌之一。

“1+1＞2跨界”不是单纯的两个logo的组合，而是资源和模式的整合。高段位的跨界合作是把双方的资源和生意模式整合，需要考虑品牌与品牌之间如何多元化、多层次、有技巧地结合。从微博开始，到线下活动，在跨界这件事上，舒客玩出了新高度。

通过跨界营销，舒客看到了社会化营销的巨大潜力，也更加关注新媒体平台。从最开始切入的微博，到后面的微信，再到小红书，舒客在每一个阶段都抓住核心关键平台，组团队、投资源去运营。

### 7.7.1 舒客私域运营路径

把客户导流到私域，是社群运营的第一步。

舒客的私域客户来源，分为公域引流和私域引流。公域方面，主要是小红书和微博平台，还有产品的福利卡引流。常用的引流利益点有0元新人礼、赠送电动牙刷刷头和爆款牙膏等。通过这些福利点，引导客户关注公众号和添加企业微信领取。

企业微信作为客户社群运营的工具，它的基础流量来源主要是公众号和小程序。公众号的引流触点有多个，客户通过产品福利卡关注公众号后，欢迎语弹出，引导客户添加企业微信。另外，在公众号菜单和图文，包括模板消息推送，也可以设置添加企业微信的入口。这也是很多品牌启动企业微信运营的关键一步，把公众号积累的客户引导到私域，以企业微信为连接工具。

小程序也很重要。舒客在小程序的首页、活动页面、会员中心都植入企业微信的引流入口（见图7-7）。同时，小程序触发的订阅消息，也引导客户添加企业微信。公众号内容和小程序电商相结合，通过福利引导客户进入社群，对于早期就开始运营微信生态的品牌来说，这是一条高效的路径。

客户承接方面，舒客先是通过标签管理体系，对客户做好渠道标签、行为标签等记录，然后社群分层管理。特别是运营品牌KOC分享官，通过UGC、产品种草、品牌活动等，利用社交媒体传播，影响客户消费决策。

图7-7　舒客的社群内容SOP

客户标签体系搭建，分为三个维度。第一个是SCRM系统标签，记录渠道来源、客户归属等。第二个是个性化标签，记录客户的年龄、地区、消费意向、口腔问题和护理习惯等。第三个是社群标签，记录客户的社群活跃度、购买次数、价值分层等。

通过二维码引流追踪数据，用调查问卷做个性化标签补充，而且打通后台的消费数据，完善客户标签。搭建好客户标签体系后，将引流来的客户分为两类做社群分层运营。

（1）品牌福利粉丝群：在群内高频种草，定期开展活动促转化。同时，在粉丝群招募和培养KOC。

（2）KOC分享官群：在群内进行KOC招募和孵化流程规范化，扩大KOC成员池，培养忠实客户，统一管理为品牌发声。

舒客又根据客户消费产品的不同，细分高客单价的客户会员群，比如电动牙刷使用人群和关注孩子口腔健康的宝妈人群等。根据不同功能社群，构建不同粉丝群体路径，强化会员价值感知，再引导转化。

### 7.7.2 舒客的品牌IP人设打造和KOC运营

有了客户，就需要深度运营。舒客紧接着策划官方IP人设，打造品牌IP形象。

舒客的企业微信口腔护理顾问“小舒老师”账号，以“萌牙”为形象，性格热情可爱，可萌可甜。它作为客户进群的联系人，承接服务，进行入群引导和介绍社群，同时维护社群的日常运营，增强客户黏性，为客户带来品牌福利、好物种草、口腔护理知识等内容，提升客户信任感。

舒客的社群里，上午是社群签到互动，中午会有产品福利活动，下午KOC做社群好物种草，晚上是科普分享。从互动到学习，还有品牌的福利活动，舒客的社群运营覆盖客户的各种需求。当然，舒客的社群并不是每天都这么频繁互动。不同层级的社群运营内容也不同。但相同点是社群内将官方引导和客户自发互动相结合，以共创的方式来运营社群。

企业微信“小舒老师”的朋友圈，有三类内容，有生活，也有工作，让人设更加真实立体。

（1）生活类内容：“小舒老师”会分享生活中的美好时刻。这能增强人设真实感，而不是让客户感觉它是一个冷冰冰的客服机器人。其分享的生活化内容贴合客户现实生活，进一步拉近客户之间的距离，增强信任感。

（2）种草类内容：“小舒老师”会有专业口腔知识分享，植入生活场景和好物种草，引导客户进入商城，提升转化率。同时，它也做品牌内容的输出和品牌活动分享。

（3）互动类内容：通过设计朋友圈小互动内容，“小舒老师”会给客户送品牌福利，引导客户在评论区互动，从而提高客户黏性。或者在朋友圈分享社群活动，引导客户加入社群；或分享直播间，引导客户进入直播间。

私聊、群聊和朋友圈，是品牌和客户在微信互动的三个重要场景。制定社群运营SOP，从客户加上企业微信开始，就按流程服务客户。内容中台统一创作，社群做内容分发，做更贴合客户需求的个性化互动。

舒客的社群运营，除了常规的品牌粉丝群，还有KOC官方群，舒客的KOC运营路径见图7-8。

图7-8　舒客的KOC运营路径

舒客在小红书发布KOC分享官招募活动，然后收集投稿笔记，再官方评选，后期公布获奖名单，发奖后再激活社群互动，让获奖的客户进行晒图分享。同时还能激发新客户参与的积极性，给下一轮活动做预热，继续挑选新的KOC加入。KOC分享官群统一管理，开展周期性活动，持续孵化新的KOC。通过小红书平台开展活动，激发客户积极创作和发布与品牌相关的内容，进一步利用UGC，创作新的产品介绍图文和社群宣传素材。同时，社群引导KOC到小红书平台做分享，私域反哺公域，影响和提升电商平台的销量。

舒客在新媒体平台不断探索，通过跨界营销破圈，接着运营KOC共创内容扩大品牌声量，把客户沉淀到私域，通过数字化技术平台，提升数据洞察能力和高效运营能力，增强品牌竞争力和扩大市场份额。

# 变现篇

## 公域联动私域，实现业绩倍增

# 第8章 客户管理

## 8.1 技术驱动运营，全链路数据化

企业的转型升级势在必行，数字化是趋势，私域是方向。

落地到营销层面，数字化营销分为两面，一面是内容，另一面是数据（见图8-1）。

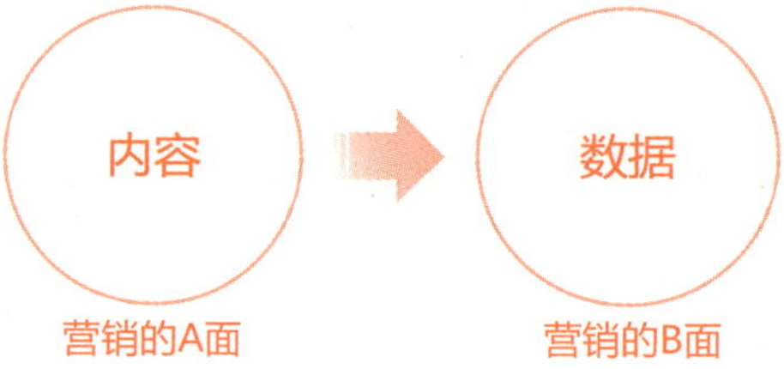


图8-1 营销的两面

内容是大家都看得见的，它包括运营、用户服务和维护关系。数据是大家看不见的，它的背后是技术开发。通过技术收集用户数据，分析和应用数据，实现精准营销。

企业搭建私域流量池，需要全链路数据化，从公域到私域，把每一个引流渠道的数据都记录好。用户进入私域后的行为数据也要记录，而这就是基础的用户画像。通过数据指导内容运营，包括发什么内容，什么时候发，以什么方式发。

微信好友是重要的用户资产，特别是沉淀在企业微信里的好友。需要把这

部分用户资产运营好，使其产出更大的价值。

### 8.1.1 搭建私域流量的矩阵的策略

私域最核心的是企业微信的好友，其次是公众号的粉丝，再次是个人微信好友。公众号粉丝也是公司的资产。员工带不走公众号，因为他们不可能完全复制一个公众号。

所谓社交功能，就是我想找你，我就跟你聊天，导购和客户聊成朋友的情况也是存在的。反观公众号粉丝，他们是谈不上社交的，没有客户会每天跑去公众号给你留言、跟你互动，他们只是去看文章，或者点击菜单栏。而且用公众号与粉丝互动是有时间限制的，客户触发之后只有48小时让你主动发起互动，所以企业微信好友更接近私域核心。

另外，怎么看待微信和其他平台的差异？淘宝、抖音这些平台，基因决定了它们的形态，决定了整个市场对它们的认知。就像支付宝是个支付平台，淘宝是个购物平台。今日头条、抖音、小红书这些平台，它们是做内容分发的，这种以碎片化、兴趣化为导向的内容分发平台，如果想去做深度传播是很难实现的，社交属性在这些平台很难彰显出来。

微信依托腾讯的产品生态成长起来，而腾讯是从QQ起家的，QQ就是做社交的，用户对微信的认知也植根于此。用户使用微信是不关闭的，谁会没事退出微信登录？基本都是24小时在线。这也是为什么说微信是搭建企业私域的最终平台。

那是不是说我们要放弃其他平台？当然不是。淘宝、抖音、小红书等平台，它们有流量，就要想办法通过营销的方式引导它们的用户来到微信生态。现在整个市场里面，微信生态是不可被取代的。微信已经成为大家生活中习惯的一个沟通方式、社交方式，将公域平台的用户引入微信生态的场景里面，将会有更多的可能性。

精细化运营有一个关键是激发需求。例如旅拍，它本来并不是用户的直接需求，而是被激发出来的。同样共性的客户买单的跟没买单的，并不是他们的属性特征有什么不一样，而是买单的人群跟品牌交互时发生了什么事情，传递了什么信息。

不管从时间维度还是从品牌维度来看，能够激发和挖掘出客户需求，最终去推动客户抵达下一阶段的转化路径，都是在销售服务环节促成的。一个销售高手在聊天时不仅知道怎么聊，而且会在聊天过程中分析用户的需求，激发其最后的购买行为。

这个流程，微信生态就有先天的优势。因为私域数据互联互通，数据指导精细化运营。根源在于微信UnionID，它是微信开发者平台里面唯一的用户标识，可以实现用户数据的追踪和互通（见图8-2）。

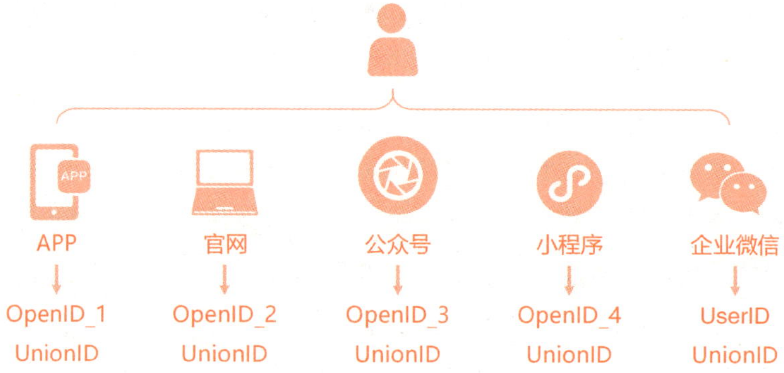


图8-2　用户的平台数据相互联通

每个用户在每个公众号都有一个OpenID，这是专属于这个公众号的身份标识。在微信开放平台，将这些公众号绑定到一个开放平台账号下，那用户对所有公众号，就会有一个共同的UnionID。同理，App、官网等需要用到微信授权登录，会获得微信的UnionID。

**UnionID是私域营销的万能钥匙。**

有了UnionID，CRM系统获取了客户信息，流转到企业服务系统，最终在企业微信系统能够被识别出来。企业微信本身就是设计给企业用的，对于技术端的开放性，有很多API数据接口，能够让企业结合自己的技术去应用。

微信已经变成了一种生态或者生活，企业微信跟个人微信已实现无缝链接，可以让企业进入用户的生活里。利用个人微信跟企业微信的联动，然后做精细化运营。私域精细化运营现在正在起飞的阶段，这也正是企业抓住发展红利的一个机遇。

### 8.1.2 技术流打法，高阶的私域运营

私域的高阶运营，是技术流打法，服务数字化、流程数字化、用户数字化、管理数字化。用数据说话，最高效、最直接。

比如，基于微信UnionID，企业可以将公众号、小程序、企业微信等平台的数据打通，描绘更加清晰的用户画像。所有用户微信授权登录的渠道，都可以集结起来，采集用户的行为路径数据。

举个例子，你的企业微信里有一个用户点开了产品的活动页面，领取了优惠券，拉了好友砍价，但最后没有买单，这些行为数据你都有。这时候，你就可以分析出，用户对这个产品是感兴趣的，但可能是因为优惠券力度不够大，觉得产品太贵了，最终没有成交。这个时候，就可以根据这些数据，直接联系该用户，一对一服务，给出定制化的方案。

这就是技术流的打法。通过技术手段，收集用户数据，分析用户数据，从而做出精准营销。

在技术化的应用方面，企业微信是最前端的工具，它把私域的管理入口统一（见图8-3），也统一用户身份权限，把客户数据都反馈到企业微信中。导购只需要用好企业微信和客户沟通，因为这是最有技术应用感知的场景。技术应用并不是高深莫测，更不是遥不可及，它就在我们日常的工作工具中。

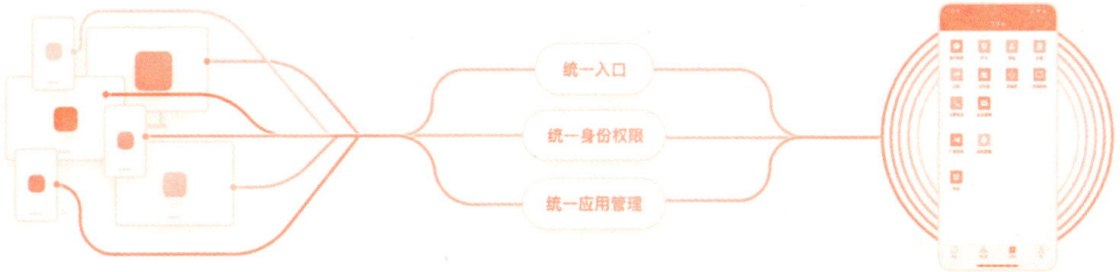


图8-3 企业微信统一数据管理入口

客户数字化要跟业务流程结合起来做，要人机结合。客户列表里，每一

个客户的信息都会收录在整个系统里，变成数字化的客户，每个数字化的客户都有不同的标签。构建企业级智能标签库，可以方便未来随时设置客户标签，并快速构建客户的全生命周期图谱，深度了解客户并满足客户需求。还可以根据不同活动，针对标签进行精准营销。这就是依靠技术流的方式能够做到的事情，企业微信实现了一个数字化的闭环私域运营。

企业想了解客户，能及时满足客户需求，第一时间响应客户沟通，这些背后需要强大的数据支撑和技术支撑。通过标签了解客户，用活动激发客户需求，用优惠满足客户需求，然后去做数字化的闭环运营。

标签可以总结为基础标签、行为标签和业务标签三类。标签很重要，因为找客户的时候，就是按照这些方向去定位的。当客户的信息存入系统，就变成了企业的数字化资产。然后根据标签库，接触客户、建立信任、激发需求、转化成交、运营复购。其实抢流量的本质是抢客户的时间，要通过更多的触点去抢占客户的时间，找到客户感兴趣的内容，精准触达。

整个服务流程数字化，才是真正的高阶核心运营，才能建立起品牌的竞争壁垒。

# 8.2 搭建会员系统，深化私域运营

私域的发展经历了三个阶段。

私域1.0阶段，关注涨粉，零售行业率先进场，通过线上线下的活动码、渠道码引流。这一阶段是私域的野蛮生长阶段，企业用各种裂变引流的方法，快速跑马圈地。

私域2.0阶段，关注GMV，品牌方重视和布局私域，以企业微信为服务工具，通过标签管理、运营SOP，实现精准营销和精细化运营。

私域3.0阶段，关注用户LTV（Life Time Value，生命周期总价值），这个阶段有AI的加持，让内容创作和技术应用有更大想象空间，定制化产品和专属服务业发展迅猛。

私域的后期，需要打造会员制、订阅制、顾问制等一体的服务体系，提升商业变现能力。

## 8.2.1 私域深度运营四大板块

私域深度运营，内容是一方面，更多的是技术和数据的应用。私域深度运营包括精准营销、用户增长、数据分析和会员系统四大板块（见图8-4）。

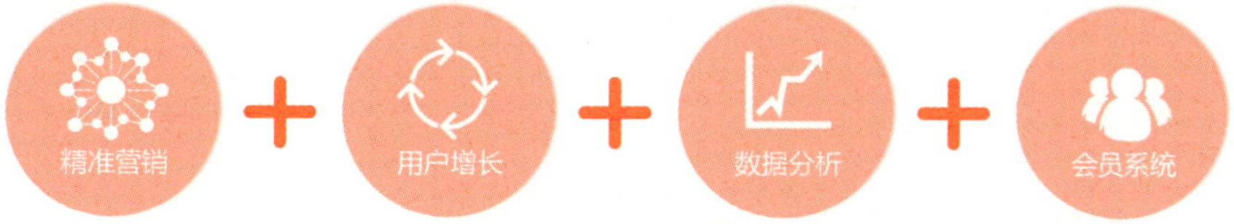


图8-4 私域深度运营四大板块

（1）精准营销：通过精准广告投放获客。还有通过用户标签系统，给用户精准的内容推送，在对的时间、对的渠道，给用户提供需要的内容、产品和服务。

（2）用户增长：这是私域运营的基础，有了用户才有运营，所以，持续的用户增长尤为重要，包括重新激活老用户还有裂变新用户。

（3）数据分析：通过技术打通不同平台的数据，指导以企业微信为主的工具，给用户更精准的服务，同时通过数据分析私域运营的各个关键指标。

（4）会员系统：这是私域会员系统的应用，通过科学的方法，搭建会员系统，系统页面内需包括积分、福利、活动等，实现用户线上化运营。

传统的门店该如何运营会员系统呢？首先，在线下门店做好引流，所有门店的展示物料和产品手册上都要有将用户引导到线上的路径。一般是让用户关注公众号。其次，在公众号引导用户点击小程序注册会员，同时，引导用户添加客服的企业微信，进入会员社群。会员的服务分为主动和被动，主动的服务通过小程序来实现，用户点击小程序自助获取服务；被动的服务通过企业微信承载，通过社群或私聊方式，给客户提供相关的会员服务。

会员系统的运营还包括用户管理、内容激活和转化复购等。

这里的用户管理主要通过公众号和企业微信，然后用小程序矩阵给用户提供服务，比如售后小程序、门店小程序、电商小程序、活动小程序等。转化复购放在社群和直播间中，内容激活用公众号和视频号，特别是视频号，同时扮演内容输出和电商转化的双重角色。

### 8.2.2 会员系统的流量基础

私域流量池的用户，包括存量用户和增量用户（见图8-5）。

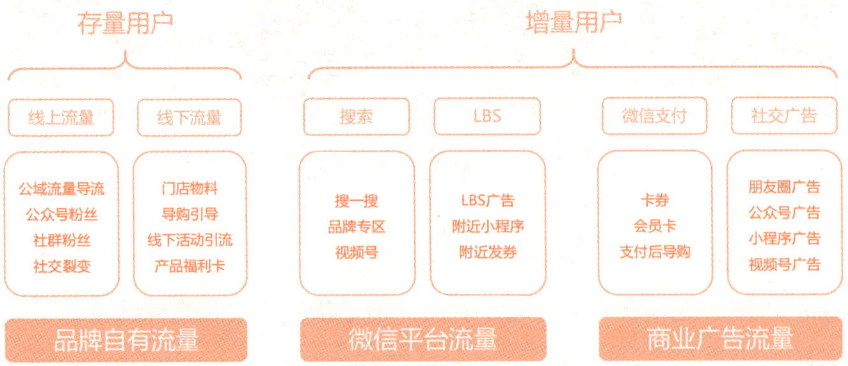


图8-5　企业私域的存量用户和增量用户

存量用户在品牌的自有流量中。他们从公域被引导到私域，从线下被引导到线上，在线上会员系统留存。而有了存量用户之后，再去做增量用户的裂变。

增量用户有两个大的组成部分，第一个是微信平台流量，流量来自搜索和LBS广告；第二个是商业广告流量，是通过付费获取的流量。

引流要针对企业本身的需求和资源来制定方案。举个例子，某个品牌更希望获取女性用户，那么在投放时，需要确认投放平台的粉丝属性，另外，在活动推广时需要考虑选择有针对性的活动奖品和设置活动门槛。

如果要通过社群筛选用户，需要注意筛选的方式，用户是否要出示什么证明，在私聊出示证明的过程中如何设置路径让他们继续分享引流。

再根据搭建私域流量的目的细化具体的涨粉、运营和变现路径。比如，在公众号、朋友圈投放广告，获取流量，引导客户留下联系方式；然后通过一些方法将这些流量留存到公众号和企业微信当中。比如，关注公众号领取优惠券，添加企业微信获取设计方案等，留存方式要结合运营的思路。最后要做好重新激活客户，可引导老客户带新客户，奖励礼品；或者是通过推文、门店活动，吸引还有需求的客户再次消费复购。

企业需要了解平台的功能特点，分析企业自身的业务特点，结合两者进行匹配的内容和服务的输出，运用新媒体各个平台的优势推广品牌的服务和产品。在这个基础上，持续优化客户体验和口碑，通过老客户转化新客户，能够更好地推广品牌、产品和服务。

### 8.2.3 会员系统的技术支持

会员系统也是联通公域和私域的关键，比如，通过美团、大众点评、抖音等公域渠道，把客户引导到线下门店，然后通过企业微信再次引导客户回到线上，在微信生态注册成为会员，之后在公众号和企业微信为客户提供服务，在视频号提供内容和福利，再引导客户到门店消费，形成闭环。

小程序用于门店的管理，做到千店千面，而总部统一管理门店电商，实现品牌营销统一和内部数据流量开放。

在微信生态的深度运营过程中，可以重点关注微信开放平台和微信商户平台，前者是技术应用，后者是支付应用。通过技术接口，可以利用这两个平台做深度的开发和应用。

搭建私域会员系统，背后是技术的支持，需要有数字化中台（见图8-6）、商业智能中台和技术服务中台的综合服务，前端呈现出来的是会员中心和企业微信客服。

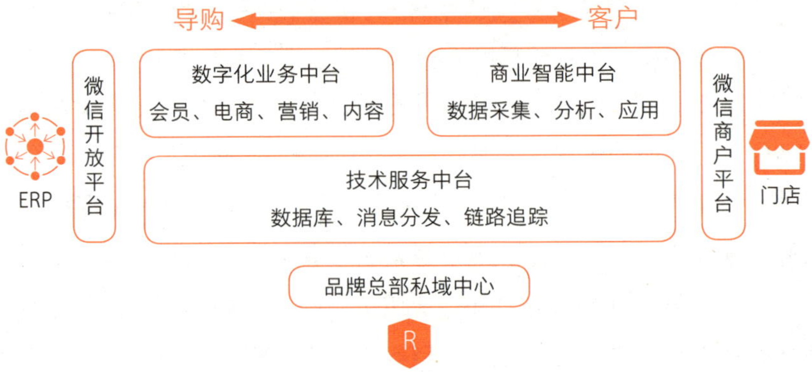


图8-6　品牌私域数字化中台

比如，瑞幸咖啡，它之所以能够在千万量级私域客户体量下，还能做到千人千面地精细化运营，是因为其以企业微信为底座打造了一个数字化中台系统，系统会根据客户的地理位置、消费习惯自动推送任务给导购，这些任务里有不同的优惠券和文案，系统直接把任务派送到门店店员的企业微信里，店员只需要点发送就可以了，非常高效。

周大福也是这样，它属于高价低频的行业，但周大福在提升复购和客单价这块做得非常好。会员复购率翻倍，私域客单价是公域的2.8倍。周大福在客户标签体系这块下了大功夫，客户喜欢玫瑰金还是铂金、对什么款式感兴趣、什么时候生日，都记录得很清晰。所以遇到客户的大日子，导购就能做到在对的时间，给对的人，推荐对的商品。同时，周大福把企业微信跟它们的小程序商城打通了，因此用户的数据也是互通的，用户在浏览商城后系统就会推送消息给导购，导购根据沉淀的用户数据做洞察，判断是推送优惠券给用户，还是预约用户到店来试戴。

**在私域流量池建设上，很多品牌会打造数字化中台，赋能一线导购和渠道。**

私域技术能力的三大应用，分别是带参数二维码的应用、UnionID的应用和API数据接口的关联。

（1）带参数二维码的应用：通过追踪客户点击、扫码的动作，记录客户的行为。不同渠道、场景、活动的二维码，带上不同的参数，记录不同维度的营销数据。这里需要注意的是，公众号分为服务号和订阅号两种，只有服务号才有应用带参数二维码的能力，所以，企业要深度运营用户，一定要选择服务号作为核心阵地。

（2）UnionID的应用：微信提供给企业在市场营销过程中识别客户的关键数据字段，可以用来识别用户身份、追踪用户行为、记录用户信息以及提供安全性。它还是跨应用程序的用户唯一的身份标识。私域流量池基本等同于微信生态，而要实现微信生态的数据联通，就需要UnionID，相当于各扇门的一把万能钥匙。

（3）API数据接口的关联：不同平台和系统有不同的数据接口。在微信生态内，各个产品和平台提供了大量的数据接口。在微信生态外，如淘宝、京东、抖音等平台，也各自有各种数据接口。

另外，微信还有SCRM系统，它基于企业微信，是基础的客户社交运营管理系统。它智能化管理海量客户池，有自动给客户打标签、深度数据挖掘分析、助力精准营销等功能。它是客户管理系统的中央化平台。通过SCRM系统，回收全域数据，解决数据出库问题；将所有数据汇总起来，借助手机及各类ID，融合全平台用户唯一ID，解决数据对应问题；基于核心业务场景，设计数据应用及评估体系。

## 8.3 私域精准营销，提升转化效果

在2010年前后，针对当时的市场环境，精准营销的概念被提炼出来，其终极目标是，在公域里，按照广告的逻辑思维，找到与企业品牌、产品、服务等契合的用户，提升触达率，实现更高的销量。

从流量的范畴来看，当时的精准营销的逻辑属于属性精准，比如契合互联网的目标人群的特性和画像，包括年龄、性别、收入、教育程度等。当精准营销进化到2.0阶段，便可以实现行为精准。

这方面，一些互联网平台已将其运用得出神入化。比如，用户在网页进行搜索，搜索留痕之后，会收到搜索过的商品的广告，或者被推荐曾经关注过的商品。这样的行为精准，本质上算是流量思维——帮助品牌找到更契合的流量。

精准营销现在演变到3.0阶段就是效果营销，就是用效果说话，所以更精准。公司在业务发展的哪个阶段可以布局精准营销？

其实公司无论发展到哪个阶段，都可以在小投入的情况下去嫁接到强技术能力布局精准营销。关键是技术赋能，企业能不能尽快应用起来，能不能真的找到契合业务的地方。但99%的企业是不愿意自己组建技术团队去开发的。因为成本太高了，试错成本太高，所以一定是优先用SaaS。

精准营销叠加在私域上，通过属性、兴趣、行为标签还有效果策略，可以让精细化运营更有效率和质量。精准营销的范畴如果是等着鱼上钩，那么私域运营则是主动去捕鱼。二者共通的地方是都离不开用户的属性、兴趣、特征等信息。

### 8.3.1 精细化运营私域的场景演绎

私域精细化运营，底层的核心同样是数据管理。

数据管理离不开技术和工具。先进的技术手段能够支撑企业抓取数据，构

建私域用户画像，然后再挖掘、拟定运营策略。面对不同的企业形态，不一样的产业模式，私域运营方面并没有一套万能公式能够让所有企业套用，但是万能的逻辑是存在的。

那就是在构建运营系统时，要从不同的触点——跟用户接触的地方出发，结合自己的业务模式，分类别地去构建不同的数据架构，描画出用户特征，在做后续策略时，根据不同维度的标签去挖掘，真正做到精准运营。

下面是一个比较简单的例子。公众号都有一套智能机器人的运营规则，粉丝关注公众号48小时以内，会主动推送信息或者图文给粉丝，然后根据粉丝的反馈，机器人会决定下一步如何处理。这些机器人可以智能解决标准化的、个别关键性的问题。企业毕竟不能要求人工客服一个人服务这么多客户。这样的智能运营肯定不是完美的，但总比没人管粉丝好，总比机械地发送“谢谢关注”“欢迎光临”这些话术好。这些粉丝关注公众号，肯定是带着期许的。人是会被引导的，设置这些流程，给他们选择，其中就有一大部分人，会跟着引导去跟你互动。

在精细化运营中，不问客户开放式问题。开放式问题没有引导性，不利于转化。例如，问客户今天想买一个什么样的手机呢，客户回我还没决定好，就没有后续了。应该问客户有选项的引导性问题，例如，问客户要苹果系的还是安卓系的，要苹果系的话要iPhone 16还是iPhone 15。因此，这就是精细化运营。

同样的逻辑，在企业微信上的沟通也是一样的。特别是微信AI的加入，让私域沟通更加智能。企业可以提前设置一些关键问题，引导用户互动，然后将其分析记录成用户标签。

### 8.3.2 精准营销的顾虑

有人担心数字化、流程化会降低服务的温度，这种的担心大可不必。

在数字化年代，很多东西从面对面完成销售转变到直接网购，各方面温度的下降是必然的，是不可逆的，不要去畏惧，不要把这个东西过分放大，因为这是整个时代的发展趋势。

至于数字化、流程化会降低服务温度，这是一个伪命题。假如数字化、流程化会降低服务的温度，那是因为企业在考虑流程化时，只考虑推进固有的销售流程。要是企业在设计流程时把温度的元素加进去，那么就会有一个很有温度的销售服务流程。

精准营销的一个表现，就是信息触达平台的个性化推送，平台包括公众号、小程序、企业微信等，不同的用户看到不同的内容，根据用户的标签做更贴近需求的服务。

比如公众号运营，特别是有几十万、数百万粉丝的公众号，一方面没有那么多人力，另一方面公众号的很多功能原生后台不支持，所以需要用技术来提高效率。公众号支持开发者模式。在微信生态圈，开发者模式是非常关键的用户运营方式。使用开发者模式来运营用户后，当用户进来，他们的所有信息都会被记录在整个后台里，储存在企业自己的服务器中。之后，依据用户行为去分析，做精准营销。

想要在投放端做好精准营销，就意味着成本高，因为它要求用户画像要更精准，也意味着竞价出价高。但是运营好自己的私域，就能够在低成本，甚至在无成本的情况下，做好精准营销。

还有人提出千人千面的营销是否需要增加营销成本的投入？其实这种认知应该反过来。做得好的品牌营销，是能够缩减营销投入的（见图8-7）。

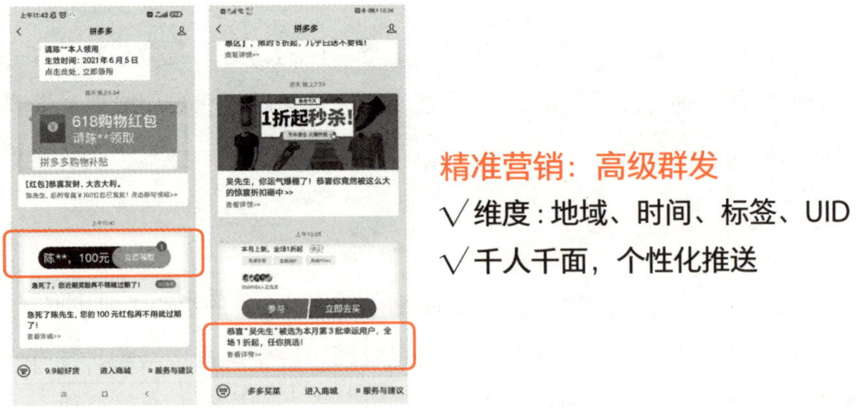


图8-7　千人千面营销的公众号应用

所谓营销投入，不应该用一个框死的数值来看，而应该从公司的营销产出比例来看。比如，一家公司本来的营销投入100万元，只能够做出1000万元的销售额，但是投入150万元就可以做出3000万元的销售额，那么它的营销成本是增加了还是减少了呢？在我看来是减少了。

**在这个时代，品牌必须去做千人千面的精细化运营。**

由于流量越来越贵，流量的本质是抢占客户的时间，线上线下都是如此。客户的时间越来越碎片化，而广告预算一直在上升，如果做千人千面的营销，就能够提升转化率，其实就是在降低成本。

人力成本，现在已经越来越高。如果很多工作都靠人来做的话，是很难做到降本增效的。但是如果相信技术的话，降本增效就很简单。

现在微信生态提供了很多API数据接口的关联，企业在技术端需要把API吃透、用好，接到自己的数据库里面。这样，当技术能够发挥作用，从营销本身各个端口的数据进来都是清晰的，便可以节省很多的人力。之后再去做营销策略的时候，就能够保证目标顺利实现。

# 8.4 理财品牌“创必承”技术赋能千人千面营销

2011年，创必承成立。这是一家深耕私域的理财教育平台，100%线上获客，私域客户已超过800万，旗下公众号“孙明展”成为理财教育垂直领域的头部大V。

2017年，创必承CMO（Chief Marketing Officer，首席营销官）陶杰鹏老师带领团队，深度开发基于微信UnionID的数字化客户体系，实现千人千面的精准营销。2019年，创必承受邀成为企业微信第一批内测用户。

私域营销的一个核心理念，就是要从流量思维转变到用户思维。在私域营销里，更重要的是去找到有需求的这些人。去了解用户，了解他们的需求，根据不同的数据，再去做营销。这样整个效率会提高很多，不用花大力气去找流量，而是利用存量带增量。

私域营销，就是找到对的人，用对的方法，做对的事。

## 8.4.1 传统理财业务如何实现数字化

数字化理财规划服务体系，在传统业务中可以类比的是保险销售。

以前传统的保险销售，是经纪人约客户去一家咖啡馆，然后讲解保险产品，但这很不数字化。客户来源于老客户介绍，也就是介绍人传人，所以传统的保险销售很注重转介绍。这个流程如果线上化，将会拓宽获客渠道，也会提高沟通效率。

于是创必承在2015年开始做O2O。第一步就是获得流量，创必承选择通过微信公众号来获取流量。创必承投放广告让微信用户关注孙明展老师的公众号，成为公众号粉丝，接着进一步进行销售转化。基于业务流程，创必承逐步打造了一套体系。从监测媒介投放、粉丝运营、客服邀约，然后到提供理财规划以及其他业务产品，最后是管理报表和社群的日常运营，这些板块都集成在

SCRM系统里面，创必承尽力把所有环节变成数字化的信息，一步一步地往下传递。

在SCRM系统里，有一个媒介板块，每一次广告投放，都会生成一份报告，分析每个投放渠道最终能带回多少的ROI。系统需要有识别渠道效果的能力。每一次推广都是在前期锁定的，管理员可以看到每次推广预算的分配和预期达到的量等。一个计划投放之后，根据不同指标汇总的各方面数据，管理员看得清清楚楚（见图8-8）。

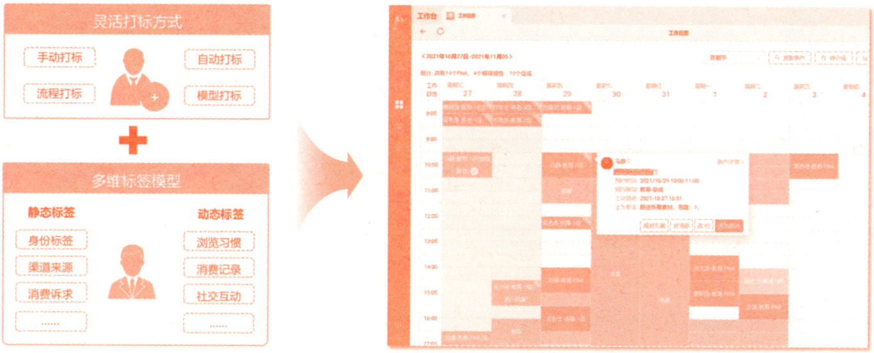


图8-8　SCRM系统指导服务客户的流程

在跟客户沟通的时候，顾问会说：“亲爱的某某先生，您是看过某某文章来关注我们的，如果你有这样的诉求，我们某某老师经常有安排这样理财规划的课程……”提前了解客户的行为路径，有助于快速切中客户的消费需求。

技术使业务数字化，还可以拉近品牌与客户的距离。通过带参数二维码去识别渠道来源，然后根据UnionID去追踪客户行为，可以看到这批客户到达哪一个业务节点，最终可以总结这次投放的价值如何，值不值得继续投放。

2015年创必承的公众号粉丝接受服务的比例不到5%，最多的时候是7%，也就是说93%的客户关注了公众号之后，公众号基本上没有下一步动作，这是很不对的。打个比喻，一个客户到手机店里，但迎接他的只有自动化的欢迎流程，直到这个客户离开了都没有人管他。同理，那些新关注公众号的粉丝，只有48小时的可主动触达时间，如果不去管新粉丝，就再也找不到他们了。后来公众号被深度开发，实现了内容和服务的个性化推送，也实现了客户沟通渠道的智能化，引导客户在公众号对话，收集客户需求信息，做定制化服务方案。

2019年企业微信3.0发布，创必承也第一时间做企业微信的技术开发应用，自建业内领先的SCRM系统。

用户画像、沟通记录、电话录音和基础信息，都可以在系统中展示出来。客户被分配给哪一个顾问服务，现在到达哪种状态，沟通到什么程度，这些都可以在SCRM系统里管控（见图8-9）。服务客户，当然要去收集更多的客户信息，要知道客户到底有多少预算，期许解决的问题是什么，等等。在创必承的私域里，并不是一上来就卖产品，而是帮客户做一份量身定制的理财规划，产品只是规划需要落地的时候才会使用到的东西。

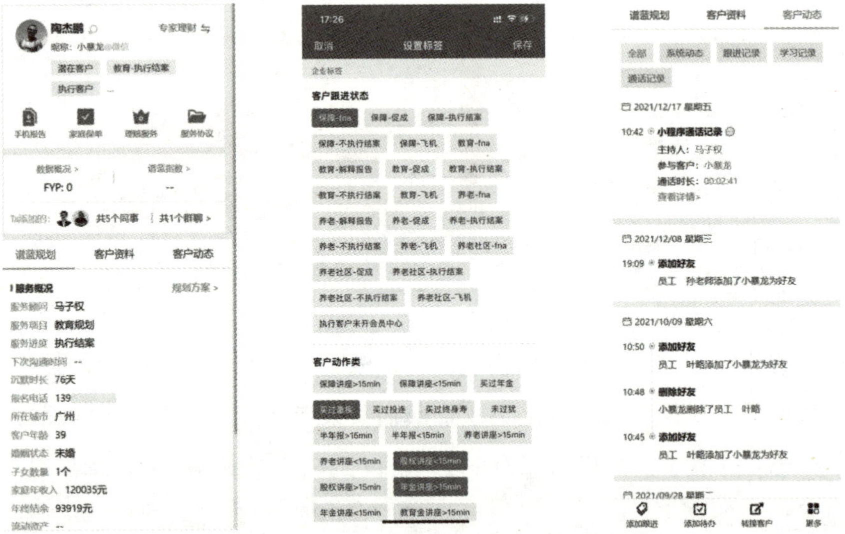


图8-9　企业微信的用户标签体系

例如，一个家长想做教育金储备，顾问第一件事情就是要知道他孩子读书的路径计划，是留学、读国内本科还是读研究生？然后需要了解客户计划储备多少资源去支撑孩子完成学业。或者孩子考到哈佛去了，但没有获得奖学金怎么办？当然也要知道客户现在有多少不动产、流动资产、投资情况等，一步一步地往后去推进，最后帮客户做好理财规划。每一次和客户的通话都有录音，这些录音再转化为更多的数字化信息，去指导顾问更好地服务客户，更好地完成销售。

在SCRM系统里，可以根据客户看过的短视频来分析他的需求，然后在合适的时间推送合适的内容给他。还可以看到客户购买的信息，比如他购买过什么产品。这些数据都可以从销售平台同步过来。

做直播的时候，企业会关心这些客户到底有没有接收到有效的信息。创必承的SCRM系统里有客户动作类的标签，例如，客户在直播间停留了15分钟以上。这些客户行为后台是能知道的。顾问就可以打电话给这个客户，问："亲爱的某某先生，在昨天某某老师的直播分享里，您还有什么疑点？"

**这些数据追踪和反馈，让理财顾问更精准地服务客户。**

### 8.4.2 从全域投放到精准获客

创必承团队会在多个场景引导客户添加企业微信。例如，在前端获客，客户报名后，顾问会引导客户扫码添加企业微信；或者在业务流程中，顾问邀约客户，会引导客户添加企业微信。服务的每个场景都会补漏，引导客户添加企业微信。

创必承早期的投放策略是全域投放，朋友圈投放、公众号投放、抖音投放都试过。

理财行业是需要深度服务客户的行业，客单价高，生命周期长。目前创必承在互联网理财赛道转化率第一，一方面是因为创必承对企业微信的精细化运营，另一方面是因为创必承尝试用不同形式去找到客户的痛点和需求价值，比如直播。创必承的直播不走卖货路线，而是用精细化运营的方式筛选精准客户，找到客户的需求，定制对客户有价值的直播间内容，从而提高转化率和复购率。同时，直播和协同服务一起，将产品和服务结合，去解答客户的疑问，跟客户分析产品的价值，以及一些产品细节，提升客户对产品的认知。

提升转化率和复购率，本身的产品和服务很重要。

## 8.5 美发品牌“优剪”互联网思维升级传统行业

优剪UDREAM，轻时尚互联网美发品牌，创立于2015年，以“让美业更美好”为使命，开创美业服务数字化新模式。区别于传统美发店，优剪通过产品服务标准化、门店管理数字化、客户运营自动化，自建美发培训学校，做强美发人才供应链。截至2023年，优剪已在深圳、广州、武汉、长沙等25座城市开店超1500家，服务超1000万客户，累计获得超4000万条主动好评，目前是中国规模最大的互联网连锁美发品牌。

美发行业在过去是非常传统的行业，高速发展的同时出现很多问题，比如行业门槛低、理发师水平参差不齐、推销办卡而产品服务跟不上等。同时，美发店四处开花，短短一条街就有几家店，竞争激烈，导致获客成本上升，而且客户忠诚度下降。

面对这些问题，优剪横空出世，用互联网思维升级传统行业，优化获客渠道、理发体验、会员服务等，全方面升级，推动数字化营销和私域运营。

**优剪用年轻人的视角，做一件年轻人喜欢的事。**

优剪客户群体“90后”占55%，“80后”占30%，以大学生及职场白领为主。这些群体对品质消费很重视，而优剪提供纯粹且有品质的美发服务，和年轻人简单、潮流、自由的生活态度产生高度共鸣。优剪通过标准化、品质化的产品和服务，采用贴合年轻人的营销方式，让客户持续消费，不断保持年轻化和品牌更迭，引导品质生活。

优剪主打透明消费的大众价位、潮流时尚的品质服务和简单便捷的美发体验。

优剪在互联网平台，围绕美业建立全新生态，线上线下紧密相连，新媒体引流获客，私域数字化运营，客户全流程服务都即时在线。同时，优剪通过数据信息化管理，同步客户信息，保证门店及发型师服务标准，提升客户体验。

## 8.5.1 获客方式线上化，社交分享传播

传统理发店是“坐商模式”，基于固定的门店进行销售,做社区派发传单，稍微前沿一点，就是利用大众点评做运营和投放广告。

营销升级方面，优剪做得更彻底，拥抱互联网，获客渠道主要在线上。一方面，优剪通过新媒体平台做传播；另一方面，也投放社交媒体广告引流。

优剪拓展线上流量入口，自建多平台直播矩阵，并与头部直播大号合作，打造主题多元、风格多样、品类丰富的轻时尚直播间，实现品牌曝光与产品销量同步增长，直播间观看超过800万人次，单场直播最高GMV超过126万元。优剪在抖音和小红书平台上有1000多名达人推荐，同时在微信公众号、微博、视频号等社交平台创作内容与头部博主合作，多平台种草传播，全网引流。优剪在公域平台做内容运营和扩大品牌声量，然后，引流到微信生态，在私域深度服务用户。

微博、小红书平台以产品种草和品牌宣传为主，引导客户关注品牌，在微信公众号、抖音的转化路径则更直接，客户可以直接买券下单。

新客户首次关注优剪公众号，会被推送一张剪发优惠券。客户领完优惠券后，引导其点击小程序使用优惠券。客户到店前，客服在线上和客户完成所有关于品牌的沟通，利用微信生态的开放性和数据化，把传统线下的部分服务线上化。客服利用小程序且基于LBS进行门店展示，也会展示发型师风格和作品，客户选择门店下单后，订单会在线智能提醒，同时，UVIP会员系统会开始记录所有该客户的消费数据和反馈。

有了一定基础的老客户后，以微信公众号为入口，优剪逐步构建起品牌私域流量池。同时，优剪利用老客户做转介绍和社交裂变，通过老带新，大大降低获客成本。其中社交裂变主要有发放优惠券和礼品卡两种路径。

（1）优惠券：老客户邀请新客户，双方皆可获得10元抵用券，领券页面与预约页面位于同一个小程序，新客户即领即用，消费路径缩短，提升转化率。

（2）礼品卡：优剪在小程序中，还专门搭载礼品卡服务。卡面有专属设计的卡通人物形象。卡内有不同等级的发型服务，好友领卡可在门店核销支付。

裂变传播给优剪带来了一批留存率高、转化率强的精准客户，客户数量持续增长。整个获客链路都线上化，通过社交媒体平台内容传播，做口碑种草，客户到店消费后，又引导其回到线上传播，形成O2O闭环。

### 8.5.2 互联网理发体验

优剪非常重视客户体验，因为客户体验是一个品牌的生命力。

优质的理发体验，一直作为优剪最大的卖点之一。从预约、到店、售后等，优剪都做了很细致的优化，比如，优剪的美发空间采用极简风格并充满质感，结合品牌文化设计灯光、温度和轻社交场景，以及恰到好处的服务，为客户打造简单、舒适的美发环境。

在客户的消费流程上，优剪基于数字化管理，建立互联网专业美发服务标准。

（1）在线排队：微信取号，减少等待时间。

（2）不推销不办卡：重视客户体验，全程无套路。

（3）服务监管：超1000万名品质客户共同监督。

同时，优剪也给每一位客户提供专属的个性化服务，比如档案记录和极致的售后服务。

（1）一客一档案：拍下客户满意的发型，方便下次美发时沟通参考。为每位客户建立专属的发型档案，让平台所有发型师在二次提供服务时，减少随意发挥，提升客户满意度。

（2）一客一售后：注重客户保障，客户7天内不满意，可以回门店找任意发型师免费调整发型。

传统理发店的一个痛点，就是客户要在门店排队等号，很浪费时间。优剪把取号的环节放到了线上，客户通过小程序预约，微信公众号推送预约信息，每隔一段时间，就更新一次排号信息，让客户不用到店就能知道自己还要等多久，包括排队进度、前面还有几个人、预计等待时间等，客户可以从容合理安排行程，算好时间到门店就可以享受服务。特别是小区门店，客户可以在家里算好时间，再慢慢过去。

传统美发行业还有常见的隐性消费、套路办卡，甚至卷款跑路等乱象。优剪的理发体验，聚焦剪发，不过度推销，凸显理发师的手艺人身份，把获客的事情交给总部运营，门店只需专心做好客户服务。

优剪为发型师们设置了“满意值”打分，客户的打分会呈现在发型师的主页，高的评分会吸引更多客户预约下单，这还会影响到发型师的业绩，进而影响到他的奖金、晋升，通过客户的服务评分驱动，发型师就更纯粹地为客户服务，而不用三心二意去做推销。

总部引流，门店服务，通过公域传播，沉淀私域转化，是企业门店私域运营的高效路径。

### 8.5.3 数据化管理客户

在传统的理发店，客户离店后，理发店就和客户失去了联系，很难主动再次联系。特别是男性客户，对理发店和发型师的忠诚度没有那么高，离店后可能就不会再来消费。而且，客户往往记不住自己上一次理发的时间，都是凭感觉到店理发，没有一个科学的时间管理。优剪基于这些客户洞察分析，做了一个很细心的运营动作——提醒理发（见图8-10）。

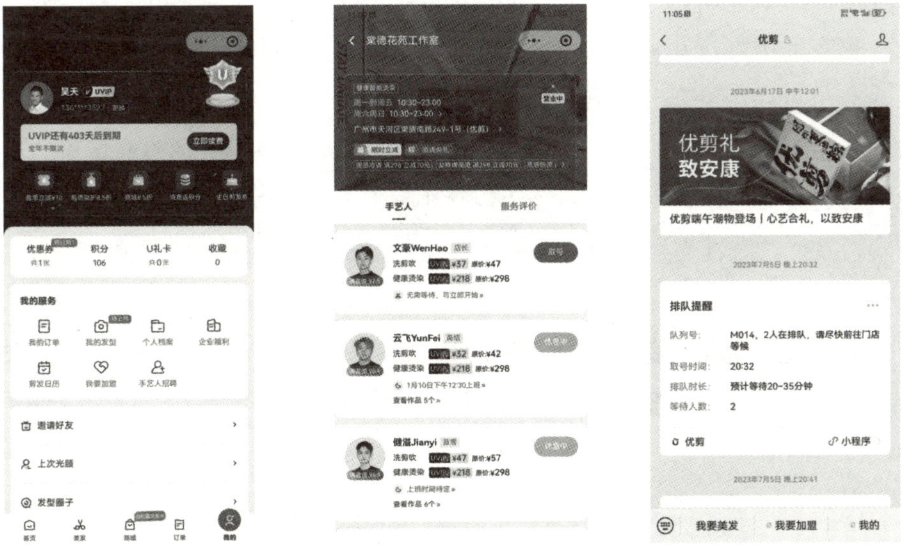


图8-10 优剪基于微信公众号的客户贴心服务

通常来说，男性理发周期约为20天，当客户距离上次在小程序下单的时间超过20天后，优剪的系统就会通过公众号的模板消息，提醒客户该理发了。而对于女性客户，理发周期一般是1～3个月，系统还会根据客户的消费习惯做调整。

相对于一对一私聊，公众号的模板消息提醒会更轻松，在恰当的时间提醒客户，可以进一步引导客户复购。私域的优势就是做复购，在对的时间、对的场景给客户发起消费的引导信息，培养客户的使用习惯，让有需求的客户可以很轻松地找到消费入口，实现持续复购。

**优剪对这些服务细节的持续优化，让客户近90天内的回头率超过80%。**

对于美业来说，客源非常重要，而会员更为重要。根据二八原则，品牌80%的利润由20%的核心客户贡献。所以，需要重点维护老客户，通过会员系统，将新客户变成忠实会员。

不同于传统美发店动辄上千元的会员费，优剪的年度会员费非常亲民，才19.9元，但客户享受的会员权益却非常实在，首单立减10元、全项目8.5折、消费返双倍积分等。这个价格几乎让所有客户都不反感，所以客户自主加入会员的比例非常高。

低价的会员费，一方面，可以提高客户入会率，绑定会员关系；另一方面，也有助于标准化服务，优化客户的消费体验。同时，优剪还搭建积分体系，会员可以用会员积分在线上商城优惠消费美发、护发的各种产品，这也带动了客户离店之后的电商销量，这是传统美发店生意以外的电商增量。线上电商的连接，也让客户离店之后，品牌触达客户多了触点，有利于保持适度的互动关系。结合社交媒体的内容传播，优剪不断强化形象，培养客户对品牌的信任。

**私域的本质是经营品牌和人的关系。**坚持以客户为中心，从客户需求出发，升级产品、改善服务，才能与客户建立长期的信任关系，给品牌带来稳定的、持续的增长。

# 第9章 客户转化

## 9.1 私域社群运营的策略和方法

如果要运营好一个社群，管理员每天都要投入大量的时间。一方面，要尽快建立社群的规章制度、群主的形象，以及在社群里提供服务；另一方面，要避免竞争对手或者群成员在社群乱发广告和拉人入群。

用心运营的社群，其活跃度和转化能力远高于不重视运营的社群。

### 9.1.1 社群的不同类型

根据企业不同的业务需求来创建的社群，一般有四类，从浅层关系的活动群，到深度关系的核心群。

（1）活动群。顾名思义就是在活动期间快速建起来的社群。建群策略是结合活动奖品和分销让利等活动，来进行快速裂变建群。活动期间需要重视运营，活动结束时需要立即转化活跃用户。这种社群生命周期很短，仅在活动期内。

社群和公众号、私聊的属性不一样，社群总有一天会失去活跃度，原因大多是用户对社群这种沟通形式的需求变化。这时，即使品牌投入再多资源，也无法再次激活。想将活动群直接变成高活跃度的交流群，或者卖货的销售群，是错误的。活动群的生命周期是非常短的，用户参与完活动就没有需求了。要做的应该是在活动结束之前，添加对品牌有好感的用户，比方说引导已经购物的用户添加客服，和用户说进入交流群可以享受售后服务。

（2）交流群。交流群的目的是让社群保持高活跃度，然后企业以群主的身份推荐产品来完成销售。

建群策略是筛选拥有共同兴趣、属性、目的或话题的客户。在建群时，就需要考虑找到这些拥有共同属性的用户，并定期抛出话题，使群保持一个相对活跃且话题对每个客户都有益的状态。比如餐饮门店的社群，就是将一群美食爱好者圈起来，店员在群里定期发布一些食谱或大厨直播等内容，吸引群内美食爱好者的注意，也会发送一些最新的线下活动和优惠活动，进行转化。

运营重点是提供标准化的服务，而且要有企业方员工用心陪聊，建立企业形象。交流群生命周期一般较长，具体需要看用户属性与话题热度的变化。

（3）销售群。销售群的目的是通过在群里发送营销信息，激活客户，完成变现。建群策略是设置合理的短变现路径和低门槛，这需要平衡好客户精准度和数量。运营重点是需要培养用户消费习惯，平衡好社群活跃度和转化效果。销售群生命周期从几个月到一年，更容易受到运营的影响。

由于一般的销售群，特别是门店群，用户属性比较多样，话题并不一定统一，因此维护销售群的活跃度，不能只依赖于线上。比如，可以通过组织线上线下活动，维护群成员之间的关系，以及群成员与群主之间的关系。运营建议是先让用户体验服务、体验产品，建立用户的好感度之后，再对用户进行深度的转化。如果一开始就经常发营销信息，但不考虑如何做好运营，销售群很快就不活跃了。

（4）核心群。建群策略是一般建小群，并配有较高门槛的筛选机制。运营重点是多对一或多对少服务，跟运营私聊环境类似。核心群生命周期根据服务周期而定，但用户与品牌间的关系会很长久，一般大单都是从核心群里面产出，相比于其他社群，核心群的运营投入比例会更大。

会员付费群也是核心群的一种形式，用户通过付费方式加入社群。这种社群在知识付费行业很常见。核心群会有非常体系的服务流程，包括品牌方的响应也会更及时。

### 9.1.2 社群运营的流程

社群运营流程，从内容、互动到数据，分为五个环节思考（见图9-1）。

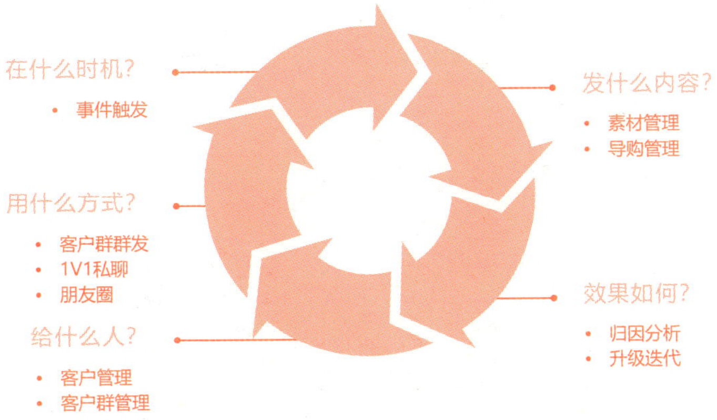


图9-1 社群运营流程

第一，给什么人。这需要对客户做数据化管理，包括群的分类管理。

第二，用什么方式。私聊还是群聊，或者朋友圈营销，这都要提前规划好。

第三，在什么时机。设定好事件触发信息推送，通过技术手段实现精准营销。

第四，发什么内容。这部分包括内容的制作和分发，统一管理导购朋友圈内容和导购沟通话术。

第五，效果如何。跑完整个流程，最后是收集和分析数据，做运营方案的升级迭代。

但是做好运营的另一个问题就来了，员工的时间和精力是有限的，怎样才能让员工的时间更好地分配，让人力资源都能用在刀刃上面呢？

答案是使用工具。能够用工具解决问题，就不要用人工解决。因为工具本身的作用就是帮助企业降低运营成本、帮助员工提升工作效率的。如私域的沟通工具——企业微信。以下是企业微信能辅助社群运营的功能。

（1）聊天工具栏：这个工具栏类似于聊天框里的快捷回复。目前聊天工具栏支持快速链接企业微信常用功能和小程序。企业微信常用功能有查看客户详情，调取快捷回复，使用直播功能等。员工可以给自己配置这个聊天工作栏，企业管理员也可以为所有员工统一配置。

（2）自动回复：自动回复是针对客户的常见问题而设置的标准回复内容。管理员可统一添加关键词和自动回复的消息。群主在聊天中开启自动回复后，客户在群里@小助理提问时，小助理将根据关键词自动回复消息。

这个功能需要管理员在后台预先设置好内容和规则，包括针对哪些关键词，是要完全匹配关键词还是半匹配，以及关键词匹配后，机器人回复什么内容，是文字、图片、网页，还是小程序。这些都建议管理员统一设置好。除了设置关键词回复，还可以设置未匹配时回复的内容，以及同一内容不再重复回复的规则。比如，可以设置同一内容在30分钟内对同一客户不再重复回复。这样就能减少群信息对群里其他客户的骚扰。

（3）客户群群发：企业成员，也就是员工可以把通知、祝福、活动等消息批量发送到不同的客户群，并进行后续的服务。管理员或负责人也可创建企业服务消息，然后由员工选择客户群并发送。可以发送文字、图片、H5网页卡片、小程序等内容。每天每个群有发送上限，每个员工每天限发1次，企业每月限发4次。

（4）自动踢群：客户群可开启防骚扰功能，将发广告、刷屏的群客户自动移出群聊，并设为禁止入群的客户。有联系客户和客户群使用权限的一般员工也可自行配置，企业也可以为员工配置规则，然后由员工选择使用。

管理员可以在后台配置防骚扰规则，规则包括防广告、防刷屏、踢人方式三个维度。防广告维度可以选择防止消息包含关键词、网页、文件包含关键词。防刷屏维度可以选择消息字数过多、消息换行过多、连续发送消息。客户群通过配置防骚扰规则，就能有效建立以企业为维度的防火墙。

（5）群成员去重：群主可筛选出重复加入客户群的客户，按需将其移出群聊。企业也可统一筛选，由群主确认后将其移出群成员。这个功能分为两方面使用。一方面，企业和员工可以选择自己管理下的所有同类型的社群，确认重复的数据情况，是否需要踢人可以再做考虑。企业也可以根据自己的需求移除重复客户，例如同样是销售社群，如果发现客户重复度比较高，其实可以进行去重甚至以解散社群的方式来减轻运营压力。另一方面，用来排除可能存在的恶意重复进群的客户，帮助企业和员工更好运营社群。

### 9.1.3 社群持续变现的关键——需要持续激活客户

激活客户，必须做到三个核心点，一是找到客户的触点，二是找到触达的方式，三是要做好内容，这也是最重要的一点。

要实现高效激活客户，企业微信提供了一系列的工具。一般来说，客户留存到企业微信之后，我们有三个常用的触点可以使用，分别是私聊、群聊和朋友圈。根据触点的不同，触达的方式和内容也有一定的区别。

比如，同样是推送一场促销活动，私聊可以先通过口语化的问题激活客户，然后再推送活动营销内容，群聊则可以用群公告@所有人的功能，最大化通知效果，朋友圈则是要制定发送的时间计划。而在触达客户之前还需要规划好内容，特别是能表现导购或企业形象的内容，比如导购工作生活的一些动态、客户爱看的知识内容等。还有不同的触点，触达的频率也有不同。

另外，企业运营思路也要灵活一些，私聊、群聊、朋友圈这三个触点并不是割裂的，我们完全可以将这些触点连接起来，比如在朋友圈发布一则活动，并加上文案“详情可以咨询客服”，或者客服主动私聊点赞或评论的客户。

激活内容的四种形式，分别是文字、图片、视频和小程序。这四种形式的激活目的也有不同。

（1）文字在于激活：吸引客户的注意力，让客户来参与活动，进入销售入口。

（2）图片在于促销：因为在客户点开聊天框之前，图片只会被显示为“图片”这样的形式。只有客户被文字激活后，进入聊天框，才会看到图片详情。可以用福利类图片作为激活内容，引导客户扫码或者点击链接。

（3）视频在于互动：视频号补足了微信在短视频板块的缺口。分享视频号内容或者直播，也是非常立体的互动方式，特别是直播间实时在线互动，能刺激客户下单。

（4）小程序在于成交：和图片不同的是，小程序更重视转化路径简短。当客户被文字和图片激活和促销之后，一个路径短、体验好的转化入口，将能帮助企业做好最后的成交动作。

在激活过程中，还有一些很常用的，同时很有效的激活手段。比如培养客户习惯，让有需求的客户主动找员工咨询。从企业初次通过企业微信触达客户开始，我们就要建立好服务化的形象。比如，客户添加员工或者添加社群之后，发送欢迎语后以及后续一段时间的聊天内容，重点都在让客户能够通过员工的私聊窗口或者是通过在社群里@员工，可以得到什么样的服务。员工立即响应客户不一定要立即解决问题，立即响应要的是及时回复，让客户得到反馈，提升客户的体验感。多提问是激发客户需求，引导客户主动寻找员工，逐渐让客户养成有需求就找企业员工解决的习惯。

最后，图文并用能让企业的活动介绍和产品说明更直观，可以进一步提升客户体验。另外，不同的触达环境，培养客户习惯的细节也有不同

私聊环境中，除上述的内容以外，前中期企业也要主动激活客户。以低门槛的内容来激活，才能让客户主动来找我们。比如，设置活动或者设置体验版服务环节来激活客户，让客户先享受到福利或是免费体验一些服务。通过低门槛的且有福利的体验，更快培养起客户的习惯。

群聊环境中则是要尽量管控非官方的内容和服务，适量的非官方的优质内容能够充实群聊的信息，但更多的是尽可能地在社群内多出现企业品牌自己的转化入口。如果有必要，可以和一些活跃的、拥有一定话语权的核心客户合作，共同打造社群内容。

### 9.1.4 高客单价社群的运营要点

高客单价的付费社群，怎么打造超预期交付，也就是怎么让客户觉得太值了，我总结了以下六点。

（1）不过度承诺：在前期介绍付费社群时别承诺太多。很多社群一开始为了推广，宣传社群服务包括了方方面面。在后期交付时被客户发现很多承诺没做到，结果砸了企业口碑，造成不好的影响。

（2）聚焦痛点：社群存在必然是为了解决某个痛点，所以持续打一个痛点，就够了。能解决这个痛点客户就觉得值得付费，这样其他服务对客户来说

都是惊喜。

（3）提高参与度：如果客户没有参与社群讨论，企业提供了有价值的内容，客户也看不到。所以哪怕私聊，也要提醒客户参与。

（4）阶段式交付：在服务期限内，按阶段、节奏交付产品和内容。

（5）高光时刻：产品必须有某一种特性，让客户觉得太惊喜了。所以要设计超客户预期的交付产品。

（6）时间周期：服务要有固定周期，可以设置月度会员、年度会员。

社群的本质就是和人打交道，注定很多工作内容和沟通是在人与人之间完成。既然需要一对一地进行沟通，必然涉及搭建团队的问题。

高客单价社群，需要投入时间精力去做精细化运营，运营可分为三个阶段。

第一阶段，和客户建立强连接。通过一个阶段的服务，建立一个和客户强连接的环境，进入客户的生活当中。如果产品和运营不能进入客户的生活，客户很快就会忘了你。不管交付什么产品，营造一个强信任感的社群环境，与客户有一个强连接和强沟通的机会，是很重要的。

第二阶段，筛选核心客户。社群运营思路里面最重要的一部分，是一定要筛选出核心客户，这部分客户需要花更多精力去维护。大部分社群一定会失去活跃度，但最核心的客户会一直在。

第三阶段，建立客户的精神家园。每一个社群里，一定要有一个属于客户精神领域的理想家园。要建立一个让客户有凝聚力，能够引领客户向上的精神家园。因为只有价值观才能够引领客户。

## 9.2 私域电商选品解决方案

企业想要提升首单成交率，需要关注哪些重点？根据企业不同的属性和需求，首单可以简单分为低频高价产品和高频低价产品两类。

低频高价的产品，重点考虑投入产出比和客单价。

由于低频高价的产品和服务在转化上存在难度，客户的首单并不一定能在初次营销当中立即转化，有相当一部分的转化关键在于持续的运营，也就是说企业对这些客户可能不仅要投入引流时的推广成本，还很可能要投入未来一部分的时间和人力成本。

投入产出比可以让企业和营销人员从总体的角度来分析当前的业务模式是否符合企业的发展要求。低频高价的产品转化不确定性大，企业必须从总体考虑，再细分流程。而对客单价的考虑则是从客户的生命周期出发的。处于不同生命周期的客户，需求和对客单价的期望也会有所差异。通过首单的客单价反过来推出后续产品，是企业常用的做法。

高频低价的产品，重点考虑转化率和购买人数。

考虑转化率是因为客户对于高频低价的产品一般决策思考的时间不会太长，很快就会决定是否下单，但有时流程中的小细节容易影响到其是否继续下单。因此这些产品的转化路径更需要聚焦在小细节上面。

考虑购买人数更好理解了。购买人数越多，证明首单的推广活动越有效。这样的活动应该在不影响客户复购的前提下多开展，多吸引有消费能力的客户留存到企业的私域当中。

私域里的选品是一件很专业的事情，需要去匹配不同的私域阶段。刚进入私域的客户，对品牌还不够了解，也没有产生过购买行为，向他们推荐低门槛的低价引流品更适合，目的是促成首单；对于那些已下单，对品牌有初步认识，但缺少黏性的客户，向他们推送一些能产生高复购的活动类产品更合适，目的是建立信任；对于那些已经形成在私域下单的习惯，且有一定消费能力的忠实客户，可以向他们推送一些价格高的利润品。

在私域初期，建议私域的选品在精不在多。因为对于导购而言，他们能熟练介绍的产品是有限的，他们需要沟通清楚产品卖点和使用场景，所以在没有数字化工具赋能介入的情况下，建议私域选品不要太多。

下面详细介绍在客户不同的生命周期阶段，私域该如何选品（见图9-2）。

图9-2 客户不同阶段的私域选品方案

**第一阶段，引入期。**引入期就是通过引流品，让品牌先和客户交个朋友。因为在这个阶段，客户对品牌不够了解，或者还没有产生购买行为。

在私域的场景里面，品牌的引流品客单价很低，甚至还有免费送的，目的是让客户进入品牌的私域。因为客户购买的时候得注册，得跑整个流程，一般购买完之后品牌方会拿到客户信息，比如客户的手机号码。

发现没有，这才是价值之所在。相当于用一个客单价很低的产品，换取到客户的手机号码，还有家庭地址。后面就可以做很多事情，比如可以精准投放广告等。

**第二阶段，成长期。**适合成长期的有两类产品：活动品和传播品。引导客户进入私域，接下来，就是引导客户复购。促进复购最好的方式就是搞活动。比如说拉一个土特产群，然后群通知周末将发起一波团购活动，价格很划算。

第一次购买是品牌方让客户购买，而第二次复购则是客户主动要购买，其中重要的就是转变客户的想法。

接下来就是推广传播品，因为客户只购买还不行，还得让客户介绍更多人来购买。把一些产品给客户，让客户分享到朋友圈、小红书等平台。传播品有两个特点，就是美和利他。比如，护肤门店品牌送福利产品，要求客户要带着朋友一起来领。这就叫传播品，相当于是给一个福利，或者给一个很好看的东西，让客户愿意分享出去。

第三阶段，成熟期。适合成熟期的也有两类产品：关系品和利润品。通过关系品推进与客户的关系，然后推广利润品获取利润。

成熟期的关系品是为了绑定客户关系。比如，一些品牌推出会员专属套装，这些套装花钱是买不到的，只有会员能拿积分兑换，或只送给会员。这就是关系品。而利润品是企业为了获取合理的商业利润，以及在产品越来越同质化的情况下，做的一些增值服务。比如，一个减脂品牌最新推出的不是减肥产品，而是21天陪伴式的课程，课程附带减肥产品，这也是换个思路来卖产品。

第四阶段，忠诚期。忠诚期关注传播品和利润品。通过传播品继续培养客户对品牌的兴趣，并且通过增值服务提高商品利润。

客户到这一生命周期阶段，基本上对品牌很认可，在私域主动索求更多价值、荣誉等高价值权益。品牌方就需要深度跟进维护与这批客户的关系。

忠诚期的客户，可以将其理解为品牌的忠实粉丝。产品调研、新品试用、线下沙龙等品牌活动，可以优先邀请这部分客户，也可以发展他们成为品牌的分销者，比如让他们组织社群团购等。

## 9.3 社交电商和内容电商，全方位转化客户

变现一般来说会有两个方向，一个是社交电商，另一个是内容电商。社交电商比如团购、秒杀、接龙，通过社交分享，引导客户下单，消费场景主要在社群，还有直播间。内容电商主要是通过图文方式引导客户下单，包括朋友圈内容、公众号长图文，还有小红书的短图文种草等。

私域场景中，用好朋友圈和公众号，创作好内容，设计成交路径，打造电商爆品，这条路径在今天依然是转化的重要方式。

**好的卖货内容，不是推销产品，而是帮助客户解决问题。**

### 9.3.1 朋友圈高效卖货方法

下面有四个让销量翻倍的朋友圈卖货方法，通过策划一些活动，在朋友圈发起传播，也利用朋友圈互动的属性，放大活动营销效果。

第一个方法：秒杀+加购包邮。通过朋友圈发布1元秒杀活动，引导客户到活动群参加。然而很多秒杀活动经常忽略一个问题，就是活动时客户都是拼手速，先到先得。有些客户会觉得自己手速慢，秒杀大概率抢不到，于是就不参与这个活动。所以可以在群里发红包，客户就算没抢到1元秒杀的资格，还有红包可以领。

客户觉得自己能得到好处，自然会踊跃参与进来。而且还可以设置秒杀单品不包邮，但客户只要再加购一个产品就可以包邮。客户为了包邮，大多数会选择再多购买一个产品，于是就带动了其他产品的销售。

假设你是卖零食的，可以发起活动，告诉大家今天某种指定零食不包邮秒杀，但是再购买其他的产品就可以包邮，之后将在群里发红包，手气最佳的客户可以获得这次秒杀的机会。秒杀结束后在群里发送你的微店或者产品介绍，方便客户凑单包邮，也可以引导抢到秒杀机会的客户下单。这个方法不仅可以提高销量，而且可以增加客户黏性，一举两得。

第二个方法：抽奖+评论发布促销。发这样一个朋友圈——“点赞第几个免费送一箱苹果”。这可以吸引一大批人参与，毕竟，点个赞就有可能获得一箱苹果，万一刚好抽中呢？这样做的好处，就是让大家都开始关注朋友圈活动了。因为客户已经参与过之前的抽奖活动了，之后你发的每一条促销内容，都会提醒他关注。相当于你的促销绑定了他，他会一直关注，直到被吸引、下单。

这个方法，同样适用于其他产品。假设你是做美妆的，可以先发朋友圈，告诉大家你有点赞抽奖送面膜的活动。公布完之后，紧接着再发一条评论，让客户可以直接看到你的促销活动，用优惠的价格可以吸引更多人下单。

第三个方法：促销产品+×元送。在线上卖米酒的企业搞了一个活动，3天时间共卖出300多套产品，一共获得2万多元的销售额。这个方法看似简单，实则背后是对人性的洞察。比如你主推一款产品，价格是99元，然后告诉客户，如果购买这款产品，再花1元可以领取一份精美礼品，客户就会觉得，花了100元买了两件东西，很划算。客户会有一种“不买就亏了”的感觉。

另外，不一定是只加1元，这个金额可以根据自己的实际情况来定，只要别太高，能让客户觉得很划算就可以了。比如，“购买5袋正品，加9.9元送一包牛肉”“消费满68元，再加1元送红酒”等活动。

第四个方法：拼团+限时限量。花艺线下课策划了一场活动，在朋友圈发布宣传方案：课程原价2500元，拼团价1000元。这个是超大的降价优惠，诱惑力巨大，一直观望的潜在客户就会关注活动。文案最后还说了，只有3个名额，限时限量给了客户紧迫感，引导客户马上下单。

同理，其他行业产品可以通过选一个爆品来发起团购，同时限时限量，然后吸引精准客户，再引导其消费其他产品。

### 9.3.2 爆款卖货图文的创作

爆款卖货图文的结构分为塑造场景、提出问题、解决方案、系统论证和引导行动五大部分。

第一部分，塑造场景。塑造场景就是要把产品放到客户的日常生活场景当中。为什么要这样做呢？因为客户会在文案引导下回忆这种场景，这时他也会回想起自己处于这种场景中的感受，更能让他产生对于这个产品的需求。

例如，如果要卖英语学习资料，那就可以用文案引导客户回想起自己熬夜学英语，但是成绩还是不理想的经历。这时客户心里会再次涌现很难受的感觉。这样一来，客户就更想寻找这个问题的解决方法，他们购买你产品的动力也会更强。

那么，我们该如何塑造场景呢？关于塑造场景，可以直接运用5W1H的方法。这六个维度是塑造出一个场景的最基本元素——When，时间；Where，地点；Who，人物；What，发生了什么；Why，为什么会发生；How，怎么发生的。通过这六个元素，很容易塑造出场景的画面感，引起客户共鸣。

**第二部分，提出问题。**你在给客户塑造出一个场景之后，紧接着一定是要提出客户在这个场景中会面临的问题。

例如，和客户说在你熬夜学习英语过后，成绩还是不理想，这就说明你用错了方法，或者学习资料不适合。提出问题，可以说是对这个场景的一个总结，让客户立刻就能明白在这个场景出现这种困扰的根本原因是什么。同时，当你提出问题后，也会吸引客户继续交流下去，因为这时他们也想找到这个问题的解决方法。

**第三部分，解决方案。**接下来，就要开始向客户推荐产品了。告诉他们，使用这个产品可以解决他们关心的问题。

这里需要注意，产品一定要保证质量和品质，这个是决定客户是否会重复购买产品的关键性因素，也是企业信誉的保障。只有拥有过硬的产品质量，才能真正实现持续营利。

不过，在推荐产品时企业基本都会碰到一个问题，那就是如何让客户相信产品是好的。如果想让客户下单，首先就要与客户建立起信任。那么，当一个陌生客户看到产品时，如何让他信任呢？这就需要继续进行下一步了。

**第四部分，系统论证。**这一步就是要通过各种证据，向客户证明产品是好的，是有用的。这也进入了卖货文案非常重要的一部分，这一部分工作做好了，那么客户下单购买的欲望就会大大增强。五个方法，让你与客户迅速建立信任。

第一个方法，摆事实。即直接为客户提供具体的数据。再以英语学习资料为例，可以告诉客户，使用过这套资料学习英语的同学，平均分达到了多少，最高分达到了多少，或者比原来提高了多少分，等等。直接用具体的数据说话，给客户一个最直观的感受。

另外，还可以讲细节。一件事的细节越多，人们就越容易相信。同样，在介绍产品的时候，也可以多讲一些产品的细节。例如，这个产品的哪些细节设计可以让客户有更好的体验。关于产品，要懂得去深入挖掘它的价值，然后通过一系列具体的数字及细节，与客户建立信任。

第二个方法，讲道理。这里说的讲道理，并不是讲一些大道理，而是给客户讲一讲这个产品的原理，或者品牌故事。产品为什么会有效？其实这是需要用一些专业的内容来论述的，所以要给客户讲一讲这个产品的原理。但是，过于专业的内容客户听不懂怎么办？其实也很简单。一些复杂难懂的运作机理，可以直接用图片来展示，还可以直接用短视频，以展示得更生动。

第三个方法，举例子。在做产品论证时，举例子是一个非常好用的方法。因为客户一般对销售人员会持有怀疑态度，很多时候他们更愿意相信使用过这个产品的人说的话，所以可以把一些客户对于产品的好评展示出来，例如聊天记录、朋友圈截图等。只要是产品使用者的好评，都可以作为案例展示给更多客户。这个方法极力推荐大家去用，这是与客户建立信任的一个非常有效的方法。

第四个方法，做对比。所谓做对比，就是把你的产品与其他同类产品做对比，让客户看看有什么不一样的地方，以展示自家产品的优势。这里要注意，很多人在用这个方法的时候，容易陷入一个误区，就是喜欢通过贬低别家的产品来抬高自家的产品。这种做法很多时候客户其实并不买账，还有可能会给客户留下一个不好的印象。所以，我们要懂得用更巧妙的方法去做对比。

例如卖口红，做对比的时候，可以不用具体说与哪一款产品对比，而是用“很多口红”或者“普通的口红”这类概括性的词，这样就不容易出问题。

第五个方法，找背书。其实大众普遍对于有权威性的产品会更加信任，所以，企业也要学会给自己的产品赋予权威性。这个时候，就可以给自己的产品找背书。你的产品获得的奖项、专利，还有产品销量、名人代言等，都是非常不错的背书。为产品找到背书后，就会让客户觉得这个产品更可靠，下单购买的欲望也会更强。

第五部分，引导行动。在进行系统论证过后，接下来，就要进入文案最重要的一部分——引导行动。

这里的引导行动，当然就是引导客户立刻下单购买。注意，是立刻，而不是以后。如果客户看完图文，你没有引导他立刻下单购买的话，那他以后再下单的概率就会大大降低。

那么，究竟该如何引导客户立刻下单呢？下面分享两个方法。

第一个方法，利诱。可以直接设置优惠折扣，或者送代金券给客户。如果客户立刻购买，就可以享受这个折扣或可以使用这张代金券，增加客户的购买欲，用这种方法来引导客户立刻下单。

第二个方法，压力。在利诱的同时，还要告诉客户，这个优惠是限时或者限量的，一旦过了优惠时间，或者优惠产品一旦卖完，就会立刻恢复原价。这样就会给客户一种心理压力，促使他们能尽快下单购买。

上面两个引导客户立刻下单的方法是最常用也是最有效的，但是这还不够，为了能让客户下单更加顺利，还需要做两项工作。

第一项，简化客户购买路径。客户的购买路径一定要简化，门槛越低越好，步骤越少越好。最好在图文中多个地方多放购买链接，这样客户无论看到哪都能直接进入购买，也减少了客户的流失。

第二项，直接提出请求。很多时候，客户买不买，就差你最后那句话。所以在图文的最后，一定要提出请求，让客户立刻购买。直接表达出自己的意图，有时候会是最好的与客户沟通的方式。

把上面爆款卖货图文的结构，做一个简单的总结。

第一部分，塑造场景。这里讲了塑造场景的六个维度，从这六个维度入手，可以更容易地塑造出能触动客户的场景。

第二部分，提出问题。塑造场景过后，我们就要针对这种场景提出问题，让客户了解他产生困扰的根本原因。

第三部分，解决方案。这一部分就开始为客户推荐产品。需要重点关注的是，产品质量一定要过硬，因为这才是持续变现的根本保障。

第四部分，系统论证。推荐产品后，用各种方法向客户证明产品是好的、是有效的。论证共有摆事实、讲道理、举例子、做对比和找背书五种方法。

第五部分，引导行动。图文的最后，就是引导客户立刻下单，直接用利诱和压力的方法让客户下单。同时要注意，购买流程要简单，并直接向客户提出立刻下单的请求，这样才是最直接有效的沟通。

### 9.3.3 讲好故事做好传播，成交自然就来

一篇内容开篇要让别人产生代入感，要塑造客户的消费场景，引起共鸣，并挖掘客户的需求痛点。然后，描述我们的产品，激发客户的需求。最后马上引导其下单，达成共识。

图文需要写好以下这三部分内容。

（1）讲故事。深入挖掘产品背后的故事，通过讲故事的方式介绍产品。

（2）场景化。把产品的使用场景具象化，让客户身临其境，产生很需要这个产品的欲望。

（3）情感化。所有的买卖背后都是信任，建立与客户的信任之后，成交是顺其自然的事情。

接下来，再展开看一下图文具体内容的创作。什么样的卖货图文才是一篇好的讲故事的卖货图文？我们需要让客户看完我们这篇图文，感觉就好像看完一篇记忆很深刻的小说，同时记住我们产品的卖点。

大家回想一下，我们在京东、淘宝平台买东西的时候，首先看的是产品详情页，还是买家秀和评价？我相信大家心里都有答案，更多人喜欢看买家秀和评价，因为这个更真实。这也是近年来小红书种草火起来的原因之一，大家更喜欢看客户的真实分享。

所以我们在创作卖货图文的时候，要灵活运用客户的素材，站在客户的角度来描述产品。这里我们从另外一个视角来看这个问题，这体现说明书式地介

绍产品的方式在社交媒体中的失效。你把产品介绍写成一个说明书，在社交场景里面它是完全失效的，产品背后的故事才是真正吸引人的点。所以我们要做些什么呢？

要讲故事，而且要讲好故事。在这里，大家要注意，我们在描述一个产品的时候，往往很喜欢一开始就把产品有多厉害描述出来，但这是很典型的说明书式地介绍产品。

我们应该先讲一个故事，最后再带出产品。很多客户购买产品并不仅仅是为了产品的本身，而是为了获得改变生活状态的可能性，比如提升生活品质、变得开心、感情升温等，后者无疑更重要。

不是因为生活改变了，需要新东西；而是因为想要改变生活，所以需要新东西。

创作图文还要注意使用新的表达方式。在早期时，传统电商的详情页全是文字加图片，现在主流是短视频，或者直播介绍，有了更丰富的内容呈现方式和交互方式。如今是短视频时代，尽可能用更丰富的载体来呈现产品卖点。

讲好故事的重要性，我们从另外一个角度来看。怎样才能把一个产品卖爆，特别是初创的品牌，该怎么做？

初创品牌+创始人故事=爆款产品。

这里也涉及了讲故事。大家回想一下，特别是初创的品牌，它推向市场的时候，都会写一个品牌创始人的故事，因为这是最好的背书。

一个初创品牌，很多人是不认识的，描述产品的各种功能别人根本感受不到，因为接触不到。但是讲一个故事，讲创业经历，讲研发心路，客户就会感同身受。

今天，依然能看到很多初创品牌的创始人出来讲故事，通过讲故事的方式引爆产品。而且，讲故事的方式不局限于图文，还有短视频，把图文优化精简成短视频脚本，通过短视频放大传播势能。

# 9.4 企业O2O营销闭环，从引流到成交

企业在私域的O2O营销，需要根据门店的线下属性，设计线上引流路径，同时线下提供产品服务，同样是线下门店的交付，也分为标准化服务和个性化服务。整个营销闭环，可以分为三个板块来策划。

第一，O2O营销链路的设计。这里主要分析打通门店线上和线下的渠道，分别需要哪些组织架构，每一个环节需要怎么评估和考核指标。

第二，引流报名页面的设计。从线上导流到线下的关键环节，涉及引流页应该怎样设计。

第三，O2O引流的服务标准化。设计流程标准化可以提高运营效率。

测试好O2O商业模型，然后就可以通过LBS广告投放，基于地理位置投放社交广告，引流到门店。

## 9.4.1 O2O营销链路的设计

门店的运营，简单来说就是线上的流量往线下导，线下的流量线上化。企业私域O2O营销模式见图9-3。

图9-3　企业私域O2O营销模式

我们先来给O2O下一个定义——线上做引流，把流量导到线下消费。在传

统的O2O路径里，把客户导到线下来消费就结束了。新的O2O链路还要往后面推一步，让线下的客户重新回到线上来传播，相当于流量从线上到线下，又从线下回到线上。

举一个例子，抖音带火了很多餐饮店、旅游景区后，引导平台用户到线下拍视频，再发到抖音平台上面打卡，就能获取相对应的福利。商家组织网红来店拍抖音视频，做线上的引流，把潜在的客户引到线下来消费，再引导客户拍抖音视频拿优惠券，这些流量又重新回到了线上帮助传播。

当客户到线下消费的时候一定要提醒客户在线上做分享和传播。那要怎么驱动客户呢？第一是荣誉驱动，让他们觉得环境很漂亮，产品很好，主动拍个照片发朋友圈，或拍个抖音视频。第二是利益驱动，就是给优惠，送小礼品和优惠券等给客户，让他们在线上做好评帮助传播。

以家居行业为例，优秀的O2O链路是这样设计的：基于公众号服务，在线上做推广引流，通过微信咨询，专属的客服引导客户到线下来体验，客户到店体验之后成交。成交后又让客户重回线上，因为产品安装、售后等都可以在微信中咨询。

另外，我们需要关注更深层次的分析。第一，我们需要关注哪些指标，让O2O链路效率更高？第二，这背后的组织架构是怎样的？继续以家居行业为例，为大家解读（见图9-4）。

图9-4 家居行业O2O转化漏斗模型

首先，家居企业通过广告曝光来直接获取精准的流量。广告曝光要关注CPM，即广告曝光的成本。后续不停优化广告的页面，把成本降到最低。

广告曝光之后，关注广告点击率，看有多少人会点击广告。之后安排广告落地页，也是跳转页面。跳转的页面会收集客户报名信息。这里收集的报名信息包括客户名字和联系方式，这部分属于获客数据。在这里就要评估有多少人点击之后会报名，从广告曝光到最终有多少人报名提交联系方式。

客户报名成功之后，需要派一名设计师到客户家去量尺寸。量尺机会，就是客户愿意约时间上门量尺。这是一个机会，能不能去成功，还得看下一步。从报名到量尺机会，这里有一个名词，叫“报名分配率”。到了这个环节，企业已经拿到客户的电话号码，客服会打电话询问客户是不是有装修的需求。

如果客户有需求，就安排设计师上门量尺定制家居。这就是一个精准的量尺机会，再往下步走，就到了“分配量尺率”，把客户推给一个设计师，跟进客户的工作从客服转到设计师。

量尺之后，设计师会根据尺寸出一份家居定制方案。做好家居方案，再邀约客户到门店来免费领取家居方案。从最开始到这一步都不收一分钱，包括设计师给出的设计方案也不收钱。

客户去门店看方案，叫“量尺进店率”，也就是有多少人愿意从“量尺”到“进店”。这一步非常关键，这是从线上到线下见面的关键环节，也是成交的关键环节。只要客户愿意到门店，就已成功了一半。接下来就交给设计师和销售团队。

客户在进店之后，设计师会详细介绍家居设计方案，然后谈价格，谈各种优惠。在门店强营销环境之下，客户容易被打动。最后，客户下定成交。

从报名到成交，经历了五步，前、中、后期需要非常精细化的运营。整个链路跑下来，是不是比大家想象中的要复杂？是的，所以很多人看到的仅仅是表面，也就是那个报名页面。这整个背后需要有八个环节的数据考核。如果不清楚整个架构，根本不知道需要考核、关注哪个指标。

了解整个漏斗模型之后，我们再来看看组织架构，看看私域O2O模式背后有哪些团队在协作（见图9-5）。

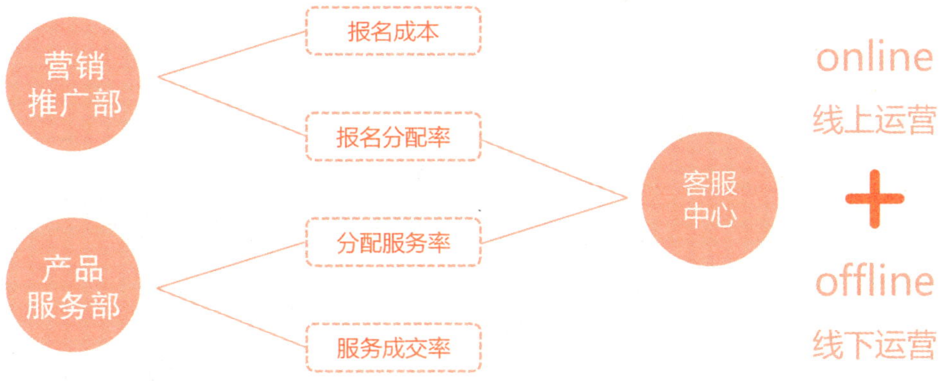


图9-5 私域O2O模式背后的团队协作

营销推广部主要负责做报名引流，关于广告投放页面的那一部分工作，考核报名成本；关于报名的客户到底有多少是精准的部分，考核报名分配率。营销推广部将报名的客户分配给客服中心。客服打电话与客户沟通，再将客户转给产品服务部，这里考核分配服务率，最后的转化环节，考核线下团队的服务成交率。

整个运营架构会涉及三大部门，一个是营销推广部，一个是产品服务部，中间的关键连接口是客服中心。有从线上部门获取的流量，有为客户提供服务的线下部门，客服中心打电话把上下游串起来。

整个链路打通，就是我们说的SCRM。从前期的数据采集，到中期的数据分析，再到最后的数据应用，这才是一整套的组合拳打法。基于微信的O2O服务，我们需要关注前、中、后期的各种指标和三大部门，只有环环相扣，才能够完美跑通整个流程。

### 9.4.2 引流报名页面的设计

如何从客户的角度出发，策划合理的利益点，引导客户从线上到线下来？从线上到线下，需要报名页这个载体。报名页的策划，一般来说分为两步：第一步是分析客户需求，第二步是提出解决方案。

根据客户的消费场景，分析客户有哪些痛点，并根据客户痛点推断出客户有哪些需求。

以家居行业为例，客户会有哪些需求？

客户的第一个需求，空间利用。特别在一、二线城市，寸土寸金，房子基本上以小户型为主。如何用好小空间是很多人的需求。

客户的第二个需求，个性风格。大部分客户想个性化定制家具，不喜欢千篇一律的设计。

客户的第三个需求，专业服务。要么不懂装修，要么没时间，这是首次置业的年轻人遇到的共同问题。所以他们需要专业的人员为他们服务。

然后，策划方案来满足客户需求。

企业的第一个卖点，专业。企业拥有大品牌背景，有专业的设计师团队，有明星代言人等。

企业的第二个卖点，优惠。免费设计，一分钱不收，且送优惠代金券，客户签约后还送礼物。

企业的第三个卖点，“一站式”服务。一条龙帮客户搞定全屋家具定制，放心省心。

企业把这些信息都体现在报名页上，整合过后设计成一张报名海报（见图9-6）。报名海报上的利益点是站在客户视角来策划的，而不是产品视角，这二者有什么区别？

图9–6 报名海报的利益点设计

产品视角是以产品为中心，企业要梳理出产品的卖点，比如说产品有什么优点，有多厉害，拿了多少奖，这些都是产品视角。

但是，更打动人的利益点是从客户视角出发。以客户为中心，强调客户能获得什么，不是这个产品多厉害，而是这个产品能给客户带来什么，比如有什么优惠给到客户，企业会送什么福利给客户。

设计海报时，注意海报的尺寸最好是手机屏幕大小，不要设计得太长。如果海报要滑动呈现，效果就不好。海报的报名入口处，要强调免费。同时，要营造氛围，有两种文案方式，一种是强调已经有多少人预约，另一种是强调仅剩多少席位。

最后，还有一个很关键的动作，那就是引导客户预约，例如强调免费领取、0元抢。一定要引导客户做最后一个动作，因为所有的策划目的就是收集客户的报名信息。

投放广告后，企业要测试不同的报名海报的效果，并分析数据，优化设计细节。同时需要策划各种活动，更新传播素材，也可以结合当下火热的短视频和直播，不断策划效果更好的报名页面。

### 9.4.3 O2O引流的服务标准化

前面说到O2O营销，其中很关键的一部分是用利益点把客户从线上引到线下来。但这个利益点怎么设计？

首先，利益点一定要满足客户的需求；其次，利益点一定是标准化的，标准化才方便企业规模化运营，提高效率；最后，这个利益点一定要和后面的变现是强关联的，即能引导客户消费。

那要如何通过利益点引导客户消费呢？有以下四种方式供参考。

第一种方式，门店自提。总部发起一个活动，放出一个利益点，比如送小礼物，客户想拿到这个利益，必须到门店来获取。

第二种方式，定金到店。企业发布优惠活动，客户需在线上交定金，方能到线下体验服务。

第三种方式，预约到店。客户可免费体验产品，但需要在线上提交信息，才能预约到店体验。

第四种方式，门店快递。企业通过社区电商，或门店周边的小区送货上门。

总部运营流量，统一分配流量给不同的门店，门店只需要消化这些流量，不需要独立获取新的流量。如果门店有更多的精力，也可以独立获取流量。

门店的核心任务，是服务好线上导流来的客户，负责服务转化，以及将客户重新导回到线上去，最终形成闭环传播。

以迪卡侬和途虎为例的门店标准化O2O服务见图9-7。

迪卡侬O2O服务　　　　途虎O2O服务

图9-7　门店标准化O2O服务

迪卡侬是典型的线下商超。客户的预约用小程序来承载。通过标准化的服务，引导客户到线下体验，比如举办羽毛球活动、跑步活动等。

途虎的客户可通过途虎App，也可以通过公众号、小程序来实现预约服务，例如约好时间把车开到门店做保养等。客户可以在线上付款，也可以到门店付款。

途虎这种是O2O模式的一种轻运营。从线上导到线下去的整个过程中，不用电话沟通，这是一个标准化的服务，不需要客服跟进。

标准化才能够规模化运营，能更高效地跑通O2O流程。

比如，一个面部护理品牌门店，结合测试小程序和电商小程序的两大玩法——游戏社交和礼物社交进行O2O运营。客户进入测试小程序之后，开始测试答题，题目内容很简单，客户答题完后小程序会给出答案结果，答案的呈现像一个小游戏，游戏通关后，一条路径是引导客户领取礼物，可以领取免费体验券；另一条路径是引导客户查看附近门店，可以到线下门店体验。这就实现了将客户从线上导到线下。

## 9.5 餐饮品牌“概念98”场景化营销和定制化服务

夕阳铺满嘉陵江，营造重庆城浪漫的氛围；灯火点亮洪崖洞，点燃重庆人迎客的热情。重庆私订派对第一品牌——概念98·城市文化客厅（简称“概念98”）创于1998年9月8日，门店位于重庆洪崖洞下，嘉陵江畔。概念98是集文化艺术、时尚商务于一体的社交餐厅。

传统的西餐厅通过场景化营销和定制化服务，让客户在线下空间享受贴心和温暖有爱的服务，以及在纪念日获得峰值体验，赋予客户的每个纪念日独一无二的意义。基于此，概念98主推一个概念：如何让客户在纪念日获得峰值体验。

概念98主推的产品“一生一世丨1314纪念日定制私宴”，是重庆销量第一的纪念日定制私宴。它让许多客户表示充满惊喜，终生难忘。从晚宴到服务，概念98不仅会为客户准备餐品，同时会准备一系列专属定制服务，比如专属邀请函和餐桌的设计布置。客户用餐前、中、后有专属管家式服务，每个细节都执行到位。私宴的氛围也很重要，根据客户需求，概念98会安排音乐演奏、烟花表演等。

概念98创立至今记录了许多人美好的回忆和感人的故事。

如今餐饮行业要做私域，一定离不开公域导流，如在大众点评和美团平台进行门店账号运营和广告投放，一般是通过优惠券和团购套餐引导客户到店消费（见图9-8）。概念98主推定制套餐式服务，客户需要提前预订，客户到店前门店通过企业微信配合电话来和客户沟通。客户消费完离店后，通过社群维护客户关系，跟进分享和复购。

图9-8　餐饮行业公域联动私域

为了运营高端客户群体，在2019年年底，概念98就开始启用企业微信，与客户一对一沟通，精细化运营，提升服务价值。例如，使用企业微信为客户提供订餐服务，简单又高效。同时，概念98通过开发小程序，丰富企业微信的功能应用。

客户到店前，门店客服先用企业微信加上客户微信，然后询问客户的喜好和需求，例如客户喜欢什么颜色、喜欢哪个位置、口味偏好和忌口等，并根据客户的想法定制整个私宴。前期沟通，到店用餐，以及最后回访，都是通过企业微信进行。

概念98有一点做得很好，就是在客户到店前用企业微信加上客户微信。概念98之前也尝试过在客户到店后再加客户微信，但发现这样沟通容易不到位，不能很好地提供定制化服务。在客户到店前，通过企业微信私聊，收集更多客户信息，也方便给客户发送餐厅介绍和路线，让客户在到店前就对餐厅有一定了解，之后也能让客户整个用餐过程更有仪式感。

比如一位男士订了私宴，如果不经过前期沟通，可能不知道他订私宴是为了求婚还是庆祝结婚纪念日，以及他的对象喜欢什么。求婚的场景布置和结婚纪念日完全不同，每个人的喜好不一样，最后整体的呈现方式也是不一样的。

**只有真正地做到精细化的服务，才会让人感到惊艳。**

整个订餐到用餐的过程，会被完整记录在企业的客户管理后台，包括客户的基本信息、用餐喜好、消费需求等。当客户再次订餐时，客服会根据记录的信息，为客户提供更周到的服务，不用每一次都重复问客户同样的问题。定制化服务也全部是通过企业微信进行一对一沟通。为客户提供更好的服务，这是私域最核心的东西。

概念98私域营销的下一步探索是运营高质量社群和搭建会员商城。

概念98的会员体系分为两部分，一部分是储值卡会员体系，另一部分是非储值卡会员体系。非储值卡会员通过线上激活后，引导其领取会员卡，将其沉淀到私域里。储值卡会员的权益很多，比如特邀主题沙龙、订餐享受会员价等。在探索运营高质量社群方面，概念98通过社群维护客户关系，搭建起提供高端生活方式的会员商城。同时开展线下会员活动，例如策划主题活动，给会员更多的惊喜。经过不断思考和尝试，概念98通过社群为客户提供更好的服务（见图9-9）。

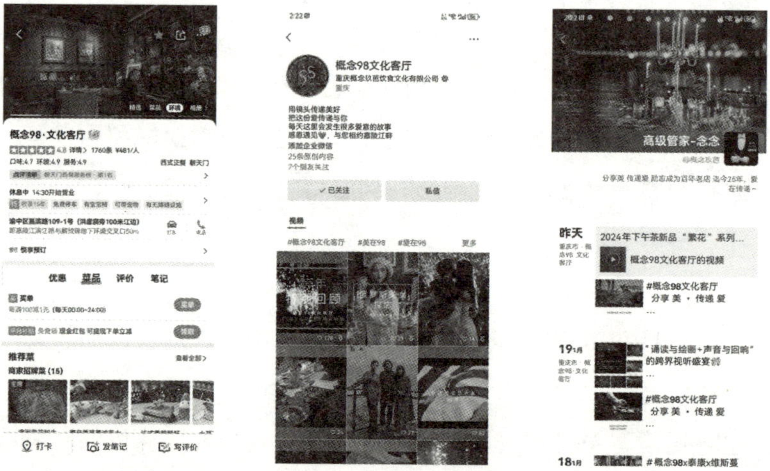


图9-9　概念98专属顾问全流程服务

概念98餐厅的用餐高峰期是傍晚到深夜，上午是休息和准备时间，所以下午时间段就会空闲出来。概念98将下午时间充分利用，比如定期邀请行业专家老师来做分享、举办主题沙龙、策划画展等。

在这个短视频时代，概念98也开始了视频号运营。餐饮、文化、精美的空间都很适合作为拍摄短视频的主题。概念98通过拍摄创始人的故事和生活方式，讲述品牌文化理念和产品服务，从而引流到店消费。

从企业微信到视频号，概念98一步一步走，不断探索高端客户私域的各种可能性。

# 9.6 母婴品牌“优比熊”社群贴心服务，实现逆势增长

优比熊，是专业为母婴提供“一站式”购物和服务的佛山知名品牌，创立于2007年，在广州、佛山、深圳拥有30多家连锁店，为数十万个家庭提供服务。

近年来，优比熊把客户沉淀到私域，在线上线下提供育儿顾问的专属服务，这让企业平稳渡过新冠疫情的难关，同时线上客户数量也依然持续增长。到2023年年底，优比熊拥有8.5万私域客户，每年在私域的营收有数千万元，占总收入约60%。在母婴行业半年关掉上万个门店的情况下，这样一家从零开始的母婴品牌，却做到逆势增长。

2023年，企业微信携手《哈佛商业评论》中文版，联合举办2023实干企业家峰会。优比熊创始人黄凤娟出席并作为小企业代表上台分享经验，还获得2023年度数字化先锋人物，而优比熊则荣获2023年度数字化先锋企业。

这些成绩，离不开优比熊的一个正确选择：全力做私域。

## 9.6.1 精准获客和精准服务，是私域高转化率的基础

近年来，母婴行业的线下生意越发受到市场的冲击。出生率持续走低，新增客户跟着减少，同时消费结构变化，以及社区团购、社群团购和平台电商等多重冲击，使得存量客户也被不断分流。

初创企业，缺少资金，而按传统的做法，要做品牌推广和购买流量，都需要花大笔的钱。如果不花钱，就没有流量，没有流量就难支撑起门店的开支，这是个恶性循环。

做私域，首先要解决流量的问题。

从零开始运营社群，优比熊摸索着做了一件看起来很简单，但实际上非常重要的事情——用企业微信把门店客户一个个加到私域中。

优比熊做的第一步，是精准获客，尽可能只添加精准的客户到私域。被拉入私域的客户，首先是进店的客户，不管他有没有消费都引导其加上企业微信；其次就是通过福利活动吸引老客户推荐新客户。

优比熊做的第二步，是精准服务。优比熊更倾向于做一对一服务，这样就会更有针对性，也更能提供价值。通过私聊沟通，客户可以感受到品牌的温度和对他们的重视。

怎么做到精准服务？优比熊的导购会给每一位客户打标签，标签上会注明如客户孩子的段龄、喝的奶粉品牌、孩子的喜好等（见图9-10），在向顾客推销产品、发放优惠券时，就会根据顾客的标签去做针对性的销售，减少额外的打扰。宝妈们咨询的时候，导购也会根据标签内容来推荐。

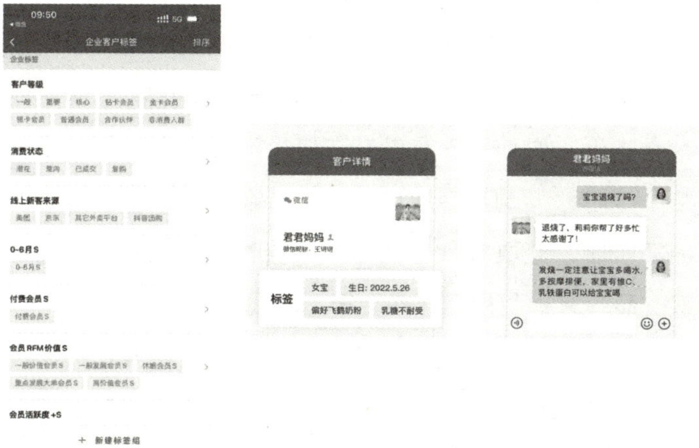


图9-10　客户标签助力导购精准服务

有了标签，导购也会变得更加自信，会提前判断顾客的需求，沟通更加从容。

优比熊还会在私域里发起直播，这是拉近客户关系的一个好方式。直播卖货的同时，也在线解答宝妈们的各种问题。这种针对性答疑，往往能更好地促进成交。

在优比熊，对于导购的考核指标，不仅仅是销售额，还有客户的活跃度和认可度。当导购专业度足够高、服务足够好时，成交是自然而然的事。

### 9.6.2 赢得客户信任，专业和贴心服务同样重要

优比熊一直秉持为天下父母提供最贴心的育儿服务的理念，把每个宝妈当朋友，给宝妈当跑腿送急需的母婴用品，帮宝妈解决遇到的问题，给予宝妈在育儿路上的帮助与支持，让宝妈在育儿的路上更轻松。

这些好服务，通过私域做得更精细化。像优比熊这样的社区小店，要在激烈竞争中生存下来，一定要贴心服务客户，赢得客户的信任。

优比熊导购不仅是店员，也是育婴师，他们会定期回总部接受培训，学习产品相关知识和育儿知识。扎实的专业基础是导购的必修课，有了专业再谈销售。同时，导购在服务上也关注各种细节，比如产品方面，除了告诉宝妈如何使用，还要手写使用说明贴上去，这样即便是家里其他人给宝宝用，也一目了然。

门店员工把客户当朋友，知无不言。优比熊的导购，在用企业微信添加了客户微信后，会告诉宝妈们不管有没有在店里消费，有任何关于育儿的问题都可以和导购聊。平时，导购也会通过朋友圈给客户分享各种育儿知识。宝妈可以通过导购的朋友圈，获取各种育儿知识，同时宝宝有任何问题都可以及时找导购答疑解惑。品牌有福利活动导购会第一时间通知宝妈，彼此信赖互爱。

导购要在知识和服务上体现出专业度，还要做出差异化的服务。大商场货品齐全，但是新手妈妈们最缺的不是产品，而是耐心的解答、专业的知识。同时，她们也需要一个能互帮互助的交流社群。这些往往是小店的优势，也是私域能慢慢培养信任的原因。体贴与细致的服务，很难不打动客户。

黄总提道："有一些宝妈，半夜起来发现孩子吐奶，在这种精神和身体压力都特别大的时候，真的很需要向人倾诉。很多时候妈妈半夜找不到人，最后她们找优比熊的导购倾诉。导购能和客户做起朋友，就更能理解客户的需要，推荐的货品总能击中客户的喜好。不少优比熊店就开在社区附近，售后和退换货也有保障。"

本地门店，以小区为中心提供精细服务，能够做到许多商超做不到的即时响应。

### 9.6.3 小店的成长之路，私域锦上添花

对于初创企业而言，相比于投钱打品牌广告，把福利给到每一位客户更实在。导购把精力放在服务好每一位客户上，从线下到线上，从店内到店外，随时随地服务客户，做客户身边专业又贴心的好帮手。

顶级的导购，不仅专业过硬，而且擅长维护关系。导购常在朋友圈分享育儿知识和福利活动，因此每个月都会有几百人找导购下单，从奶粉到日用品，有时候导购一个月有高达20万元的销售额。

优比熊还会抓住老客户，并对他们进行重点服务。老客户会不断介绍朋友过来，导购会引导新客户添加自己的企业微信。企业微信的名片上显示导购的企业身份，让宝妈们觉得正规和靠谱，也会更愿意把导购名片推给其他人。而且，即使某位导购离职了，其服务的宝妈们也不会被带走，会被直接转交给另一位导购来服务。客户始终留存下来，不会流失。

优比熊选择用企业微信深耕私域，对外的会员管理方面，企业微信更安全，营销方式也可以更多样化；对内的员工管理方面，企业微信的工作汇报、流程审批等功能大大提高了公司管理效率。

优比熊最初只卖母婴用品，随着孩子慢慢长大，客户的需求也在变化，优比熊从单一母婴产品销售，到推出婴儿游泳、小儿推拿、产后康复等服务，覆盖了宝宝和宝妈的需求，为宝宝的健康成长和宝妈的产后康复，提供了“一站式”的育婴服务。优比熊最终成长为综合型母婴连锁品牌。

优比熊的门店，一楼卖母婴用品，二楼做产后恢复区或婴儿游泳馆，同时探索更多的母婴护理相关服务。来店里做产后恢复的宝妈，会顺手在店里买奶粉；买儿童用品的宝妈，也会带孩子来游泳。因此，优比熊的客群不断壮大，客单价也跟着上涨。

**客户信任建立起来，生意就会源源不断地产生，业务也会不断拓宽。这是私域带给小店的机会，也是时代赠予的机会。**

# 第10章　客户复购

## 10.1 视频号运营三部曲

在微信生态中，视频号起到连接的作用，它连接微信好友、连接内容、连接电商，所有的产品平台都和视频号互联互通（见图10-1）。从长图文时代发展到短视频时代，视频号成了腾讯的战略产品，而且私域的属性让视频号独一无二，是唯一可以全面联通微信的直播平台。

视频号运营三部曲：视频号的账号定位、基础建设和流量运营。

企业首先要确定好视频号在企业私域运营的定位，其次注册账号和完善基础建设，最后引流到视频号，提高短视频阅读互动数据和直播间转化数据。

视频号的运营包括短视频和直播，这是两个不同的板块，需要匹配不同资源和团队，短视频需要导演、编剧、拍摄和剪辑，直播还需要场控和投流运营等。

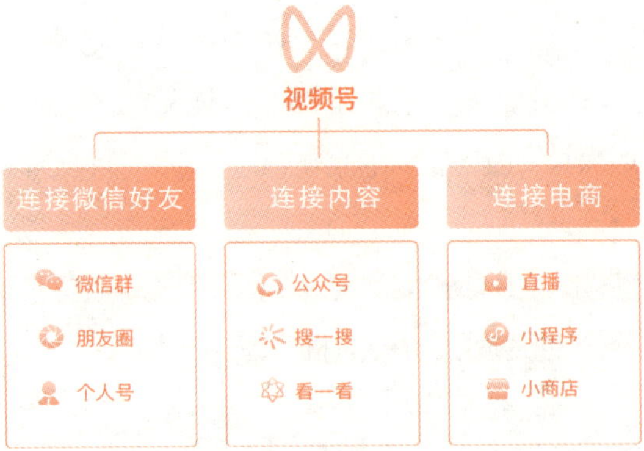


图10-1　视频号在微信生态的中心位置

视频号的起号，主流有四种方式。

（1）私域起号：把现有私域客户导入视频号，作为流量启动池。通过公众号、社群和朋友圈宣传视频号，同时在视频号中设置好引导添加企业微信的路径。直播前，将私域流量转入直播间；直播中，将公域流量沉淀到私域，相互导流。

比如博主“年糕妈妈”，深耕公众号多年，截至2023年公众号矩阵有2500万粉丝，视频号矩阵有400万粉丝。该博主在公众号深度科普育儿知识，以及在视频号用短视频进行更生动的解读，最后在多场景直播间引导成交。

（2）短视频起号：发布短视频打造人设，积累高质量客户。创作优质短视频，这些视频或画风精美，或真实正向，或有剧情，提高了可观看性。这是短视频起号的常用方式。爆款短视频的价值非常高，除了吸引客户关注，还能提高销售量。通过短视频tab（标签）进入直播间的成交比例可以达到50%。

比如视频号“爱丽丝服饰ALICE”，制作情景短剧吸粉养号，通过优质短视频积累高质量客户，然后在直播间转化成交。短视频是IP的放大器，做好人设内容差异，流量就会源源不断。

（3）投放起号：投放可以帮助直播间快速起号和放大销售体量。但是需要注意，要预估好直播间的承接能力，否则投放会带来负面作用，影响直播间获得平台公域流量的能力。直播间优化的方向，有主播的形象和话术、直播间的调性和氛围、选品和互动。

比如视频号“浪莎品牌官方旗舰店”，通过付费推广方式，并根据目标客户画像投流获取新客。投放起号前期需关注成交密度，提升流量层级，优化货盘组合提升销量。

（4）爆款产品起号：精选爆款产品承接流量，撬动微信公域流量。企业要打造符合直播间风格的主播形象，固定时间开播，培养客户习惯。坚持日播拉升直播时长，提高客户转化率。爆款产品可以是话题性款，例如明星同款的潮流单品；也可以是品牌溢价款，例如知名品牌的大众同款。

爆款产品结合投放方式，可以做到快速起号。比如视频号“哥弟GIRDEAR”，通过不断测试爆款，用爆款产品承接平台公域流量，并做大成交密度，以获取更多平台公域流量。

### 10.1.1 视频号起号关键指标与对策

自然流量主要受内容分享、电商转化和售后体验这三个方面的影响。简单来说，就是客户爱看也爱买，且售后体验佳的电商直播间将得到更多自然流量。

对应到运营层面，需要关注内容、产品和服务三个核心板块。

内容的核心指标：内容曝光点击率（点击进入直播间PV/直播间外层曝光PV）、有效观看占比（30s/60s/180s）和人均观看时长（直播间总停留时长/直播间一场的UV）（UV即Unique Visitor，独立访客数量）。好内容是直播间留住客户的第一步。客户看到直播间，是否愿意点击进入，并且产生有效观看时长，都能反映直播间的内容是否能让客户产生兴趣，是否能留住客户。这是未来产生转化的前提条件。

企业想要提升直播间曝光率和点击率，首先要设计简洁且主题明显的直播间封面。当直播间被发送到社群和朋友圈进行传播时，让客户一眼就能看到直播间的福利，吸引客户点击。

想要增加观众在直播间停留的时长，可以优化主播形象、增加直播间互动、增加福利活动、售卖有吸引力的货品，并配合得当的直播节奏设计。好的内容才能吸引观众停留互动。运营员工也可以利用小号互动，营造直播间热闹氛围。

产品的核心指标：商品气泡点击率（点击进入商品详情页PV/商品气泡曝光PV）、支付转化率（直播间支付成功UV/直播间UV）和直播间开播期间窗口期成交金额。

好货盘配好产品。根据用户画像、内容主题和品牌调性，为不同标签用户提供差异化的商品选择，制定合理的货盘组合，提升商品气泡点击率和支付转化率。同时，将流量配合货盘，把握运营节奏，提前在多渠道做好直播内容预热、引流，直播期间在不同阶段合理安排不同产品上架。

服务的核心指标：目前平台会通过视频号DSR（Detailed Seller

Ratings，卖家服务评级系统）来评估商家服务能力，而商家DSR的正向、负向表现未来都会影响到自然流量的获取。

DSR包括店铺评分和带货评分。企业要把握好品控，保证货品质量，减少客户因为货品问题退款退货；做好售后服务，包括物流、客服解答体验等，及时处理客户反馈的问题和诉求；提供并履行正向体验保障服务，如7天无理由退货、运费险、先用后付等。

### 10.1.2 视频号的账号定位

视频号启动前，首先得定好人设。人设分两种：自媒体和企业品牌。企业要根据人设打造品牌人格化IP。

对于出镜的主播，需要策划设定好主播的性格、背景、价值观和个人形象，以及固定的口号、动作表情、互动习惯、语言风格等，标准化才能形成有辨识度的短视频账号。优质账号的建设公式见图10-2。

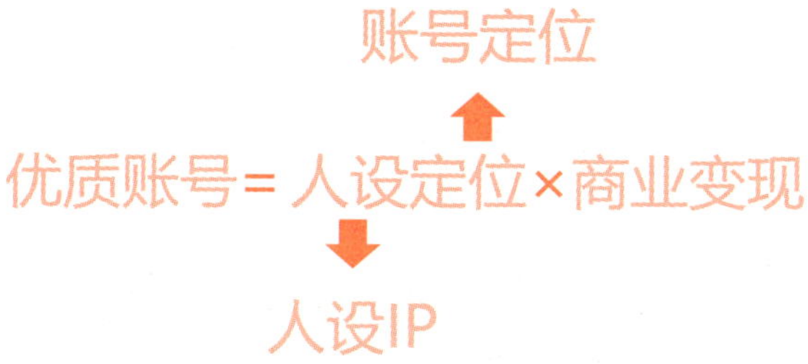


图10-2 优质账号的建设公式

企业的视频号，要结合品牌属性定下专属的价值方向，比如特斯拉的企业视频号的方向是传达高科技和创新理念，GoPro的企业视频号的方向是传达探索世界的精神。

企业可以参考第三方数据榜单，如百准数据、友望数据，拆解对标账号。然后筛选出高赞、高评论的内容，总结内容的通识套路和垂类特色，比如视频内容选题。视频内容如果是热点类，在抖音火的内容，在视频号大概率也会火。

企业视频号的矩阵搭建，包括企业号和达人号的搭建，但这两者的定位不同。

（1）企业号：注重品牌宣传，定位是官网，重视风格、场景。

（2）达人号：注重涨粉，关注转化率，重视分享，风格亲民。

视频号的数量，根据企业的资源投入来定。一般来说，企业会安排一个企业号，再加上几个达人号。企业号主要用来做品牌宣传，达人号用来做涨粉和变现。当然，如果只有一个企业号，企业号就是直播销售的主阵地。

为什么要做视频号矩阵？最核心的原因是降低风险。同行恶意举报、平台规则变化、账号生命周期都是视频号账号的风险所在，设置多账号还能测试新玩法，大胆试错。同时，视频号矩阵可以复制有用的方法，磨炼团队的协作能力，还能抢占流量洼地。

关于矩阵的打法，我们来看一个品牌案例。

2023年4月，波司登正式入驻视频号，一年时间GMV就超过了1亿元，平均客单价为1200元，83%都是女性客户。波司登的账号也成为视频号官方宣传的标杆案例。

（1）布局矩阵号：波司登进入视频号的时候，是羽绒服销售淡季。一个账号很难获取人群关注，于是波司登就采取了矩阵号打法，一次性开设了10个账号，除售卖羽绒服的账号外，还有售卖防晒衣、童装等的账号。

（2）货盘统一：波司登线上线下一盘货。最开始波司登就是选择不打折的方式，目的更多是卖新品，打爆款，强化主播介绍产品的功能性和价值，保证高客单价。

（3）精细运营：首先，波司登先利用标签功能，做人群画像，每个直播间会根据人群画像推品；其次，测试主播节奏，不同直播间根据测试的结果调整直播的节奏。

（4）承接平台活动：波司登视频号承接平台活动带来的流量并进行转化。波司登除常规营销节点外，还大量承接平台的活动，通过场景、贴片和主播话术，保证人群的转化。

### 10.1.3 视频号的基础建设

视频号的基础建设包括昵称、头像、主页简介和认证。

（1）昵称：如果是带人设IP的账号，昵称可以设置为行业+名字、行业+能力、地点+名字。名字带上行业关键词，方便系统推荐流量。昵称不用谐音字，不多用字母数字。为方便客户搜索，统一命名，并与其他平台一致，也方便全网传播。

（2）头像：头像需要有亲和力、职业感，增加可信度。视频号的企业号头像，可以用品牌logo、品牌名称、品牌吉祥物或者品牌代言人。

（3）主页简介：简洁明了，层次递进，突出对客户的帮助，最好使用三段式结构。三段式结构包括我是谁、创作内容和收获价值。我是谁即账号认证，介绍自己。创作内容即视频号发布的内容类别。收获价值即关注账号能得到什么好处。

（4）认证：黄V运营更加灵活，但如果是企业品牌账号就使用蓝V。

同时，首页要关联公众号和企业微信。企业认证的视频号，还可以设置视频号菜单，展示品牌视频号小店。

视频号和企业微信的互联互通，企业微信做社群服务，视频号做内容传播和直播转化，两者分工合作，也关联在一起，相互导流（见图10-3）。

图10-3　企业微信全面连接视频号

视频号绑定企业微信没有特殊条件，企业认证、个人认证，或者没有认证的视频号都支持绑定。但需要注意的是，一个企业微信可以绑定50个视频号，而一个视频号只能绑定一个企业微信。被绑定的企业微信员工，后续在视频号主页和视频号直播中，就能被客户添加，为客户提供服务。视频号主页可以显示添加企业微信，员工的企业微信同样可以展示视频号的内容，增加了视频号的曝光量。

企业要定期检查账号分数，这个可以在视频号的“创作者中心—账号诊断”查看。如果账号有异常，这里会有提示。

### 10.1.4 视频号的流量运营

视频号直播让公域和私域流量双向流动，“一站式”完成“营销—成交—复购”的变现闭环。微信视频号全面打通了商家小程序、小商店、企业微信、微信群、公众号、朋友圈、微信支付、搜一搜等流量入口，实现商家微信生态流量全域联动。

视频直播的第一步，就面临冷启动的难题，但视频号的优势在于它处在微信生态中，可以链接其他平台来引进免费流量。

第一个是微信支付，或者说是企业支付。企业向客户发红包时，可以在支付信息的下端增加视频号的入口。客户收到支付成功通知或品牌红包通知后，就可以看到视频号或者直播间的入口。通过这个方式可以将直播间实时推送到客户面前。

第二个是微信小程序。它可以提供视频号直播的预约入口，可以直接将小程序的流量引进直播间。

第三个是企业微信。用企业微信的朋友圈和个人页进行展示和引流。同时，在社群的传播也极为重要。

第四个是微信搜一搜。这个功能比较容易被忽视，但企业一定要在此有所动作。在搜一搜品牌关键词的主页面上，添加直播预约或直播展示。

除此之外，还有两种二级裂变的方法。

第一是在直播间进行抽奖，但要设置抽奖条件，如转发、点赞、添加企业微信好友等，实现在客户之间的二次传播。

第二是推广直播预告，支持别人帮你推广直播预告。企业还能知道推广者带来的客户中有多少个进入直播间并且产生了交易。据此可以给推广者设置激励政策和奖励，提高他们的推广积极性。

2023年开始，视频号继续迭代新能力，增加了分销功能。通过利益绑定，更加能激发视频号用户的分享动力。

符合平台安全和运营规范的直播间，都能获得一部分平台普惠的冷启动流量，也就是我们说的基础自然流量。

在冷启动阶段，平台会重点关注直播间的内容消费表现，推荐系统会根据直播间曝光点击率、直播间有效观看占比、直播间短停快划等维度数据，筛选可能对直播间内容感兴趣的用户，在后续推荐过程中对精准人群持续放大筛选范围。如果直播间这几个数据指标较差，则有可能无法持续得到更多自然流量。在对冷启动流量做放大的过程中，推荐系统会关注放大流量后直播间的承接效果，如商品点击率和支付转化率等，以保证把更精准的流量推给商家。

视频号的直播推荐并不存在分级流量池，都是按照直播间当场的内容、电商转化情况、主播历史开播表现和售后服务体验来决定推荐多少流量。

在2021微信公开课PRO上，张小龙分享视频号内容，并提出推荐方式的思考。他认为出现在推荐页面的视频有三类：第一类是用户自己关注的账号，第二类是好友推荐的账号和内容，第三类是机器推荐的内容，播放的比例是1∶2∶10。

从内容类别上看，好友推荐的内容偏学习类，而机器推荐的更偏娱乐类。学习类内容是需要花脑力思考理解的知识性信息；娱乐类内容是不需花脑力的思维舒适区消费性信息。从吸引力看，用户对自己关注的账号的内容过于熟悉导致吸引力不足，播放比例最低；好友推荐的账号，因为好奇心和信任度，播放比例会比用户自己关注要高；而机器推荐的比例最高，因为更轻松的内容更易扩散。

同样，如果我们要做好视频号的传播，就需要抓住这三个推荐类别的特点。

针对第一类用户自己关注的视频号，企业要充分用好私域流量池，发动品牌原有的客户关注企业视频号；针对第二类好友推荐的视频号，企业要策划福利活动，让更多客户和视频号互动，引导分享裂变；针对第三类机器推荐的视频号，根据用户画像、阅读喜好、互动习惯、地理位置等标签，创作更优质内容。

# 10.2 视频号直播，私域最后的增长机会

与其他短视频平台相比，视频号与微信生态各平台的流量联动，让它赢在了起跑线。

“视频号+企业微信”“视频号+小程序”“视频号+公众号”等渠道互相打通，多个流量入口一同为视频号直播引流，直播间传播速度之快、范围之广，可想而知。

在微信生态圈中，视频号是官方大力扶持的短视频运营平台，企业微信是私域运营的最佳工具。视频号联动企业微信，前者可将公域流量引至后者，后者运营私域流量反哺前者，二者相辅相成。

## 10.2.1 视频号直播的特点

下面是企业必需布局视频号的四个原因。

**第一，视频号直播间的用户复购率高。**视频号能够带动用户复购，销售转化成功率高，远超单纯微信聊天的复购率。同时视频号更容易撬动年龄大、消费力高的人群，这类人群忠诚度更高。

视频号配合社群，能多维度激活用户。通过社群引导用户进入直播间，比引导到抖音等其他短视频平台要高效得多。这种直接转跳观看直播的方式，也大大提高了用户对购买的信任度。

**第二，视频号直播间客单价高且退货率低。**对比公域直播平台，同样多的流量，视频号的订单量比其他平台高出3倍，而退货率只有其他平台的1/3。其中，视频号私域用户占比50%，平均客单价200元。

私域用户展现出超高的购买力和超强的黏性。私域流量促进产品变现，并反哺公域平台。

**第三，视频号直播间的用户主动性高。**当一个用户在直播间产生复购后，用户会再次自发进入直播间。视频号能激发用户主动进入直播间，不需要重复

发消息打扰用户。

视频号直播在私域范围内，更多是熟人联系推荐，因此用户在视频号直播间停留的时间比在公域直播间要长得多，而且也更乐意互动。

第四，视频号直播间对品牌的限制少。视频号直播间内可以展示品牌企业微信的二维码，引导用户进入品牌私域用户池。这一方式可以形成一个很好的闭环，既能快速得到用户的信息，又能进行销售转化。同时，视频号首页也可以绑定企业微信。现在的直播间对企业微信名片推送做了限制，但是，还有其他方式可以引流，在微信生态内引流比较顺畅。

做好视频号直播需要有两大基础。

（1）企业要有自己的私域。视频号直播非常依赖私域。企业首先需要有自己的客户来源，无论是从门店获客，还是从淘系、抖系获客。有自己的客户来源，才能形成私域的流量池。

比如，企业拥有一定粉丝基数的公众号，就可以为直播间直接导流。再如，企业拥有一定客户量的社群，也非常适合宣传视频号，导流到直播间。

（2）企业要清楚自身的用户画像。视频号的人群与抖音的人群是不同的，企业要关注不同人群与产品的匹配度。我们需要基于品牌用户的年龄层、兴趣等标签，进行产品的匹配，从而撬动这一人群。

发起直播时，要在对应年龄层的用户圈层先传播，引导自然流量观看，再激活公域流量的扶持，因为公域流量会根据用户标签做对应人群的推送。

做好视频号直播要重视三大差异化。

（1）直播视觉场景的差异化。私域运营的过程，是一个与用户建立信任的过程。品牌想要建立信任感，就需要做到足够专业，把整个直播间的氛围场景都做到位。官方现在越来越看重品牌直播间的质量，所以品牌需要形成强差异化，从而建立与用户的信任感。

（2）直播组货的差异化。做到了直播视觉场景的差异化后，我们还需要针对用户的购物车，实现直播组货的差异化。这样视频号私域发展起来以后，也不会影响到在其他公域的转化。选品的时候，要针对每个主播的特点选择对应的标品。同时在标品的选择上，一定要把引流性的标品做到位，吸引新用户从而对其进行转化。

（3）直播活动的差异化。用活动去激活用户，这一点很重要。因为做视频号直播，一定要让它成为一个真正的新的销售增长点，成为企业真正的第二增长曲线。找到视频号拥有的一些独特私域属性，比如在发起直播前先在社群中发红包等，企业利用这些属性设计专属活动。

总而言之，想要做好视频号直播，企业要去思考自己的视频号的差异化在哪里，以及在微信生态里，视频号在企业私域中扮演什么角色。只有这样，企业才能真正让私域直播成为新的增长点。

### 10.2.2 视频号直播的标准流程

下面分析一场视频号直播标准流程，看前、中、后期流量的导入和转化（见图10-4）。

图10-4 视频号直播五大核心环节

（1）预热：直播预热主要分为公域和私域两个渠道。公域预热包括发布朋友圈广告、搜一搜广告等；私域预热包括在朋友圈、公众号、社群、小程序等发布直播信息。

（2）主播：主播需要关注暖场和内容分享两部分。例如，直播开始半小时后，需要通过自我介绍、招呼老客户、欢迎新客户来引导分享关注，再通过预告直播流程等动作留住客户。

（3）画面：画面设置对直播主题的呈现非常重要，例如知识分享型直播，要营造和学习主题匹配的氛围感，布置相对暖和的灯光。

（4）场控：时刻关注直播间的在线人数、观众互动等情况，适当使用福袋抽奖、添加企业微信等活动掌控直播间节奏，保持直播间气氛的活跃。

（5）互动：直播不是主播个人的分享，应该注重和观众的双向交流。引导观众在直播间多提问、多评论，有助于提升直播间观众积极性和在线观看时长。

视频号电商直播的标准流程有以下七个步骤。

（1）人群定位：通过打造短视频人设，吸引客户关注，再用直播间与客户建立信任。

（2）客户召回：通过预约、关注，提前将直播间粉丝召回。开播前就要把预约的工作做好。

（3）精准投放：用好投放工具，通过微信豆或加热投放，获取精准的客户。

（4）直播转化：内容指标和转化指标同样重要，把控直播节奏打造爆品。

（5）私域联动：做好社群、朋友圈、公众号的关联和对直播间流量的承接，全域联动。

（6）货品分发：通过视频号分销，以直播间为原点，引导客户裂变分享。

（7）政策激励：关注官方的扶持政策，例如节假日大促流量激励、新商家冷启动流量扶持等。

这七个步骤，从短视频内容开始，到私域客户引流和运营，再到公域广告投放和分销，公域私域联动，打造直播间爆品，获得官方更多流量扶持。

### 10.2.3 利用原子化的内容组件，撬动公域流量

视频号和企业微信，高效关联，互相绑定，各自主页内能互推。

视频号商家为了将粉丝引流到企业微信，往往会在直播间挂上企业微信的二维码，采用展播或口播的方式，引导客户添加企业微信。当然，更高效的做法是利用视频号与企业微信之间的联系，在直播间一键推送企业微信名片，更方便客户添加，更有利于转化。

在直播过程中，如果来不及解说商品，或者无法对客户提出的问题一一解答时，主播就可以推送企业微信名片，让客户添加咨询。为客户解决问题的同时，实现引流目的。

而企业微信可以转发、群发视频号内容。客户添加企业微信之后，员工可

以使用企业微信，通过转发、群发助手、客户朋友圈等功能，向客户发送视频号内容，以及邀请客户观看直播。

企业微信的这些功能，大大提升了视频号的分发效率，同时丰富了企业微信在客户运营里的分享内容，有利于帮助企业更好地实现私域营销。

当我们把更多的私域客户引导到直播间后，官方会根据观看数据，把直播间推荐给更多的观众，也就是公域流量（见图10-5）。之后视频号联动企业微信，通过主页的添加企业微信入口、直播间的企业微信名片推送等功能，把公域流量转化为私域客户。这一批私域客户又能给直播间带来新的一波公域流量，由此形成正循环，帮助企业快速增长。

图10-5　视频号官方的流量奖励扶持

# 10.3 视频号直播选品和活动策划

企业入驻视频号做直播，主要有两个原因，一是引流获客，二是转化变现。

一场直播，从产品类型到具体数量，从上架顺序到讲解话术，都离不开直播前的精心策划。

## 10.3.1 直播选品的组合打法

以下是做直播必选的四个产品。

（1）福利秒杀款产品：基于对粉丝的回馈，限量设置2～3款产品，配合福袋抽奖活动进行上架，吸引客户停留。可在开播和中间掉人气时上架，衔接主推款做人群标签。

（2）引流爆款产品：这类产品利润偏低，但客户群体广、库存量大，可用于炒热直播间，提高粉丝留存率，且提升转化率。该产品一般在开播后10分钟上架，每场可选5～10款，是拉停留和涨人气的利器。

（3）利润款产品：这类产品利润略高，可在直播间人气稳定后再推出，尽可能配合引流爆款关联销售。该产品可提升UV和GMV，每场可安排3～5款。

（4）对比款产品：这类产品定位与引流爆款相似，但价格稍高，更多用于衬托引流爆款的性价比，每场可选3～5款。

一般情况下，直播中的产品介绍会采用穿插式，既能避免客户审美疲劳，又能让产品互相取长补短，满足客户的不同需求（见图10-6）。

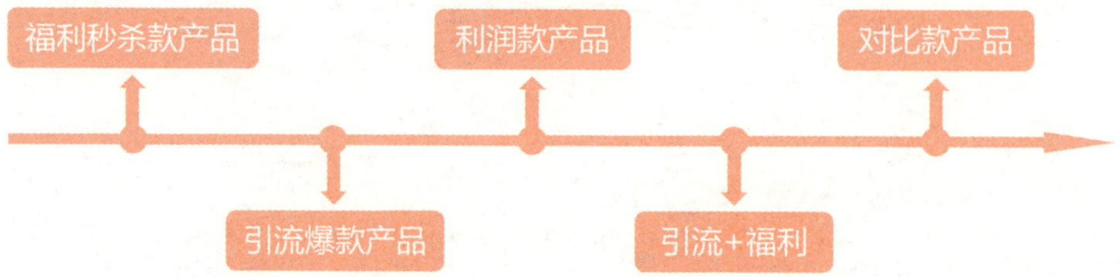


图10-6　直播间穿插式介绍产品

直播开始时，先用一款福利产品吸引客户进入直播间；接着用引流爆款产品留住客户，保持直播间活跃度；然后用利润款产品冲刺UV和GMV；再用引流爆款产品稳住客户，刷销量，提升收益；之后再上对比款产品，来衬托上一款引流爆款产品。其中，福利款产品可以配合抽奖等活动，具体情况根据直播间人气浮动进行调整。推荐几款产品，具体看直播时长，以及主播讲解产品的节奏。

**选品、排品需要随时根据直播间流量进行调整，不要一成不变。**

### 10.3.2 如何讲解好产品

产品讲解时不画饼、要止痛、会抓痒、能触动。确定好产品类型和其出场顺序，那么接下来的重点在于如何吸引客户下单。

这里有卖点、痛点、痒点、爽点四个关键点。

（1）卖点：说白了就是产品的推荐理由，需要注意这个理由要具体化，不能流于表面。

例如，企业新推出一款连衣裙，其卖点是显瘦，但要确切指出显瘦的原因：正肩设计，贴合肩线；中间褶皱设计可以遮住小肚子；裙摆是A字版型。显瘦的特点谁都可以说，但直接给出具体原因更能说服消费者。

（2）痛点：其实就是客户买东西担忧、困惑的点，只有解决了痛点，客户才有可能下单。

比如，有的人身材不好，会在意这件裙子是否显瘦；有的人皮肤敏感，会更在意裙子的材质；有的人怕货不对板，会在意能否7天无理由退换，有没有运费险等。实际上，这些都是大家在直播间下单时普遍会担忧的点，如果客户没有提前做功课，或者主播在直播中这也不讲，那也不提，就无法引导客户下单。

（3）痒点：指客户的潜在欲望，它也是激发客户购买欲的关键，企业可以抓住客户的消费心理对症下药。

比如，客户穿上这件裙子，立马显瘦显年轻；直播间下单，买一送一，会员有专属优惠价等。

（4）爽点：指能够立马帮助客户解决问题，触发客户对于使用场景的想象。

比如，对客户说，不知道送女朋友什么礼物，可以选择这款裙子，高端大气，还能顺丰包邮，明天到；第一次约会不知道穿什么，可以试试这款裙子，温柔显气质。

将产品具象化，更能说到客户心坎里。主播在直播间讲解商品时，要先找准客户痛点，然后用卖点来“止痛”，最后再击中客户痒点、爽点，促成下单。

准确的选品方向、恰当的上架顺序、满足客户内心深处的需求，才能把一场直播的销售额拉高。

### 10.3.3 福利活动提升直播间销售

可以通过福利活动，拉升直播间人气，提升销量。常用的福利活动玩法有工具玩法、秒杀玩法和促销玩法。

工具玩法有三种，分别是福袋抽奖、群发红包和领券购买。利用视频号作为营销工具，策划直播间活动。

（1）福袋抽奖：设置口令福袋或实物福袋，限定仅粉丝团成员可参与，开播10～15分钟后开奖，设置口令“点击福袋送礼品，点击1号链接”“秒杀中，1号链接赶紧抢”等引导客户互动。主要目的是增加客户评论，同时引导客户关注和点击商品。

（2）群发红包：直播间显示群发红包，指定仅群粉丝可以领取，然后弹出企业微信名片让客户添加。引导客户添加企业微信，将其导流到私域。主要目的是引流到私域，同时拉长客户在直播间的停留时间。

（3）领券购买：优惠券可设置在单品、多品或者整个直播间使用，主播可通过优惠券进行逼单，引导客户购买，也可通过“直播间有××人，主播按人数给大家上无门槛优惠券”等话术引导客户下单。主要目的是转化商品，同时引导客户关注和评论互动。

秒杀玩法有四种，分别是限量秒杀、整点秒杀、满人秒杀和互动秒杀。通过营造热烈的销售氛围，让客户参与秒杀活动。

（1）限量秒杀：主播话术引导，运营配合上链接后，主播可以继续说“给大家10秒钟中去拍”，也可以卡库存，“只有100件库存，想要的拼手速。”通过类似话术引导客户下单。

（2）整点秒杀：这个玩法可以有效地拉升直播间的人气和流速。秒杀之前上主推品可以提升业绩，秒杀完之后继续讲主推品，两者轮流上线，推动直播间的密集成交，拉动GMV。

（3）满人秒杀：设定规则，直播间满多少人就送福利，比如可设定每满1000人，送指定福利。这个福利可以通过抽奖或者直接赠送等方式送给中奖人。

（4）互动秒杀：和客户互动，引导其点赞，点赞量满多少，就上福利品，也可以上福袋，或者抽奖免单等。

促销玩法有三种，分别是免单玩法、满减玩法和满赠玩法。

（1）免单玩法：在刚开播或者流量高峰期的时候，主播用话术引导观众关注直播间，同时直接赠送部分福利产品，这是通过免单拉升在线互动活跃度。

（2）满减玩法：直播间要在节假日积极冲榜单，通过设定不同的满减福利，有效提高UV。

（3）满赠玩法：通过不同商品的组合，提升单品销量，联合打造爆款单品，如“满××元送1号链接产品”，半卖半送，集中流量拉升单品的销量。

高转化率的带货主播在直播间的话术脚本为三段式。主播首先是引起客户共鸣，让客户找到自己对产品的兴趣点，完成对于产品的兴趣记忆；其次通过营销话术，增加客户对于产品的使用认同感；最后是承接转化，通过利益，驱动客户在直播间下单成交。

# 10.4 私域撬动公域流量，从零开始做直播

想要做好直播，要善于用好服务商。服务商是平台生态的连接器，助力商家与达人的经营增长，以及微信生态发展，为微信用户创造优质体验。服务商的赋能分为平台、商家和达人三个方面。

（1）平台方面：服务商帮助平台引进优质商家，协助解读官方政策和推动政策落地。

（2）商家方面：服务商帮助指引运营方向，或者代运营，撮合达人与商家直播分销。

（3）达人方面：服务商帮助达人连接更多优质商家，提供优质货盘，给予平台政策扶持。

## 10.4.1 直播间的人货场

直播间是一个小型销售场景，同样具备消费的“人、货、场”三方面要素。

直播间的“人”即主播、场控和客户。

主播不仅肩负着展示品牌和销售的职能，更重要的是还能挖掘直播间客户潜在需求。在对主播的选择上，主播至少要符合品牌调性、品牌消费者群体特性和产品属性。比如，家居行业有定制、智能等特性，要找调性和气质相符的主播去传达品牌理念；而服装行业有时尚、个性等特性，需要找年轻有活力的主播。主播的直播经验（直播技巧、身体素质、抗压能力）和基础能力（沟通表达、灵活应变、创新创意）是主要考查部分，同时主播也需要具备产品知识、行业知识等。

场控也是一场直播成功的关键人物。场控负责直播间运营，配合主播互动，同时时刻关注直播间的客户数据，及时调整运营策略。

**直播间的“货”即产品供应链、选品及产品组合方式。**

产品供应链要完善，产品质量要过硬，产品外观、卖点、附加值也都是需要关注的点。前两点自不必说，附加值这方面，比如直播家装产品时，会把一些普通的客户对“家”的想象、日常的习惯、使用场景，包括他们在这个房间里面可能会体验到的感觉，都强调出来。

**直播间的“场”即直播场景和直播氛围。**

场景就是直播间，其中灯光、摄影、空间、主播妆发是四大要素。现在品牌大多都设计了专门的直播间，有专业灯光和摄影设备，以及空间的布置。

而氛围则是由直播主导方和客户共同营造的，主导方提供主播话术、活动设计和互动问答，引导客户进行评论点赞和打造客户口碑。

视频号直播主要有三种类型。

第一类：一个人就是一支队伍，单人操作，人力成本低。但是直播内容较为单一，互动主要依赖主播个人控场能力，对主播的个人能力要求高。

第二类：直播间配有直播团队，这时候的直播画面呈现丰富、展示形式多样化，可以有效提升直播间客户的转化和留存。但是相应地，人力配置增多，需要多部门配合，直播设备的投入也增加了。

第三类：大型直播，多用于大促活动、年会、发布会。大型直播的优点是画面质量高，预热和策划得当可大量提高产出；但缺点是投入大，策划不当容易导致投产比失衡。

一般来说，品牌直播多用第二类，由专业团队来运营，也适当投放广告，提升直播间热度。同时，配合社群运营，用私域流量撬动公域流量对直播间进行扶持。

### 10.4.2 提升视频号直播预约量的五个方法

视频号直播需要流量，而流量从何而来？在如今酒香也怕巷子深的时代，内容重要，推广同样不能忽略。

一般来说，提升视频号直播预约量主要有以下五个方法。

（1）视频号发起直播预告。视频号的直播预告功能，对提升直播间流量来说功不可没。目前，视频号可以同时创建100条直播预告，一次宣传即可为多场直播引流。

进入视频号，从右上角进入个人主页，点击“发起直播”—“创建预告”，选择开播时间，填写直播主题，即可发起直播预告。同时也可以在视频号发布预热短视频，让客户提前知道直播内容，做好预约。

（2）公众号一键预约。拥有公众号的企业，可以在视频号直播前1～3天，将直播预告卡片插入推文中，客户可直接点击预约。

微信公众号文章编辑完成后，确定插入直播预约卡片的位置，然后点击右上角“视频号”，搜索视频号账号，选择预约卡片即可。

客户点击预约后，在开播前就能收到弹窗提醒，点击即可进入直播间。

（3）朋友圈发布海报预热。在朋友圈发布预告海报，既可以提高直播间的曝光度，又可以精准筛选出意向客户。

要吸引客户进入直播间，海报设计应该做到主题明确，且能抓住客户痛点，同时注明直播间专属的福利或者小彩蛋。

（4）私聊邀请，激活客户。对于在社群内积极互动、朋友圈活跃度高的重点意向客户，可主动私聊发出邀请，避免社群信息过多而被忽略。

重要节日的直播活动，可以群发直播预告给私域客户，让更多客户进入直播间。

（5）社群裂变，邀请客户参与推广。直播前，在企业微信社群中发布群公告，告诉大家直播观看入口、时间，以及直播推广福利，引导客户参与推广。客户可扫码生成专属推广二维码，发给亲朋好友，推荐他们预约直播，达到目标预约人数后，该客户即可领取奖品。

这样既能够吸引社群内部客户预约观看，又能够引导客户主动分享、推广直播，产生裂变，扩大流量池。

以上便是提升视频号直播预约量的五个方法，企业可根据视频号的定位进行调整运用，在直播前通过多种方式推广裂变，提升直播流量。

### 10.4.3 直播间留人，要稳定在线人数

直播前的扩大引流，旨在提升“量”，吸引更多的观众预约和进入直播间。直播中的稳定流量，旨在减少“流”，观众停留得越久，直播间被平台推荐的可能性就越大。

一场直播，短则1小时，长则1天，但观众耐心有限。要稳定观众的情绪，持续的活动安排就十分重要。下面是直播间留人的三个方法。

（1）留人造气氛：福袋抽奖。一般情况下，一场2小时的直播，可以设置4～5个福袋，用抽奖的方式制造高潮，还可以带来一波评论刷屏，提升直播间的活跃度。

开播后，商家点击直播页面下方“福袋”图标，设置好奖品名称、开奖时间、中奖名额等基础信息后，在直播间左上角就能看到正在倒计时的福袋标识。观众进入直播间，只需点击左上角福袋，就能参与抽奖。

首个福袋可以设置在开播后的两三分钟内，此时观众陆续进入直播间，可以用福袋将大家留下来，福袋产生的刷屏的评论也能够提升直播氛围感。需要注意的是，直播开播之后才能设置福袋，开播前无法设置。

（2）引人蹲爆款：秒杀产品。商家可以根据往期的直播数据，选出几款爆款产品，设置极具吸引力的价格，限制秒杀的时间、数量，吸引观众蹲守直播间。主播在直播过程中，见缝插针，不断预告接下来即将限时、限量的秒杀福利。

直播前，确定秒杀产品后，登录视频号小店后台，将产品价格改为直播间秒杀价，库存修改为秒杀量，再点击上架，等待平台审核通过即可。在秒杀时段，员工在视频号后台上架该商品即可。注意，秒杀产品记得提前设置好价格，预留时间给平台审核。库存可单独、随时修改，无须审核。秒杀活动的次数可以根据直播间观众的反馈，实时调整。但产品下架之后，同一场直播不能再次上架。所以秒杀的爆款产品最好有2～3个备选品。

在结束一波秒杀福利时，主播可以引导观众在评论区留言，比如“没有抢到的扣1”，随即给出回应，预告下一波秒杀福利时间段。这样既能刺激观众下

单，又能让观众留下来继续观看直播。

（3）拉人享福利：分享有礼。在直播过程中，可以设置直播间分享福利，让观众参与裂变活动，在观看直播时，把直播间转发分享给好友，私信商家截图，就能获取分享福利，例如优惠券、下单随赠礼品等。

要想让观众留在直播间，就得让大家知道留下来有什么好处。以上三种稳定在线人数的方法，就是不断让观众有所“收获”，留得越久，好处就越多。

### 10.4.4 视频号直播转化的组合打法

视频号的优势在于它是一个中间环节，它可以连接人、连接内容和连接生意，从公域流量中将客户转化到私域中来。

在微信生态内，视频号有四条转化路径。

第一条路径，视频号+企业微信/个人微信。这条途径适用于KOC。你已连接了不少的客户，且他们对你本身产生了信任，这时用直播的方式将这类人群聚集起来，提高单对单的联系效率，还能够在过程中撬动一些新的流量。另外，企业的直播也可以用这个路径把客户拉进私域。通过福利分享的方式，引流客户添加企业微信，之后将其拉入社群，在社群中对他们做深度运营和转化。高客单价产品，就适合先加微信好友再成交。

第二条路径，视频号+社群+小商店。这里的小商店也可以是小程序商城。这条路径比较适用于成长型生意，比如读书会、学习群等。客户在社群中聚集起来，直播方通过直播的方式陪伴大家。为客户创造价值，也有效地提高了信息传播的效率。

第三条路径，视频号+公众号+小商店。这条路径比较适合定位较为垂直的自媒体，通过视频号的短视频和直播讲解来吸引客户。以往的公众号变现形式比较单一，但视频号可以通过直播或短视频卖货，或是线上线下联动实现更多的变现方式。

公众号有粉丝基础的企业，也适合这条路径，通过视频号直播激活公众号客户，也可以用短视频丰富内容，做长图文阅读的延展。

第四条路径，视频号+线下+小商店。这条路径适用于有线下门店的品牌。

视频号是线上展示品牌和产品的重要平台。私域的O2O模式，用标准产品引导客户到线下体验服务，或者直接消费。

这四条路径，在一定程度上都是需要有流量基础。但是很多号都是零基础，没有流量来引流，这就需要借助投放广告来加速客户的积累。

整体来讲，流量需要时间和过程，没有非常快速的捷径。先需要不断从私域引流，强化直播间的精准标签，让系统识别到这是一个怎样的直播间，才能慢慢对直播间进行引流和推荐，这个过程需要长时间的磨合。

沉下心，不要过于关注一时的数据和绝对值，把基础搭建好，模型跑通，后面就可以通过各种方法扩大引流，也可以实现更高的直播间产出。

### 10.4.5 视频号直播，如何有效复盘

视频号直播，每一场都要做复盘，复盘内容包括直播数据分析、私域流量管理，还有团队协作。运营需要对直播带货的数据进行统计和分析，包括观看人数、互动次数、商品点击量和转化率等指标。通过数据分析，评估本场直播带货的效果和表现。

团队协作方面，除每个角色进行自己职责范围内的复盘外，还需要整个团队一起开会，共同讨论整体配合中出现的问题。同时，对直播间的粉丝提出的问题进行汇总，再根据问题共同对话术进行优化。

成熟稳定的直播不是单打独斗，而是系统作战。

先看成果，数据是底盘，也是客户给到的最真实的反馈。在PC端视频号小助手中就能查看详细数据。后台的数据看板中包含基础数据、互动数据、送礼数据、电商数据、送礼详细数据和带货数据六大维度。

观看人数、成交金额、热度是最能直观体现直播成绩的数据，大多数团队也会用它们来制定目标，用结果数据比对目标。当然，评论次数、平均在线时长、点赞数、转化率，也是评价一场直播的重要衡量指标。主播团队可以对比过往的转化数据或行业数据，反思本场直播中有没有哪个环节使客户流失。

从长远的直播规划看，这些指标的稳健增长，才是直播业务持续增长的关键。数据维度只是直播结果的最终呈现，还需要通过回看录像，完整复盘一场

直播。视频号助手上线了直播回放功能，回放要结合数据看，重点关注五方面指标。

（1）直播预告。预热做得好，观众互动少不了。一场直播取得成功的重要因素，就在于充分做好直播预告。推广方式有很多种，公众号图文可以激活老客户，社群、朋友圈可以多点触达客户，还有微信搜一搜也可以设置直播预约入口。

为扶持商家成长，视频号直播还推出了商家激励计划。商家自视频号外，引导自有客户进入视频号直播间，在本场直播结束后，平台将会根据引入客户的数量给予商家流量券作为激励。

（2）主播表现。主播的表现，主要看和观众的互动，还有在直播间的内容分享和产品介绍情况。

在互动方面，直播开始后半小时是暖场时间，是观众进入直播间的第一个高峰期，主播需要通过自我介绍、欢迎语、引导分享和预告直播流程等动作留住观众。这一阶段观察在线人数和平均观看时长这两项数据，这两项数据可以反映暖场互动的效果，然后重点梳理暖场话术，供下一场直播参考。

在内容分享方面，内容和人设是相辅相成的，尤其是知识分享直播和带货直播，主播分享不够专业、流畅，人设就立不住，观众就会被劝退。可以通过回放对比实时在线人数、互动数据，来判断直播内容是否符合观众期许。

在产品介绍方面，直播间卖货的临门一脚，就是介绍产品，在带货直播中，有的产品侧重功能讲解，如电子产品；有的侧重使用演示，如服饰；有的侧重试吃评价，如食品。可以通过测试不同的介绍方式，选出销售数据最好的话术。

（3）直播画面。带货直播主要看主播、产品展示区、信息提示区在画面的占比是否合理。一些特殊产品的带货还需要考虑直播选场，例如“三农”直播，直播场地一般设置在原产地，而且户外直播效果最佳，主播服饰、产品展示越纯朴越真实越好，同时，直播画面要有延伸感与想象空间。

而知识分享型直播，要营造和主题匹配的氛围，例如，读书分享的直播间里要有书架，情感话题分享的直播间需要相对暖色调的灯光等。

（4）场控运营。在活动策划方面，视频号直播中的福袋是一个较为有效的活动工具，可以有效将观众留存在直播间中。主播在直播中要及时做好福袋的预告，引导观众留下来参与活动。

在私域导流方面，下单、领取福袋、提供咨询等都是引导观众转化到私域的引子，要善用直播间的功能，推送企业微信名片，并在口播中及时引导观众添加企业微信。这一方面的复盘，重点关注私域承接的服务情况，从引流到承接都不能落下。

在直播节奏方面，复盘时，团队需要观察数据的整体变化所对应的动作是什么。比如，关注直播间数据的在线人数变化趋势，高峰时是因为抽奖还是主播的内容形式，低谷时是直播间发生了什么异常运营。

（5）观众互动。直播间引导观众互动，可以通过策划互动活动，或者口播引导观众评论来进行。评论区活跃度是观众对直播间内容喜好的直观反馈，只有内容或商品是观众感兴趣的，他们才会主动发言。

当观众发言少的时候，主播要及时引导，比如提个问题让观众在评论区回答。对于观众的提问，主播要及时响应回复。这些都是需要复盘的运营细节，以便后面升级迭代。

# 10.5 视频号阶段性分析和发展趋势

近年来，以微信原子化组件为起点，视频号正在向更宏大的生态系统发展。

自2020年上线以来，视频号就在腾讯战略级产品的光环下飞速发展。在2023年微信公开课PRO上，官方公布数据，2022年用户使用视频号的时长已经超过朋友圈80%，视频号成了微信全新的流量集散地。

## 10.5.1 视频号阶段性分析和十个信号

微信公开课PRO，是微信一年一度的大会。这里会公布微信生态上一年的数据总结和展望，发布新产品或者新功能，由官方团队现场答疑，还有标案案例现场分享。它从2014年开始举办，每年全行业都高度关注。

我根据2024微信公开课PRO（见图10-7）上官方展示的数据，做了视频号阶段性分析，总结出来十个信号。

图10-7　2024微信公开课PRO

（1）大盘：视频号带货规模持续增长。视频号2023年GMV比2022年增长3倍，超3000亿元规模。其供给数量增长了300%，订单数量增长244%。视频号的产品供应链越发成熟。联盟在人货撮合方面发挥了重要作用，无论是寻找货还是寻找流量，都有很强的诉求。GPM（GMV Per Mille，平均每1000个观众下单的总金额，常用来衡量直播间卖货能力）超900元。

（2）结构：平台高品质发展，为品牌带来红利。品牌作为电商优质供给的代表，虽然占比还不够高，但在快速成长中。品牌GMV在总GMV中占比达到了15%，品牌GMV增长了226%。品牌商家入驻一直都是评估平台电商质量的重要指标。相对于其他平台，视频号在吸引品牌入驻方面还有很大的发展空间，平台也会更加扶持品牌入驻后的发展。这对于品牌来说，就是红利。

（3）平台：加强平台治理，提升购物体验。平台提高消费保障能力，比如提供极速退款、货损包赔、运费险、上门取件等，更重要的是开通了先用后付专场。同时平台针对直播间商品的虚假宣传和违规行为，也进行严厉处罚，保证用户交易上的流畅性，给用户提供更好的购物体验。

（4）行业：全类目崛起，标品行业增长显著。服饰在视频号内占比为36%，位居第一。但是在联盟、品牌的崛起下，标品行业的增长显著。美妆、日用、3C家电等行业，都实现了2～3倍的增长。平均客单价超过180元，在行业中偏高，商业价值和潜力超过了其他平台。

（5）用户：消费群体以女性为主，用户价值高。视频号消费主力人群年龄层依然是30～50岁，女性占比78%，贡献了40%的增量。在视频号用户的城市分布上，一、二线城市用户占到了60%，下沉城市用户占比40%。视频号人群的消费特点整体呈现出了长停留、高复购和低退货的特点。

（6）产品：主流品类翻倍增长，趋势品类尤为迅猛。视频号主流品类的增长都超过了100%。鞋服领域，增长最快的是纤体塑身方面，其次是汉服和中式服装；美妆个护领域，染发和功效型产品越来越受欢迎；食品生鲜领域，滋补养生产品的需求最多；社交领域，黄酒和白酒的排名比较靠前。

（7）达人：生态蓬勃发展，涌现更多优质账号。2023年视频号花了很多精力完善达人生态，实现了近5倍的增长。视频号带货并不像早期商家直播，视频号会更加鼓励原创达人带货。同时，达人生态的繁荣和联盟机制息息相关，联盟订单数量占比达到了45%， GMV规模已经达到26%。

（8）服务商：垂直行业解决方案，更体系化和规范化。视频号一直坚持服务商是核心组成的定位，服务商也成为视频号直播带货生态的中坚力量。2023年服务商的规模增长非常迅速，视频号拥有超过3000家服务商的生态合作伙伴。视频号已经过了一个通用型的阶段，不管是培训、SaaS产品抑或是平台对服务商的要求，都将进入垂直类解决方案的竞争期。

（9）政策：平台加大投入，提供更多资源支持。激励政策分为新手期、成长期和爆发期，每个阶段都有不同的政策侧重点。2023年，视频号累计的投入减收超5亿元，流量激励超3亿元。针对商家和品牌，视频号将重点打磨新工具，提升流量效率和规模，提供更大的舞台。视频号早期的草莽英雄将被精英化的成熟团队所取代。

（10）价值观：微信生态，长期主义者的胜利。近两年，官方在各种场合中不断强调的一点就是视频号的价值观是长期主义。围绕着长期主义的理念，平台将继续投入人力做好基建，同时，更重要的是将平台的价值观传递给商家、达人和服务商。整个微信生态也是不要急躁和焦虑，做好基础建设，细水长流。

### 10.5.2 视频号发展趋势

经过4年时间升级迭代，完成了产品MVP（Minimum Viable Product，最小可行化产品）测试后，接下来，视频号将面临更大的考验，同时，微信的平台和生态也将迎来更大的挑战和机遇。

视频号的组织架构、团队能力将全面主流化，将搭建一支可以参与主流电商战争的集团军。视频号将强化平台治理能力，商家、商品和服务商的治理常态化、严格化、体系化。让消费者能够在视频号上放心购物成为平台治理的重要任务。同时，视频号成为企业品效营销的主战场，视频号创作者也走向主流营销市场。

**视频号未来重点关注三个产品升级，分别是微信AI、本地生活和交易组件。**

AIGC全面冲击内容市场，引发一场效率革命，生成式AI的内容生产效率和传播效率正临近奇点，大平台无一不对生成式AI的冲击倍感焦虑。而微信AI，并不会缺席。通过技术来提高创作速度和效率，或者让客服更加智能化，都是接下来需要重点研究和应用的方向。

本地生活将在2024年的下半年收获转机，成为视频号最重要的交易场景之一。本地生活的交易频次高于直播电商和短视频电商，也正在成为各大平台的竞争前线。线上线下联动，让门店更高效地获取视频号流量，也让用户能获得更好的线下服务。

交易组件将重塑社交电商格局。微信场景自由流通，将微信海量的社交电商转化为视频号电商的地基，升级微信原生的电商生态。视频号逐渐成为电商消费的中心平台，也更加方便官方进行规范管理。

微信官方认为消费者的注意力分散在不同平台，所以品牌需要通过全域经营，培养消费者的全域心智，同时需要打通各平台流量，利用自然流量和平台机制，解决流量见顶时代流量价格上升的痛点，品销效结合，提升经营的效率。

除了电商，知识直播也在稳定发展中。教培行业，知识直播在2023年的成绩很耀眼，优质知识开播主播数、有收入主播数、总主播收入都比2022年增长了60%以上。视频号直播知识付费GMV，同比2022年增长了3倍以上。视频号天然拥有私公域联动的环境，对于教培行业来说非常友好。教培行业的私域经营很关键，不能仅靠或全靠公域投流获客。

**关于知识直播的红利，官方给出三个关键词：学术、职业、兴趣。**

（1）学术：视频号官方欢迎更多学术圈大咖加入，比如高校的学者们和老师们。这个政策告诉大家，视频号变现不只是看GMV，还需要一些调性。

（2）职业：视频号官方会鼓励更多行业专家，如法律、金融、职业、心理、留学等领域大咖，分享自己的职业技能和行业知识，为消费者提供专业服务，比如在线咨询等。

（3）兴趣：视频号官方会与相关行业协会、兴趣协会合作，如书法、绘画、花艺、美食等方面，筛选出有潜力的主播，给予直播流量和支持，鼓励创作者与文旅产业结合，玩出新花样。

在这些品类上，平台会加强治理，把控好直播内容的合规性，也会在产能上给予相应的支持，满足这些品类的需求。

2023年官方完善了直播间的分销能力，让所有分享带来的交易都可以被追溯。通过这个能力，教培机构可以提升销售人效、服务标准，知识付费达人可以带动忠实粉丝进行二次传播。

# 后记

感谢你读到了这里，我们再聊一聊。

这是一本专业类的书，在写的过程中，我时刻考虑着如何讲解才能不枯燥，如何平衡好可读性。

2014年，我开始在不同行业的头部品牌负责新媒体运营，后来创业，帮助更多企业用好私域，提升增量，也成为腾讯微信官方首批企微服务商和讲师，与官方达成深度合作。2024年，刚好十年，十年磨一剑，在这时写一本关于私域实战的书，既是总结亦是开始。

这段宝贵的经历，让我在不同的阶段，以创业者、管理者、操盘手、顾问、讲师等不同身份，参与企业的经营和品牌推广。不同的视角，看到不同的问题，也反推我不断学习，不断升级方法，保持有效性和可落地性。

书中所讲的方法，并不是我一个人的经验的总结，而是我们的团队，我们的客户，一起实操和打磨出来的，是我们学习各种优秀的私域案例，请教各位操盘手和专家大咖，再梳理逻辑和总结出来的。

这一路走来，风雨彩虹，想起来的，多是美好回忆。

感谢妈妈网的杨总，在我的职业和专业发展路上，他是非常关键的引路人。杨总深耕行业发展，他的长期主义，给了我很多帮助和启发。

感谢廖叔、品叔、思华、Leo等多年的好友，在工作和生活中，我们都有很多故事。感谢钟志律师，除了法律咨询，我人生路上的很多关键决策，都得益于和他的探讨。感谢家太、光伟、桓毅哥等伙伴们，他们和我一同服务企业，协助完成了本书的创作。

感谢书中案例舒客、优剪、卡奇色彩等品牌的老板和高管，他们提供的详细资料和数据，让我能更加深入地拆解分析案例。感谢海波曾和我一起在同道雅集共事，助力企业做好私域。

感谢徐志斌、龚海瀚、鉴锋、陈欢、空手、丁剑、蔡勇劲、高海波、林钻辉、李智勇、陶杰鹏、朱峻修、鲍春健、林干一、吴育金、蔡少歆、张涛、剑飞、刘戈、黄伟强、陈培锋、蔡宗林、李斌、老甘、黑墙、花茶、李荣贵、黄才立等老师，感谢他们在百忙之中为本书做推荐，他们于我而言亦师亦友，真的非常感谢。

感谢广东省出版集团的陈念庄、高玲老师，感谢她们不辞辛苦，精益求精地与我共同打磨内容。这本书能最终面世，少不了她们背后的专业指导和陪伴鼓励。感谢广东经济出版社的工作人员，尤其是本书的编辑，从策划到最终出版发行，他们做了很多工作，辛苦了。

感谢一直关注、信任和帮助我的朋友们，是你们给了我更多前进的动力，感恩大家一路同行，我才走得更远。

最后，最最感谢的是家人，感恩我的母亲，含辛茹苦将我养育成人。

谢谢杜老师，一生有你，满心欣喜。

吴天

2024年7月于广州